ARMAGNACS
ET
BOURGUIGNONS

DU MÊME AUTEUR

Le Roman de Tristan en prose (éd.), Paris, Klincksieck, 1976.

La Pastorale en France aux XIVe *et* XVe *siècles. Recherches sur les structures de l'imaginaire médiéval*, Paris, Honoré Champion, 1983.

Le Pastoralet, édition critique, Paris, PUF/Presses universitaires de Rouen, 1983.

Ami et Amile. Chanson de geste, prés. et trad. (avec la collab. de M. Quereuil), Paris, Honoré Champion, 1985.

Représentation, pouvoir et royauté à la fin du Moyen Âge (dir.), Paris, Picard, 1995.

Commynes l'Européen, Genève, Droz, 1996.

Philippe de Commynes, *Lettres* (éd.), Genève, Droz, 2001.

Philippe de Commynes, *Mémoires* (éd.), Paris, « Lettres Gothiques », 2001.

Écriture et pouvoir à l'aube des temps modernes, Paris, PUF, 2002 (en collab. avec J.-Cl. Mühlethaler).

Philippe de Commynes, *Mémoires* (trad.), Paris, Pocket, « Agora », 2004.

Philippe de Commynes, Paris, Fayard, 2006.

Philippe de Commynes, *Mémoires* (éd.), Genève, Droz, 2007, 2 vol.

Philippe de Mézières, *Songe du Vieux Pèlerin* (prés. et trad.), Paris, Pocket, « Agora », 2008.

Commynes et les procès politiques de Louis XI : du nouveau sur la lèse-majesté, Paris, Picard, 2008.

Moralité à six personnages (éd.), Genève, Droz, 2008.

1511-2011 Philippe de Commynes : droit et écriture, Genève, Droz, 2011.

Procès de Jacques d'Armagnac (éd.), Genève, Droz, 2012 (avec la collab., pour l'introduction de J.-P. Boudet, Fr. F. Martin et O. Mattéoni).

Christine de Pizan, *Livre des faits et bonnes mœurs du sage roi Charles V* (prés. et trad.), Paris, Pocket, « Agora », 2013 (avec la collab. de M. Quereuil).

Philippe de Mézières, *Songe du Viel Pelerin* (éd.), Genève, Droz, 2015, 2 vol. (avec la collab. de A. Calvet et D. Kahn).

Jean de Roye, *Chronique scandaleuse* (prés. et trad.), Paris, Pocket, « Agora », 2015.

Louis XI, Paris, Perrin, 2015.

Procès politiques au temps de Louis XI : Armagnac et Bourgogne, Genève, Droz, 2016.

Philippe de Mézières et l'Europe : nouvelle histoire, nouveaux espaces, nouveaux langages, Genève, Droz, 2017 (avec la coll. de R. Blumenfeld-Kosinski).

Saint Louis, 1214-1270, Paris, Presses de la Renaissance, 2017.

Thomas Basin, *Histoire de Charles VII et Louis XI*, prés. et trad., Paris, Pocket, « Agora », 2018 (avec la coll. de F. Collard et Y. de Kisch).

(Suite en fin d'ouvrage)

Joël Blanchard

ARMAGNACS ET BOURGUIGNONS

La fabrique de la guerre civile
1407-1435

PERRIN

92, avenue de France
75013 Paris
Tél. : 01 44 16 08 00

ISBN : 978-2-262-09424-9
Dépôt légal : février 2024

Mise en pages : PCA

Introduction

En 1475, l'entrevue de Picquigny, non loin d'Amiens, entre Louis XI et Édouard IV donne lieu à d'infinies précautions. « Au milieu du pont qui traverse la Somme, le roi a fait installer une grille de bois, comme pour les cages des lions, afin que personne ne puisse passer de l'autre côté. »

Pourquoi un tel dispositif ? Louis XI s'en explique à Philippe de Commynes, notre premier mémorialiste, qui relate cet aparté. Il lui rappelle le drame de septembre 1419, sur le pont de Montereau-Fault-Yonne. Jean sans Peur, le prince bourguignon, était tombé dans un piège tendu par les Armagnacs. Et Louis XI de commenter que, « s'il n'y avait pas eu de porte à cette rencontre [...] on n'aurait jamais eu l'occasion de demander au duc de passer de l'autre côté, et il n'y aurait pas eu cet événement terrible[1] ».

Soixante-dix ans après le meurtre de Jean sans Peur, le drame hantait encore toutes les mémoires. Évêque de Lisieux, auteur d'une *Histoire de Charles VII et de Louis XI* écrite après 1471, Thomas Basin commence son récit non pas à la naissance de Charles VII, mais par le meurtre de Montereau, soulignant l'insertion de tels drames pour ainsi dire nécessaires dans les schémas historiques du temps.

Questionner cette séquence, qui mène de l'assassinat de Louis d'Orléans, le frère de Charles VI, le 23 novembre 1407 à la mort de Jean sans Peur le 10 septembre 1419, c'est non seulement s'interroger sur la trace mémorielle qu'elle a laissée – la plaie ouverte est béante et durable –, mais aussi sur ses causes profondes et lointaines, sur le ressenti des témoins et des acteurs.

Notre ouvrage ne se réduit pas simplement au récit d'un affrontement entre deux factions. Étudier celui-ci ne se résume pas à noter comme un simple secrétaire les étapes d'une chaîne événementielle qui conduit d'un assassinat à l'autre, mais à envisager, sous un angle plus large, les implications et les raisons d'une histoire complexe, qu'il faut inscrire dans un temps long, depuis les prémices en 1380 avec l'avènement de Charles VI et l'ascendant des princes du sang à sa conclusion par la paix d'Arras en 1435, qui marque la fin des factions et d'une crise institutionnelle violente[2].

L'historien rencontre plusieurs obstacles sur sa route. Le premier tient d'abord à l'enchevêtrement des aventures. Sur la trame principale – le conflit entre Armagnacs et Bourguignons – viennent se greffer d'autres thèmes : grand schisme d'Occident, guerres nationales, révoltes communales et paysannes, hérésies, etc. Autant d'aléas, autant d'histoires collatérales et périphériques qui entretiennent avec le récit principal des relations très complexes.

Dès lors, le livre doit rendre compte d'une approche polyvalente ou diversifiée, déclinant des raisons et des regards multiples, sans pour autant céder à la dispersion.

Il ne s'agit pas non plus d'écrire une énième histoire de Charles VI ou de la guerre de Cent Ans ! Des travaux de haute tenue y ont été consacrés[3]. Notre ligne de pensée et de réflexion se tient entre deux mondes, deux figures du pouvoir. Nous y reviendrons.

Prenons garde cependant. Il serait tentant, comme dans un film d'Hollywood, de rapporter l'intrigue à l'opposition de deux tempéraments, à la haine entre deux personnalités. D'un côté, Louis d'Orléans, séducteur, intelligent, homme de cour et de fêtes, ardent, impatient, mais dépensier et peu soucieux des deniers de l'État ; de l'autre, Jean sans Peur, petit, moins avantagé par la nature, mais politique calculateur et opportuniste. Le contraste entre l'un et l'autre favorise une telle lecture un peu simple. Il faut y renoncer, car ni Louis ni Jean n'existent et n'agissent seuls : un maillage très serré de réseaux, de conditions, de conseils et de nécessités organise leur action, la limite ou au contraire l'amplifie. Autour d'eux se sont cimentés des groupes, des communautés d'intérêt, raffermis, unis, agrégés par des serments et des professions de foi ; on se tient alors dans le champ de la conjuration et de ses machinations. Or – on ne le répétera jamais trop – la conjuration a ses propres lois, elle structure des sociétés plus ou moins secrètes aux ramifications prolongées et inédites.

Cette séquence historique a été abordée sous différents angles. Michelet a vu dans cet affrontement un épisode sombre de l'histoire de France, l'effondrement de la monarchie minée par d'obscures forces avant que Jeanne d'Arc ne crée un sursaut salvateur. Bertrand Schnerb, le premier, a pris ses distances avec une lecture romanesque et moralisante. Depuis, les travaux de l'histoire politique ont permis de réévaluer les choses d'une manière plus critique, moins unilatérale : les convulsions politiques, ce qu'il est convenu d'appeler d'un terme médiéval les « mutations d'État », sont, pour résumer, une « crise de croissance » de la monarchie, au cours de laquelle deux forces s'opposent : d'un côté le parti de la réforme avec le développement des institutions étatiques, leurs officiers, et de l'autre les forces « conservatrices » représentées par l'ancien âge féodal et les princes, exprimant une sourde résistance à la genèse d'un État centralisé. L'existence d'un double cheminement rend dès lors nécessaires ses « mutations » comme un préalable à l'avènement de l'absolutisme. Les résistances sont d'autant plus fortes qu'elles exercent une synergie contre laquelle la volonté du roi ne prévaut pas, surtout quand ses « absences », sa folie, la rendent inutile, inefficace. La grille de lecture est d'autant plus séduisante et convaincante que cette opposition se joue à l'échelle de l'Europe, et plus particulièrement en France, où s'y ajoute une surcharge sacrale[4].

Le recours à un modèle européen n'explique cependant pas tout. Si les changements de règne, les meurtres de rois sont nombreux en Angleterre, en Espagne..., leur retentissement est moins fort, et ils ne donnent pas naissance, comme en France, à des débats, à des procès dans lesquels sont retaillées, refaçonnées les idées de tyrannie et de lèse-majesté. Malgré leur apparente uniformité, l'analyse comparée ne doit pas négliger les singularités irréductibles à chaque cas, la dynamique interne des factions, leur cycle, leur scansion, les temps forts régulièrement et fortement marqués.

Par commodité, on explique souvent la guerre comme venant de l'extérieur, sauf que dans le cas précis des guerres civiles, les luttes sont toujours intestines. Dans des pages très éclairantes, Giorgio Agamben[5], développant les analyses de Nicole Loraux sur la *stasis* (guerre civile, factions) dans la cité grecque, met en lumière le lien qu'entretiennent parenté et guerre civile. Le modèle est ici applicable. Le religieux de Saint-Denis ne parle-t-il pas, en choisissant ses mots, de guerre « domestique » entre frères, parents, compatriotes et amis ? Cette guerre, essentiellement ambivalente, facteur de division, forme, *a contrario*, le paradigme qui permet de réconcilier ce qui a été séparé. Pour autant, pris dans une sorte de cycle vicieux, ce genre de conflits n'est pas de ceux faciles à résoudre. En l'absence d'un arbitrage efficace, ils font leur retour, souvent de manière intempestive, sous l'effet d'une défiance viscérale entre princes. Dans ces réactions en chaîne, un troisième acteur s'invite : l'opinion.

L'opinion, voilà une force qu'il est impossible à l'historien de ne pas prendre en compte quand des courants, des partis antagonistes se déchirent. L'opinion roule, vibre comme une onde et traverse le temps et l'espace. Qu'il s'agisse des rumeurs, des nouvelles mensongères volontairement diffusées, elle est devenue une arme dont se servent les protagonistes, à tel point que sa fixation, sa circulation souterraine font l'objet d'ordonnances spéciales. Sur ce fond sonore, saturé de proclamations, de prises de paroles antagoniques, de *fake news* habilement distillées, dénoncées, traquées, démenties se déroule la crise.

L'enjeu est d'importance, car la guerre civile ébranle des valeurs sensibles du temps, en particulier celle qui touche à l'honneur. Il constitue le fond des pensées des princes, le leitmotiv de leurs propos, comprenons l'honneur exécrablement souillé du roi ou des princes, le scandale qui éclabousse toute la noblesse et la maison de France.

Tout autant qu'aux problèmes de structure et de pensée, nous nous intéresserons à la dimension émotionnelle de l'histoire. Il s'agit d'analyser et de décrire *in situ* (sans projection inopportune des référents modernes) le fondement d'un discours prenant ses attaches dans les croyances du temps. Nous insisterons sur l'idée de trauma associée à celle de démembrement[6] : jamais, peut-être, les vibrations du corps politique conçu comme un organe vivant n'ont été mieux perçues par les intellectuel(le)s du temps. La « policie » est durement mise à l'épreuve.

En même temps, l'expression solennelle et théâtrale n'a jamais été aussi flamboyante, avec son cortège d'allégories, de mises en scène, d'emblèmes, de devises, de tableaux vivants… La colère, l'indignation, l'humiliation, la défiance, ce qu'on serait tenté d'appeler aujourd'hui l'appréhension subjective de la société, se manifestent au Moyen Âge dans un cadre abstrait, général et symbolique, qui en estompe la dimension personnelle, même si parfois l'effet autobiographique, habilement distillé, lui confère une note attachante et familière. À nous d'en distinguer les accents dans les mélodies de la rhétorique, des images et des métaphores. Voilà qui donne le ton. La guerre civile est d'abord une guerre des mots.

La question se pose du tri des sources documentaires. Entre les notations au jour le jour du diariste et le recul, la prise de distance du chroniqueur ou du mémorialiste qui rédige quelques années plus tard, voire de longues années après l'événement, il y a des différences de forme, de registre, accentuées par le tropisme invincible de l'écrivain(e) engagé(e) par une relation de dépendance curiale.

Cinq auteurs seront de première importance sans qu'il y ait là aucune exclusivité. L'un d'entre eux, le religieux de Saint-Denis, dont on sait maintenant qu'il s'appelait Michel Pintoin, a été largement exploité[7]. Associant célébration et éloquence, la « forge » dionysienne constitue le socle historiographique de la royauté. Autre témoin important : Jean Juvénal des Ursins. La paternité de la *Chronique de Charles VI* lui a longtemps été déniée sur la base d'arguments fragiles. L'introduction de la première traduction de ce texte magnifique, récemment publiée, a réparé cette erreur[8]. Son récit, tissé des souvenirs de son père, témoin et acteur de cette époque contrastée, en trace un tableau personnel et saisissant. Troisième source majeure : la *Chronique* de Monstrelet. Son auteur, d'obédience bourguignonne, traduit le point de vue d'un des partis. Pour être partiale, sa *Chronique* présente néanmoins l'avantage considérable de compiler des pièces officielles : c'est une documentation exceptionnelle, tout à l'honneur de Monstrelet, qui préfigure l'historien moderne[9]. Le *Journal d'un bourgeois de Paris* reflète l'ancrage bourguignon pérenne de la capitale. Il ajoute à l'histoire politique les notations précieuses des faits économiques, une image vibrante du Paris médiéval, autant d'instantanés qui nous plongent au cœur d'un quotidien que les chroniques officielles ont tendance à gommer. N'oublions pas Froissart. Sa monumentale chronique, plus précisément le livre IV, est un morceau de choix, dont la qualité littéraire a marqué la réception du drame pour des siècles. Il ne s'agit pas ici de juger des insuffisances historiques – au demeurant indéniables –, mais de faire le constat d'une écriture de l'histoire médiévale empreinte de couleurs, romanesque et poétique.

Des crises, synonymes d'effondrement, surgissent des inventions, de nouvelles formes d'être au monde, d'acteurs nouveaux, du mauvais, mais aussi du bon. Voilà en quoi elles sont modernes, permettant de jeter un regard neuf sur une tragédie – un terme cher au religieux de Saint-Denis –, une tragédie ô combien créatrice. Du foyer de son énergie, du noyau brûlant de sa création éclosent des interrogations multiples.

PREMIÈRE PARTIE

Ordre et désordres

1
La trame du drame

Le 16 septembre 1380, dans son château de Beauté-sur-Marne, s'éteint Charles V. Le bilan du défunt roi est à première vue excellent. Voici comment Christine de Pizan le résume :

> Que l'on relève bien en tout cela des preuves (d'autres sont à venir) montrant que notre roi était un prince chevaleresque, un habile politique, un homme chanceux, diligent, solide comme la chaîne, un gardien et un défenseur efficace du bien public[1].

Ces quelques lignes viennent au terme d'un long passage sur les conquêtes réalisées par le roi. Charles, en prince chevaleresque, était, dans sa sagesse, un vrai défenseur, un vrai gardien pour son peuple[2]. Tout un programme. Il a effacé les catastrophiques erreurs de son père, Jean II, dit, bien à tort, le Bon. Celui-ci avait cédé près de la moitié du royaume à l'Angleterre. Grâce à l'action de Bertrand du Guesclin – disparu deux mois avant la mort de son roi –, les Anglais ne disposent plus que de Calais, Bordeaux, Bayonne et leurs alentours. Une gestion prudente de ses deniers fait que le trésor personnel du roi est estimé à sa mort à 18 millions de livres, selon Robert Gaguin. Une situation aussi prospère ne peut que susciter les convoitises. Car ce qui ressemble beaucoup à une célébration – sous la plume de l'hagiographe, bien dans la tradition des chroniques officielles – laisse dans l'ombre des germes de tensions et de conflits institutionnels, idéologiques, politiques qui ne demandent qu'à éclater.

La tutelle des princes des fleurs de lys

La tradition veut qu'il n'y ait pas de vacance du trône. Charles VI est né le 3 décembre 1368. Il a 12 ans à la mort de son père. Dès l'automne de 1374, alors que son fils allait vers ses 6 ans, Charles V et ses conseillers avaient fixé la majorité des rois de France à l'âge de 13 ans révolus. « Il s'agissait de tirer du flou où l'avait laissé la coutume une question importante, celle du roi-enfant[3] », mais aussi de construire un édifice juridique qui donnât toute sa légitimité juridique à la dynastie des Valois[4].

Une question restait en suspens. Qui allait, pendant sa minorité, gouverner le royaume ? Charles V avait confié la tutelle de son fils aîné à ses frères, les trois ducs, Louis Ier d'Anjou, Jean Ier de Berry, Philippe II de Bourgogne, dit le Hardi, et à Louis II de Bourbon, son beau-frère : « Agissez comme de bons oncles doivent le faire envers le neveu », leur avait-il dit, tout en entourant d'une haie de précautions le cas où son fils ne serait pas en âge de gouverner pour éviter qu'un de ses oncles ne s'arrogeât les pleins pouvoirs. Comme souvent dans ce genre de dispositions ou réflexions, rien de la volonté de Charles V ne subsista.

Pour dénouer la situation, un aréopage de conseillers fut désigné pour décider en toute impartialité. Il siégea quatre jours. On décida d'avancer l'âge du sacre sans attendre les 14 ans. Le futur Charles VI en avait 12, on fixa même la date du sacre au 4 novembre 1380. L'éducation du dauphin fut confiée à Jean, duc de Berry, et à Philippe le Hardi, duc de Bourgogne ; les recettes, celles du domaine comme des taxes, seraient versées au trésor royal ; les biens meubles, or et argent ayant appartenu à Charles V, remis à Louis, duc d'Anjou, président d'un Conseil de régence dont on exclut avec brutalité les conseillers de Charles V.

Cet équilibre était fragile. Les occasions de discorde ne manquaient pas, prémices d'une sourde et menaçante querelle. Louis d'Anjou n'avait-il pas, juste avant le sacre du nouveau roi, contraint Savoisy, le fidèle serviteur du feu roi, à lui remettre le trésor royal ? Voilà 18 millions de livres que le duc emporta et ne restitua jamais ! Au dîner suivant le sacre, Louis d'Anjou et Philippe le Hardi se disputèrent la place d'honneur auprès du jeune roi. Qui devait avoir la prééminence et être assis au plus près de lui ?

> Le roi finit par conclure que dans le cas présent Philippe avait la prééminence, ce qui mécontenta Louis. Certains racontent que malgré tout Louis alla s'asseoir auprès du roi dont le siège était décoré, mais Philippe enjamba le banc et se mit entre le roi et Louis qui le supporta et fit contre mauvaise fortune bon cœur[5].

Ces querelles de tabourets (l'*ordo sedendi*, dit-on dans les chancelleries) sont inhérentes à l'histoire des Cours.

Elles ne sont cependant en rien anecdotiques pour qui veut comprendre les principes de la sociabilité aristocratique, dont Jean Juvénal est un peintre talentueux. L'étiquette et un protocole tatillon commençaient à se mettre en place ; selon le rang, une place (sur terre) est assignée à chacun, reflet visible de l'harmonie céleste. Le plus remarquable peut-être de ce récit qui ouvre le règne est qu'il peut être lu comme annonciateur et symbolique des malheurs qui s'apprêtent à s'abattre sur le royaume. De Reims, le roi se rend à Paris pour y faire sa première entrée. Mais, sur la route vers la capitale, il évite « ses bonnes villes fortifiées où on l'attendait, par crainte des demandes qu'on aurait pu lui faire au sujet des impôts ». Plus grave encore : il ne s'arrête pas à l'abbaye de Saint-Denis où l'attendait l'abbé, contrairement à l'usage de ses ancêtres. « Il en fut empêché par de méchantes gens[6]. »

Autre grief contre les princes, Louis d'Anjou, régent, est accusé de n'avoir en rien pourvu à l'entretien du roi. Une accusation qui reviendra souvent dans les libelles ou les manifestes de Louis d'Orléans et de Jean sans Peur, un argument utilisé pour se rapprocher de la personne royale, mais qui, d'un point de vue strictement matériel, n'est pas fondé, comme le prouvent les comptes du royaume. Mais, note Pintoin, les prémices d'une division plus profonde apparaissent :

> De là des haines réciproques, des différences d'opinions, de faux-semblants de paix. Le temps du Conseil se passait en querelles plus qu'en délibérations[7].

Pourtant, n'exagérons pas non plus le pouvoir de nuisance des ducs. Plongés avec le jeune Charles VI dans un contexte difficile – révolte des « maillotins », troubles dans le Languedoc –, dont nous parlons plus loin, ils renforcèrent la puissance du roi et réglèrent avec ou sans ménagements plusieurs crises.

« Nouveautés », rébellions

La royauté trace son chemin entre réalités terrestre et fantastique. Trois mois après le sacre de Charles VI (nous sommes début février 1381), après une visite à Saint-Denis, ce qu'il avait manqué de faire après son couronnement, et alors qu'il chasse dans la forêt de Senlis, le roi capture un cerf portant au cou un collier de cuivre doré, avec une inscription ancienne : *Caesar hoc mihi donavit* (« César m'a donné ce collier »). Charmé, il libère l'animal et décide de faire « graver sur la vaisselle royale d'or et d'argent et sur tous les meubles d'apparat un cerf volant portant une couronne pour collier[8] ». Ainsi se construit la majesté royale et son cortège d'emblèmes et de symboles, on en voit les premières manifestations divines.

Plus inquiétant, l'impatience du peuple est vive. Les cris fusent lors de l'entrée du roi à Paris : « Noël ! Noël ! » Ce sont les manifestations habituelles d'un consensus exprimé dans ce genre de cérémonie. En fait, ils renferment une attente teintée d'agacement, voire de dépit. Dès avant le sacre, des signes de rébellion s'étaient manifestés contre les impôts dans la foule parisienne. « En un mot, dit Pintoin, l'esprit de nouveauté s'était tellement emparé de tous qu'il semblait ne leur manquer qu'un chef pour se soulever[9]. »

Le mot, celui de « nouveauté », est lâché ! En ancien français, ce vocable désigne avec une connotation négative d'abord un bouleversement fâcheux (des usages, de l'ordre établi...), ensuite un trouble, une agression, une révolte. On sait combien la notion d'ordre est importante dans l'imaginaire médiéval. En l'espèce, ce que Pintoin appelle « nouveauté » est ce désir obsédant de mettre fin aux impôts. Des impôts auxquels paysans, bourgeois et artisans des villes rechignent, d'autant que le bruit court que, sur son lit de mort, pris de remords de la très dure fiscalité imposée à ses sujets pour payer la rançon de son père et reconquérir son royaume, Charles V a aboli les impôts directs, les fouages. En conséquence de quoi le peuple attend des actes.

Les « nouveautés », nées d'un désir de réforme, se concrétisent dans tout le royaume, dans le Sud comme dans le Nord. Des lettres patentes datées du 19 novembre 1380 nomment le duc de Berry gouverneur du Languedoc, une des provinces les plus étendues et les plus riches du royaume. Il est désigné en lieu et place du comte de Foix, Gaston Phébus, dont la gouvernance apaisée était appréciée des communautés locales. Mais la réputation de Jean de Berry le précède : dans le comté de Poitou soumis à son autorité, n'avait-il pas exigé deux ou trois impôts par an ? Froissart parle de lui comme du « plus convoiteux homme du monde [qui] n'avait cure où on prenait, pourvu qu'il l'eût[10] ». Pourtant, dans un premier temps, on n'envisage pas d'affronter l'autorité royale. Une assemblée se réunit à

Toulouse et décide d'envoyer au roi des délégués chargés de lui dire le refus de se soumettre à l'autorité de Jean de Berry, tout en témoignant de leur loyauté à la Couronne. Une démarche difficile qui ne convainc pas. Le roi, mécontent, considère en effet le refus de la nomination comme un acte de rébellion. Il s'apprête en novembre 1381 à lever l'oriflamme à l'abbaye de Saint-Denis, prélude à une intervention militaire. Comme le duc de Bourgogne conseille de différer l'expédition, on donne mandat à Jean de Berry de mener la guerre sur place, qui va durer un an. L'opposition est plus forte que prévue, mais, au vu des exactions et des incursions dans une terre dévastée, grâce aussi à la médiation du cardinal d'Amiens Jean de La Grange, une paix est signée en décembre 1381, au terme de laquelle le comte de Foix abandonne à Jean de Berry le gouvernement du Languedoc.

Ce que signifient les événements de Languedoc est une constante de l'histoire politique médiévale : la difficulté du dialogue entre le roi et ses sujets, l'épreuve difficile d'une relation qu'il faut réactualiser, voire imposer par la contrainte, surtout quand les circonstances particulières menacent les solidarités et les équilibres locaux difficilement installés. Car la guerre entraîne son lot de malheurs : courses des brigands ou des capitaines, épidémies. Gagner l'opinion par l'intrusion forte et violente d'un lieutenant général, un parachutage provisoire qui ne présente pas l'avantage d'une présence permanente, celle d'un prince apanagé, par exemple, n'est-ce pas un pari perdu d'avance ? Berry n'est pas homme à prendre en compte les intérêts locaux, à écouter des assemblées rétives, extrêmement sensibles à la question de l'impôt.

D'autant qu'il n'est pas attaché à cette terre. Il y agit comme exécutant, comme administrateur provisoire. Cette première expérience politique en début de règne préjuge de la suite des événements.

Car la rébellion – ne parlons pas de révolte – gronde dans toute l'Europe (les Ciompi à Florence, les Lollards en Angleterre, Flandre, elle atteint les villes du Nord). Les impôts ont été supprimés, mais la menace de prélèvements futurs pèse lourdement sur les esprits : les princes « n'avaient pas eu les profits qu'ils recevaient habituellement[11] ». Certes, il y a des réunions, des assemblées : les débats sont vifs ; les arguments avancés par les conseillers de Charles VI, Pierre de Villiers, Jean des Marès – qui affirment notamment que, par son refus de payer, le peuple encourrait la colère du roi –, sont très mal reçus par l'opinion : les Parisiens parlent des délégués comme « les ennemis du bien public ». Des mots aux actes, il n'y a qu'un pas, des actes qui seraient mieux « retracés, dit le religieux de Saint-Denis, par les accents lugubres de la tragédie que par un simple récit[12] ».

À Rouen, le 24 février 1382, lors de la révolte de la Harelle, le burlesque se mêle à l'horrible.

> Deux cents artisans se soulevèrent, se rendirent au domicile d'un marchand de tissus nommé Le Gras parce qu'il était gros et gras, en firent leur chef, leur roi, le placèrent bon gré mal gré sur une charrette comme si c'était un roi ; contre sa volonté, craignant pour sa vie, il dut obéir : conduit sur la place du grand marché, il fut obligé d'ordonner la suppression définitive des impôts.

Si quelqu'un émettait une réticence, il suffisait de dire « faites » et il était exécuté[13].

On commence par tuer les officiers du roi en charge de la perception des impôts. Pour mieux mobiliser, les émeutiers vont chercher la charte aux Normands contenant les franchises et libertés concernant ces derniers dans le trésor de Notre-Dame de Rouen et font jurer à tous les présents de la défendre du mieux qu'ils peuvent[14]. Après la rébellion, la répression. Une fois les exigences des émeutiers satisfaites, ceux-ci demandent rémission au roi. Le roi se rendra à Rouen et saura « qui aurait mengé le lard[15] ». Les têtes tombent, les principaux coupables sont exécutés. Terminée la « franchise » (ensemble des droits, exemptions, immunités et privilèges accordés à une personne ou à une communauté) qui tombe dans la main du roi. Tout est pardonné. Mais une seconde « commotion » éclate un an plus tard, vite étouffée. Résultat de ces deux rébellions, le pardon est largement monnayé : 100 000 livres, sur lesquelles le souverain en abandonne 40 000. Restent 60 000 livres que, lourdement appauvrie, la ville devra payer : « Ainssi est le villain chastié par le cul de sa bourse. » Le roi pénètre dans Rouen, après quoi la porte d'entrée de la ville est rasée[16].

À Paris, le refus de payer prend une tournure encore plus violente. Informé de ce qui se passe à Rouen, le petit peuple se soulève le 1er mars 1382, le jour où la levée d'un nouvel impôt doit débuter. Un percepteur vient exiger la taille à une vieille dame qui vendait du cresson aux Halles : c'en est trop ! Cinq cents personnes parcourent les rues, brisent les portes de l'Hôtel de Ville pour s'emparer des armes ainsi que d'une grande quantité de maillets de plomb, ce qui leur vaudra le nom de « maillets » ou « maillotins ». Ils traquent les percepteurs et s'acharnent sur eux partout où ils les trouvent, jusque dans le chœur des églises, ouvrent les prisons, libèrent Hugues Aubriot, l'ancien prévôt de Paris. On le hisse sur un cheval, on le conduit triomphalement à l'Hôtel de Ville. Mais ce dernier, prudent, s'éclipse et s'enfuit, fort de son expérience passée des commotions populaires.

Après un temps de mobilisation et de contestation ou « remontrance » par la voix de maître Jean Desmarés, « lequel dit que le roi ni ses conseillers ne pourraient faire un peuple, mais un peuple ferait bien un roi[17] », on recherche le pardon, les rebelles se mettant « en la merci du roi[18] ». Les ordonnances royales rappellent les faits accomplis contre la « majesté » du souverain. Elles conduisent à cinquante condamnations à mort, dont le roi retient une vingtaine, délivrées par finance. Dans le même temps, une rafale de taxes sont rétablies : 12 deniers par livre sur toutes les marchandises, 20 francs sur chaque queue de vin vendue en gros et 8 deniers sur le vin vendu au détail, le corps des échevins de la ville supprimé le 27 janvier, les institutions municipales soumises au prévôt du roi. La prévôté des marchands disparaît ; elle ne réapparaîtra qu'en 1412. La politique de répression poursuivie par le roi et les ducs, il faut en convenir, est plutôt contenue, en raison même d'un usage modéré de la peine capitale, si ce n'est que le pouvoir royal frappe les marchands les plus riches, des orfèvres, des drapiers qui ont droit à un procès, épargnant le petit peuple. On ne châtie pas au hasard. C'est fort habile. Cependant, mécanisme éprouvé de la gouvernance royale, la juste colère suivie de miséricorde finit par dérailler : la proclamation d'une amnistie royale le 13 mars 1382 est suivie d'une nouvelle insurrection (seconde Harelle) qui proteste contre les exécutions.

Viendra le moment, dit Pintoin, où ils devront subir « un juste châtiment pour cette rébellion et pour toutes celles dont ils s'étaient déjà rendus coupables[19] ». Le discours de l'Église ne varie pas depuis saint Paul (Rom 13, 2) : « Celui qui résiste à l'autorité se rebelle contre l'ordre établi par Dieu. »

Ces émeutes étaient accompagnées ou plutôt précédées de prodiges que l'opinion populaire n'hésitait pas à mettre en relation avec ce qui se passait. Les chroniqueurs le mentionnent scrupuleusement :

> La veille de l'émeute, une vache mit au monde un monstre à deux visages, trois yeux et deux langues dans sa bouche fourchue, un prodige pour l'abbé qui était un homme sage. Il déclara que lorsque de tels phénomènes se produisaient, c'étaient des signes de mauvais augure annonçant de grands malheurs. Un peu avant cette révolte on vit au collège du cardinal Lemoine apparaître un globe de feu brillant qui courut de porte en porte au-dessus de la ville de Paris, sans qu'il n'y eût ni vent ni tonnerre, le temps étant doux et calme, ce qui fut considéré comme un fait tout à fait exceptionnel[20].

Roosebeke et la mise au pas des communes

Les révoltes fiscales marquent l'année 1382. Elles couvaient dans les villes du royaume, mais elles gagnent la Flandre. Philippe d'Artevelde, le fils du célèbre porte-parole des communes flamandes, livre une guerre impitoyable contre Louis de Male, qui s'achève par une déroute du comte. Les Gantois défendent leurs privilèges. Ces orages ont de quoi inquiéter le roi. Les Flamands n'avaient-ils pas excité les Parisiens à la révolte par lettres et messages ? La rumeur s'en était diffusée, d'après Pintoin[21].

Philippe d'Artevelde est « un homme de petite taille et d'un extérieur peu agréable [...] mais un esprit vif [...] avec une éloquence naturelle et insinuante[22] ». Le mot « liberté » claque aux oreilles des habitants quand il le prononce. Louis de Male avait bien tenté de reprendre la main, mais l'affrontement tourne à l'avantage des Gantois. Louis de Male s'enfuit vers Lille, ses hommes s'enferment dans Audenarde. Artevelde, puissamment conforté par ses succès militaires, élabore une stratégie : il écrit au roi de France pour lui demander de ne pas soutenir le comte, autrement il se tournerait vers les Anglais. Sa lettre, jugée injurieuse, provoque même l'hilarité dans le Conseil du roi[23]. Comment oser s'adresser en ces termes au roi, à son seigneur ? L'aide des Anglais qu'escomptait Artevelde lui est d'ailleurs refusée. La lettre était accompagnée d'une demande de remboursement de 200 000 écus. C'était fort présomptueux de sa part de demander les deux à la fois : le règlement d'une dette et en plus de l'aide[24] ! Appelé au secours par les

Français assiégés dans Audenarde, le roi décide d'aider le comte de Flandre (Louis de Male), son vassal et homme lige. La « forfaiture » que constitue l'appel à l'aide des Flamands est un mobile supplémentaire. Froissart raconte cette scène surprenante.

Berry et Bourgogne discutent, inquiets, des nouvelles de Flandre.

> À ces paroles le roi entre dans la chambre, un épervier sur le poing. Il demande à ses deux oncles de quoi ils parlent. Le duc de Berry raconte au roi ce qui se passe en Flandre et lui demande s'il veut aider son cousin de Flandre. « Ma foi, dit le roi, cher oncle, oui. Je ne désire pas autre chose que prendre les armes, et je n'ai encore jamais porté les armes. Il faut, si je veux régner en puissance et en honneur, apprendre les armes. »[25]

Il se rend à Saint-Denis, reçoit de l'abbé l'oriflamme qu'il remet à Pierre de Villiers, grand-maître de sa maison. Pendant cette expédition, l'esprit de révolte est mis en sommeil à Paris. Philippe le Hardi trouve les mots pour apaiser la foule. Son engagement dans cette expédition est total. Si Audenarde tombe, si les Gantois l'emportent, il risque de perdre le comté de Flandre dont il doit hériter. À Arras, Louis de Male rend hommage au roi. L'effort de guerre se concentre sur la prise du pont de Comines sur la Lys, le premier des objectifs stratégiques visés par l'état-major royal. Le pont pris et réparé par les Français, Ypres tombe. Artevelde décide d'affronter les Français. À Roosebeke, il aligne cinquante mille hommes, chaque ville portant sa livrée, formant un ensemble massif, dru, impénétrable, les hommes

« entrelaciés de leurs bras[26] ». Mais Dieu est avec le roi. L'oriflamme déployée, la brume se dissipe aussitôt, une colombe blanche vient se poser sur l'une des bannières du roi. Miracle ! Les Flamands, attaqués par les flancs, meurent étouffés les uns sur les autres, Artevelde le premier (27 novembre 1382). Le jeune roi a connu son premier engagement guerrier et son premier succès. Il s'installe à Courtrai après sa victoire. Dans la ville, il récupère les cinq cents éperons dorés des Français vaincus et tués à Courtrai le 11 juillet 1302, suspendus comme trophées dans une chapelle de l'église Notre-Dame. C'est une juste revanche. On découvre une lettre envoyée par ceux de Paris, qui proposaient une alliance entre les deux villes. Quand il apprend la collusion communale, « la colère du roi en fut augmentée ». Froissart n'élude pas l'impact de Roosebeke : « Or regardez la grant diablerie que ce eût été, si le roi avait été déconfit en Flandre [...]. On peut bien croire et imaginer que toute gentillesse [noblesse] eût été morte en France, et dans tant d'autres pays[27]. »

Nous avons intitulé cette première partie « La trame du drame ». Il vaudrait mieux dire « Les trames ». Pintoin parle, pour souligner la difficulté de l'entreprise d'écriture, d'une complication d'événements toujours croissante. Des trames parallèles se tissent, le chroniqueur rend compte de plusieurs aventures qui sont plus ou moins directement liées, nécessairement imbriquées ; alors, dans un souci de cohérence, comme pour subsumer cet ensemble d'événements hétéroclites, il évoque les prodiges, autant de présages très funestes... C'est une technique littéraire. N'oublions pas les razzias anglaises en Aquitaine, la guerre extérieure, les troupes licenciées qui forment des bandes et se livrent aux pillages malgré les ordres. Dans ces différents domaines, les débuts du règne de Charles VI ont donc été marqués par les affrontements, les interrogations sur une gouvernance qui se heurtait à des croyances, les convictions ancrées dans une tradition immémoriale, la réforme, les franchises, les libertés. Il y avait l'exemple flamand, mais il y avait aussi la grande révolte en Angleterre en 1381 qui avait vu les « meschans gens de ces contrées [...] s'eslever pour ce qu'ils disaient que on les tenait en trop grande servitude[28] ». Les sermons d'un John Ball n'étaient pas si éloignés des harangues d'un Artevelde. Dans les deux cas, l'arrivée de nouveaux impôts entraîna une révolte « nationale ». Des bourgeois qui prennent les armes contre les chevaliers, des villes contre le roi, du jamais vu, un défi à Dieu, en somme une difficile épreuve pour la royauté. Dans cette trame complexe, un autre facteur alimente les inquiétudes et entretient l'instabilité : la guerre et les ambitions territoriales.

La scène internationale : enjeux, conflits

La guerre avec les Anglais ne laisse aucun répit. Richard II penche pour la paix, mais des opposants l'accusent de pusillanimité ; on rassemble une armée de deux mille lances et quatre mille archers avec de fameux chevaliers et une grande quantité « de prêtres, parce que l'entreprise concernait l'Église et était inspirée par leur pape Urbain VI[29] ». L'expédition est menée contre la France sous couleur de croisade « urbaniste » contre les schismatiques partisans de l'antipape Clément VII. À leur tête se trouve le « prélat condottiere[30] » l'évêque de Norwich, Henri Despenser. Les Anglais parviennent à débarquer à Calais en mai 1383, où ils sont accueillis comme des libérateurs ; c'en est fini, dit-on, de la tyrannie fiscale du roi de France. Ils conquièrent Gravelines, Bourbourg, Dunkerque, Cassel... Toute la côte de Calais à L'Écluse est entre leurs mains. Charles VI, de retour de Chartres et d'Orléans, apprend l'incursion anglaise, lève à son tour une puissante armée. La situation inquiète les Gantois qui cherchent à négocier : ne sont-ils pas soumis à la couronne de France ? Le roi ne daignerait-il pas s'entremettre pour les réconcilier avec le comte de Flandre ? Paroles humbles, mais perfides desseins, juge-t-on : « Depuis longtemps, dit le roi, nous savons par expérience que votre nation a toujours été déloyale, inconstante et avide de nouveautés[31]. » Le refus est clair et net. Accompagné d'une armée considérable – seize mille chevaliers et écuyers armés de pied en cap, selon Pintoin[32] –, le roi, dont « de jour en jour les heureuses qualités donnaient les meilleures espérances[33] », va à Saint-Denis, s'empare de l'oriflamme, se rend à Arras avec son armée, entre en Flandre et chasse les Anglais qui avaient mis le siège à Ypres, alliés aux Gantois, de même de Cassel, assiège Gravelines. L'ennemi, ébranlé par la puissance française, quitte la ville par une porte dérobée. La cité est passée au fil de l'épée. Même scénario à Bourbourg, à la mi-septembre 1383, où le connétable Clisson met le siège. Les négociations commencent entre Anglais et Français : elles vont durer deux mois à Leulinghem, sans succès, si ce n'est une trêve signée le 26 janvier 1384, qui intègre les alliés respectifs, Galice et Castille pour le côté français (ils ont rejoint le parti de Clément VII), les Gantois pour les Anglais, trêves qui doivent prendre fin le 29 septembre 1384 et qui seront prolongées jusqu'au 1er mai 1385.

Une seconde expédition contre l'Angleterre est préparée au printemps 1385. Un nombre incalculable de vaisseaux sont réunis : « Il paraît qu'ils étaient si nombreux qu'en les mettant bout à bout on aurait pu faire un pont afin d'assurer le passage en Angleterre[34]. » Cette préparation se fait naturellement au prix d'un effort fiscal sans précédent, mais les vaisseaux restent stationnés à L'Écluse. Cependant, Jean de Vienne, mécontent de l'arrêt de l'expédition, décide de rassembler des troupes pour débarquer en Écosse (juin 1385) et surprendre ainsi les Anglais sur leur propre territoire. Cependant, l'alliance franco-écossaise fait long feu, les Écossais observant les coups d'éclat des Français sans intervenir. Ils « ne faisaient rien pour les aider, figés comme des statues[35] ». Cette expédition fut « d'un profit nul, à part une réputation de courage et des pertes infimes ». Les Gantois, sous la conduite du capitaine flamand François Ackerman, en profitent pour attaquer les vaisseaux français stationnés à L'Écluse. Le roi qui se trouve alors en Flandre l'apprend, pousse sa course jusqu'en Zélande et met le siège devant Damme. La ville résiste, les populations favorables aux Gantois préfèrent mourir : « Quand même le roi ferait mettre à mort tous les Flamands, leurs ossements desséchés se lèveraient encore pour venir le combattre[36]. » La ville tombe, la répression est impitoyable. La mansuétude de Charles VI trouve là ses limites.

Dans ce temps où alternent trêves franco-anglaises et combats, un important jeu de bascule modifie les sphères d'influence européennes. C'est dans le Nord que les enjeux sont les plus importants. À ce moment-là, le duc Philippe de Bourgogne « avait la principale autorité dans la direction des affaires[37] ». Il a de grandes ambitions. La mort de Louis de Male le 30 janvier 1384 le rend maître des territoires apportés en dot par sa femme : la fille unique de Louis de Male recueille le comté de Flandre du chef de son père et de la succession de sa mère, Bourgogne, Artois, Rethel, Salins. Mais les intentions du duc vont plus loin. Dans un subtil enchaînement de mariages, il réussit un rapprochement avec les Allemands. Mariage de Guillaume d'Ostrevant, fils aîné d'Albert Ier, et de Marguerite, fille de Philippe le Hardi. Deuxième mariage bourguignon : celui du fils aîné de Philippe, le futur Jean sans Peur, avec Marguerite, la fille de la comtesse de Hainaut. L'influence française a gagné aux Pays-Bas grâce à ce double mariage. Dans la foulée, et selon une étrange démarche qui échappe à toute publicité (pas d'ambassades, pas de contrat), se prépare le mariage de Charles VI avec une Wittelsbach, Isabelle[38], fille d'Étienne de Bavière. Le mariage a lieu le 20 juillet 1385. Vu sous l'angle diplomatique, ont remarqué les historiens, le mariage de Charles VI et d'Isabelle de Bavière n'est qu'un pas vers la progression française aux Pays-Bas, qui tournera finalement au seul profit de la Bourgogne.

Charles VI s'affirme donc comme un roi guerrier. Avant l'âge de 20 ans, il aura en effet participé à plusieurs campagnes militaires : Roosebeke en 1382, la Flandre en septembre 1383, le siège de Damme en

1385. Dès son jeune âge, il s'affirme comme la contre-image de Charles V. La volonté de manifester cette ambition guerrière ne va pas le quitter. Au printemps 1386, il est décidé en Conseil d'attaquer les Anglais à « force ouverte et en leur rendant dommages pour dommages[39] ». Le « puissant motif » qui anime Charles VI dans sa volonté de reprendre les armes, selon le religieux de Saint-Denis, est que « les Anglais, qui s'étaient depuis si longtemps habitués à descendre en France, tremblassent à leur tour pour leurs propres foyers et fussent retenus chez eux, en voyant que les Français pouvaient et osaient aussi traverser la mer[40] ». La levée de cette seconde armée de mer est considérable, au point qu'on l'estime « capable d'exterminer plusieurs nations barbares[41] » : neuf cents navires, huit mille chevaliers et écuyers. Il y a plus encore : on coupe les plus beaux arbres des forêts de Normandie pour construire une ville en bois, formée de poutres assemblées et closes de tous côtés, de « telle sorte qu'on pût la dresser sur le rivage d'Angleterre et qu'elle offrît un abri sûr à son armée[42] » ! Cochon est très réservé sur l'intérêt de ces préparatifs : tout cela pour rien, si ce n'est pour justifier de nouveaux impôts et appauvrir le peuple « essillié » (ruiné, anéanti)[43]. Tout semblait prêt pour une invasion de l'Angleterre, mais les choses traînent en longueur : le duc de Berry tarde à venir rejoindre le roi à L'Écluse. Nous sommes en automne 1386 : les tempêtes empêchent d'embarquer, les troupes se dispersent, les Anglais s'attaquent aux navires, les détruisent. Le roi décide de retourner et fait présent au duc de Bourgogne de l'immense ville en bois qu'il destinait à l'abri des soldats.

La Bretagne : double jeu

Autre facteur d'instabilité : la Bretagne, dont les positions changeantes entretiennent une menace permanente et redoutable. C'est une politique d'intrigues et de parjures. Le duc de Bretagne, Jean IV de Monfort, balance entre Angleterre et France. Le 15 janvier 1381, il se déclare l'ennemi des Anglais. C'est pour mieux se retourner. Alors que de nouvelles initiatives d'invasion de l'Angleterre sont prises par Jean de Vienne et le connétable Olivier de Clisson, les Anglais tentent de faire diversion avec l'aide de Jean IV qui s'empare par ruse du connétable. Ce coup d'éclat amène le roi à condamner ce qui s'apparente à un crime et à exiger la libération immédiate du prisonnier, ce qu'il obtient aussitôt. Mais l'événement a un impact considérable à cause du rang de l'intéressé. À travers sa personne, c'est le roi de France lui-même qui a été atteint. L'emploi du terme latin (*facti atrocitatem*) pointe directement la lèse-majesté. Pintoin précise :

> Il est hors de doute que l'on commet un crime de lèse-majesté, non seulement en portant la violence jusqu'à oser attenter à notre sûreté et à notre vie, mais aussi en tramant d'odieux complots contre nos serviteurs, surtout contre ceux qui sont à la tête de nos armées et dont les talents et les conseils contribuent à l'heureuse administration de notre royaume.

Mais, ajoute-t-il :

> Comme il est contraire à la justice d'envahir les terres d'un sujet sans l'avoir entendu, nous ferons de nouveau

> sommer le duc de comparaître devant nous, et après avoir mûrement examiné l'affaire dans notre équité, nous mesurerons le châtiment du coupable sur l'énormité de son crime[44].

Juvénal parle aussi de lèse-majesté. Emporté par une « indignation » irrésistible, Charles VI convoque le duc de Bretagne à Orléans où il a réuni un parlement ; Jean IV ne s'y présente pas, mais fait plaider sa cause par les ducs de Berry et de Bourgogne plus enclins à l'apaisement. Finalement le roi accorde son pardon – nombreux sont ceux qui s'en étonnent, connaissant la propension du duc à trahir les intérêts du royaume. Clisson est plus difficile à convaincre ; l'affaire, d'abord jugée au pénal, est convertie en affaire civile. Elle se termine par l'injonction faite au duc de restituer à Clisson les places fortes et les meubles qui s'y trouvent. La paix est retrouvée, mais pour peu de temps, car le duc va récidiver.

Dévider l'écheveau des fils qui constitue la trame (ou les trames) du drame à venir est chose presque impossible, tant ils s'entrecroisent. Il y a les facteurs d'instabilité résiduels, ceux qui sont dus à la succession royale, toujours un moment périlleux – même si Charles V en avait fixé l'organisation ; d'autres événements extraterritoriaux ont et vont avoir un impact politique important, comme le schisme, des tensions vives à l'ouest, en Bretagne, ou à l'est sur les frontières de l'Empire[45]. La fracture conduit les nations à prendre position et donc à s'affronter, tandis qu'à l'intérieur même du royaume, des lignes de fracture, des points de crispation apparaissent, débouchant sur des débats féconds, mais violents ; de nouveaux acteurs entrent dans l'espace public.

Enfin, il y a les éléments anciens, la guerre franco-anglaise, la volonté d'expansion des zones d'influence. Au sein même du royaume, on l'a vu, les réticences anciennes à l'impôt provoquent des embrasements difficiles à contrôler. Le « feu prend à toute la province[46] », dit Commynes. Il serait intéressant de voir comment évolue cet ensemble instable de forces et de courants. Il faut donc être attentif à cette dispersion des causes et au sens de leur évolution. Celle-ci n'est pas linéaire, elle est souvent tissée de retours imprévus. L'un d'entre eux n'est pas le moins surprenant, comme le montre la suite.

2
Une fragile assise

Le règne de Charles V, dit le Sage, le fils de Jean II le Bon, était associé, dans la tradition historiographique, à la présence d'une équipe de conseillers efficaces, parmi lesquels Bureau de La Rivière. C'étaient eux les maîtres des affaires intérieures, eux qui devaient, après sa disparition, perpétuer sa volonté et veiller sur son Trésor. Mais à la mort de Charles V en 1380, ces conseillers sont évincés, emprisonnés ou réfugiés dans un prudent exil et disparaissent pour un temps de la scène politique. Pourtant, les échecs, la paralysie d'un pouvoir incapable de répondre aux forces de dispersion et de démembrement réveillent le souvenir d'une stabilité et d'une paix à laquelle était attaché le gouvernement de ces conseillers efficaces.

Les « marmousets » : souffle de réforme

Novembre 1388, Charles VI revient à Reims. Il entre dans sa vingt et unième année. Selon Juvénal, il fait « preuve de bon sens et d'intelligence, c'est un beau jeune homme au caractère aimable et doux. Il voit faire ses oncles et les autres qui agissent davantage en vue de leurs propres intérêts que du bien public[1] ».

Il y a bien quelques taches, juge Pintoin, qui ternissent le portrait flatteur du jeune roi : il se livre à ses appétits charnels, outrepassant le devoir conjugal, sans être pour autant objet de scandale[2] ni de violence ; il n'a jamais porté le déshonneur dans une famille. Le temps est venu pour lui de s'émanciper de la tutelle de ses oncles. Le choix de la ville, Reims, ville du sacre, n'est pas anodin. Le 3 novembre se tient un grand Conseil, au cours duquel le cardinal de Laon, Pierre Aycelin de Montaigu, ancien conseiller de Charles V, fait adopter la décision de proclamer la majorité de Charles VI : ne va-t-il pas fêter son vingtième anniversaire le mois suivant ? La majorité à 13 ans révolus est dépassée depuis longtemps ! L'avis exprimé par le cardinal sur ce que le roi doit faire est intégralement retranscrit (ou inventé) par Pintoin. Le cardinal de Laon s'appuie autant sur l'Ancien Testament que sur la mythologie :

> Le peuple hébreu, considérant ces choses, demandait avec instance qu'on lui donnât un roi. À l'exemple des Hébreux, les Troyens mirent à leur tête un guerrier fameux par son caractère et ses talents : ce fut Pharamond.

Il termine son allocution ainsi :

> Or puisqu'il ne lui manque rien de ce qui convient à la majesté royale, je déclare, en vertu du serment de fidélité qui me lie envers lui, qu'il n'a plus désormais besoin de tuteurs[3].

Cet avis ne va pas plaire à tout le monde. Réduits au rôle de conseillers, les ducs de Berry et de Bourgogne, fort contrariés, ne pipent mot. L'un d'eux s'est-il vengé en jetant en prison Montaigu, qui meurt quelques jours plus tard ? C'est ce qu'insinue Pintoin[4]. En décembre 1388, les ducs se retirent chacun dans ses terres, sauf Louis de Bourbon, que le roi retient auprès de lui. Quatre jours plus tard, il choisit parmi les gens de la Cour messire Bureau de La Rivière, messire Jean Le Mercier, seigneur de Nouvion, élevé en compagnie du roi, et Jean de Montaigu, « personnages pleins d'expérience dans les affaires, et en fit ses principaux conseillers pour partager avec lui les soins du gouvernement[5] ». Ce sont les « marmousets ». Ils tirent leur nom d'une moquerie de leurs adversaires les comparant à de grimaçantes statues d'idoles païennes. Le religieux de Saint-Denis omet de préciser que Charles VI rappelle au pouvoir des conseillers de Charles V. Leur rôle est capital dans la mesure où ils ont accès à la « chambre » du roi et font partie du premier cercle. Celui-ci les a connus quand ils étaient au service de son père, notamment Bureau de La Rivière, le chambellan du défunt roi, celui entre les bras duquel Charles V a rendu son dernier soupir[6].

Jean Le Mercier, seigneur de Nouvion, est promu grand maître de l'hôtel du roi. Jean de Montaigu devient responsable des finances et Arnaud de Corbie chancelier ; Olivier de Clisson est nommé à la tête de l'armée avec le titre de connétable.

Une solidarité unit les marmousets. Autour d'eux gravitent des fidèles, des proches, tels Jean de Folleville,

Jean Juvénal des Ursins, les Nanterre... Grâce à la parenté, à la communauté d'intérêts et d'idées, consolidées par des mariages et des remariages, se nouent des amitiés appelées à durer toute leur vie. Leur pouvoir est renforcé par leurs nombreux frères, fils, neveux dont ils peuplent le personnel administratif. Cette équipe est efficace et redoutable : elle renvoie et sanctionne les prévaricateurs qui ont pillé les finances publiques, remplace par de nouveaux magistrats le prévôt de Paris et les baillis des villes, nomme comme prévôt des marchands Juvénal des Ursins, nomination au nom du roi, la charge ayant été supprimée lors de la révolte des « maillotins »[7].

Les marmousets cristallisent en une pensée politique originale plusieurs courants, dont l'un provient de l'Université. Une fois sortis de l'enceinte universitaire, les clercs se répandent dans des lieux où s'exerce l'autorité : la Cour, le Conseil du roi. La géographie des centres de pouvoir accélère les échanges, à Paris, entre rive droite et rive gauche, mais aussi, dans un cadre régional, de par l'existence d'un axe Paris-Avignon. Parmi les soutiens, on compte des prélats partisans de l'antipape Clément VII, Jean de La Grange, Pierre Ameilh, Pierre Aycelin de Montaigu. Ajoutons des princes, comme Louis de Bourbon, qui n'est pas englobé dans la disgrâce des oncles de 1388 – car, de longue date, les Bourbons soutiennent la monarchie.

L'opinion acquiesce. Commence une vaste révision administrative qui témoigne des meilleures intentions : de février à avril 1389 se succèdent une rafale d'ordonnances sur la justice. Sous les marmousets, la justice parisienne fait preuve de rigueur : le registre criminel du Châtelet a conservé précisément, pour les années

1389-1392, la trace de quatre-vingt-quatorze condamnations, une « sorte d'*exempla* judiciaires, sans équivalent pour le règne de Charles VI[8] ».

Cette politique suscite aussi des mécontentements et des inimitiés. Les princes sont furieux, ainsi que certains prélats, car elle empiète sur leur pouvoir, leur juridiction et leurs privilèges. Surtout, les marmousets interdisent l'accès au roi. Juvénal des Ursins rapporte qu'ils le font partir à Saint-Germain-en-Laye afin que personne ne puisse l'approcher. Un jour, alors qu'une délégation d'universitaires demandent une audience, ils se heurtent à une réponse dilatoire des conseillers. « Ainsi s'en retournèrent-ils à Paris sans avoir réussi à voir le roi, ce qui paraissait tout à fait inaccoutumé[9]. » Peut-être est-ce la raison de l'existence éphémère des marmousets ? De fait, ils résisteront difficilement aux récriminations de leurs adversaires. Mais dans l'immédiat, il s'agit de conjurer les menaces incessantes contre l'institution royale.

Entrée à Paris d'Isabelle de Bavière : une conception nouvelle du statut réginal ?

Charles VI a épousé Isabelle de Bavière en juillet 1385. La reine Isabelle était déjà venue à Paris, mais elle n'y fait sa première entrée solennelle qu'en 1389. Elle y est alors couronnée et sacrée. Un tel rituel n'a rien d'obligatoire pour lui conférer ses prérogatives, essentiellement symboliques, en terre de droit salique. En général, la reine était sacrée en même temps que le roi, mais cela ne pouvait être le cas d'Isabelle de Bavière, mariée au souverain cinq ans après le sacre de celui-ci. Tous les rois de France n'ont pas fait sacrer leur épouse (ainsi Louis XI, pour se limiter à un exemple proche dans le temps). Faut-il y relever une volonté de Charles VI (qui imite en cela son père et son grand-père) d'associer la reine à la sacralité royale et donc à l'expression de la souveraineté ? Mais plus que le sacre, c'est l'entrée royale qui est révélateur des évolutions qui s'amorcent alors[10]. Cette mise en scène a-t-elle été conseillée au roi par les marmousets ? Au XVe siècle, il semble que le sacre soit amoindri par l'importance prise par d'autres cérémonies, comme celle de l'entrée, qui offre l'avantage de mettre en scène la majesté de la reine devant un public plus large.

Mais ce qui retient l'attention dans le récit de Juvénal de cette année 1389, c'est l'ombre que le récit fait porter sur un événement raconté en demi-teinte. Bien sûr, il y a les artifices habituels – tableaux vivants, dispositifs parathéâtraux, pantomimes – qui animent l'entrée avec pour objectif de célébrer la majesté royale (par exemple, le cerf-volant qui s'anime sur le pont Notre-Dame), mais il y a par-dessus tout la représentation grotesque d'un roi qui, monté en croupe sur le cheval de son confident Savoisy, vient assister au défilé, sous un déguisement, mêlé à la foule. Ils n'échappent pas au service d'ordre qui, pour éloigner les importuns, frappe à tous vents de leur « boulayes » (massues courtes à l'extrémité renflée[11]). Le roi reçoit quelques horions de ces sergents de ville et, de retour à la Cour, en rit avec ses proches.

Que dire de ces manifestations éparpillées, mais cohérentes et homogènes, longuement rapportées par Juvénal des Ursins ? Une première approche consiste à les inscrire dans une tradition du *rex facetus*, bien attestée depuis l'Antiquité : le roi use de familiarité vis-à-vis de ses sujets à des fins d'utilité, dans un contexte curial donné. Le despotisme s'y inscrit en creux[12]. Mais Charles VI n'est pas Louis XI, et Juvénal n'est pas Commynes ! Les « désordres amoureux » d'un prince, les comportements aussi singuliers qu'intempestifs, comme le lancement de javelots (un jeu auquel il se prêtait dans sa jeunesse, nous dit Juvénal[13]), associés à l'intempérance sexuelle lors des joutes et des fêtes qui suivent l'entrée d'Isabelle à Paris – *lubrica facta sunt* (« on s'adonna à la débauche[14] ») –, tout cela fait penser davantage à un jugement moral qui marque profondément le récit de ces années de trouble. La majesté n'est pas au rendez-vous.

Reconquête de l'opinion : le voyage dans le Midi, 1389

Renouer (ou tenter de renouer) le lien fragile entre le roi et son peuple, rétablir un dialogue, voilà la tâche essentielle des marmousets, les nouveaux conseillers du souverain. Sur leur suggestion, celui-ci entame la visite de son royaume, « car un roi en sa jeunesse doit visiter ses terres et connaître ses gens et savoir et apprendre comment ils sont gouvernés[15] ». L'itinéraire aller de ce voyage est minutieusement décrit par Pintoin[16]. Charles VI se rend à Lyon, accompagné du duc de Bourgogne, puis à Avignon, Montpellier, Béziers, Toulouse. Ce voyage va durer six mois. Au cours de ce long périple, il entend les plaintes du peuple ; il apprend notamment comment le duc de Berry « a moissonné et fait la récolte de tout ce qui se présentait[17] ». A-t-il pris conscience des conditions désastreuses d'une politique fiscale qui ruine le pays et l'éloigne de ses sujets ?

Quand il quitte Avignon, il donne congé aux ducs de Berry et de Bourgogne. Il est probable que la mesure a été perçue comme une affirmation d'indépendance du jeune roi, car le ressentiment des ducs est fort, d'autant que Berry est remplacé comme gouverneur de l'Aquitaine par Pierre de Chevreuse[18]. « Les oncles » doivent faire contre mauvaise fortune bon visage. Le roi est jeune, dit le duc de Bourgogne, et « s'il croit jeune conseil, il se méprendra [...] Pour le présent il nous faut le supporter avec patience, mais un temps viendra que ceux que le conseillent s'en repentiront et le roi aussi[19] ». Bureau de La Rivière, Le Mercier, Montaigu et Pierre de Villaines, dit Le Bègue, sont directement visés dans les propos du duc.

Au cours de ce long voyage, Charles VI mûrit au fil des rencontres avec ses sujets, cependant que de « fortes discordes, haines, mésententes sévissent à l'hôtel du roi, aussi bien entre les princes qu'au sein du peuple[20] ».

Louis d'Orléans : impatiences territoriales et ambitions impériales

Charles VI souhaite le bien de son frère Louis, duc de Touraine depuis 1386, de quatre ans son cadet (il est né le 13 mars 1372), en compagnie duquel il a passé son enfance. Mais Louis, pourtant dévoré d'ambition, n'est rien et dépend entièrement de son frère. En 1387, par son mariage avec Valentine Visconti, il peut espérer succéder à son beau-frère à la tête du duché de Milan. Du fait de cette union, il devient comte de Vertus, en Champagne. En 1391, la dot de son épouse lui permet d'acquérir les comtés de Blois et de Dunois, limitrophes du duché d'Orléans qu'il convoite. Le 26 mai 1391, Valentine met au monde un enfant et, note Pintoin, « désirant transmettre un riche patrimoine à l'héritier de son nom, [Louis] résolut d'acheter la terre du comte de Blois. Il obtient par ses instances du roi son frère la jouissance à perpétuité du duché d'Orléans, en échange du duché de Touraine[21] ». Cependant, les habitants du duché d'Orléans renâclent : le roi ne leur avait-il pas promis qu'ils ne seraient jamais détachés du domaine de la Couronne[22] ?

Louis se lance donc dans la constitution d'une principauté territoriale. Il achète des châtellenies en Champagne, puis, en 1400, le comté de Porcien (entre Aisne et Oise), la grosse baronnie de Coucy ; or ces terres ne sont pas d'un seul tenant. Il se constitue des clientèles (seigneurs des Pays-Bas et de Rhénanie, comte de Clèves et comte de Juliers, marquis de Bade et comte des Deux-Ponts...). Sur une feuille de papier de grand format portant sur une seule face un texte écrit en très gros caractères – il s'agit d'un placard destiné à être cloué sur la porte de quelque édifice public –, Ambrogio Migli, le secrétaire particulier du duc, revendique en pompeux hexamètres pour son maître la couronne impériale[23]. Les achats de Louis ont été payés avec l'argent du roi, ou plutôt avec celui des contribuables, le prince recevant tous les ans 200 000 francs du roi. Pas plus que le duc de Bourgogne il ne peut se passer des finances royales.

À son habitude, Pintoin s'attache à dresser un portrait flatteur des membres de la famille royale.

> Entre autres qualités dont la nature l'avait doué, il [Louis] avait surtout une merveilleuse facilité d'élocution, qui le distinguait parmi tous les seigneurs de son temps. En effet, on l'avait vu dans plus d'une occasion surpasser par son éloquence les plus fameux orateurs, sans en excepter même ceux de la vénérable université de Paris, quelque versés qu'ils fussent dans les subtilités de la dialectique, dans la connaissance de l'histoire et dans la science théologique[24].

Cette dimension « lettrée » du prince lui attire le soutien des intellectuels, des figures les plus éminentes du milieu parisien et avignonnais. Louis d'Orléans entretient en effet des rapports étroits avec les humanistes de la fin du XIVe siècle, ceux qui ont constitué ce qu'on a appelé le « premier humanisme », un mouvement dans lequel on compte des secrétaires et des diplomates de grand talent : Jean de Montreuil, Gontier Col, Nicolas de Clamanges, Ambrogio Migli.

Néanmoins, l'éloge de Pintoin contient quelques réticences pleines de fiel : l'éloquence exceptionnelle du duc d'Orléans ne servirait-elle pas à masquer ses défauts ? Sa bienveillance n'est-elle pas commune à tous les princes du royaume ? Enfin, *in cauda venenum* (« dans la queue le poison »), vient la sévère critique des vices du duc, immédiatement suivie par une restriction salvatrice : « Mais il les évita avec soin quand il fut arrivé à l'âge mûr. » La critique, dans un premier temps, n'entame pas l'impression générale positive d'un prince rayonnant, aimable, intelligent et brillant politique. Christine de Pizan fait de lui, son mécène, un éloge dithyrambique, oubliant les réserves des deux chroniqueurs :

> Il est aujourd'hui le secours et le refuge de la chevalerie de France [...]. Il fait preuve, dans son discours, d'une noblesse et d'une humilité exemplaires, sans jamais se départir de son calme, offrant ainsi un spectacle de toute beauté. J'ai pu le vérifier de mes propres yeux[25].

Louis d'Orléans, l'héritier des marmousets, est porteur dans tous les domaines d'une volonté de centralisation, y compris dans les affaires ecclésiastiques, en somme porteur d'un idéal politique moderne[26]. Nous serons amenés, au fil des pages et à travers les témoignages des contemporains, à vérifier les clairs-obscurs saisissants d'une personnalité hors du commun.

C'est vers cette époque que le duc de Bourgogne commence à prendre ombrage de l'influence croissante du duc d'Orléans sur le roi son frère. Y aurait-il aussi une hostilité féminine qui aurait pu jouer dans l'ébauche du conflit entre Bourgogne et Orléans ? Pendant les longs mois de sa participation à l'activité politique du royaume, l'épouse du premier affiche une animosité jalouse à l'égard, d'une part, des ministres trop puissants et, d'autre part, de la duchesse d'Orléans, trop entreprenante ; ce qui accentue l'amertume de Philippe le Hardi et crée un climat délétère favorable au développement de son ressentiment à l'égard de son neveu d'Orléans. Valentine Visconti, la femme de Louis d'Orléans, supporte mal les façons condescendantes de sa tante ; de son côté, Marguerite de Flandre, belle-sœur du roi défunt, éprouve quelque agacement à penser que le jour se rapproche où sa nièce, belle-sœur du roi vivant, aura le pas sur elle à la Cour. À cette analyse s'ajoute un conflit de génération : vingt années séparent Marguerite (1350-1405) de Valentine (1368-1408), tandis que la différence d'âge atteint trente ans entre Philippe le Hardi (1342-1404) et Louis d'Orléans (1372-1407). Mais au-delà des raisons personnelles, des raisons plus structurelles agissent en toile de fond, liées aux ambitions territoriales et politiques et à l'annonce d'un rapport de force à venir, la constitution de sphères d'influence et la promesse de conflits portant les germes de guerre civile. Sur d'autres rives, le gouvernement royal va devoir batailler pour maintenir son assise et affronter les résistances et les assauts de forces anciennes.

Résistances « féodales »

La Bretagne, nous l'avons vu, est un laboratoire, un champ d'expériences où s'affrontent des rapports de force en tout genre. Nous en étions resté au conflit opposant Jean IV de Monfort à Clisson, le duc au connétable. Pourtant, un traité imposé par le roi avait été signé en 1388 entre les deux parties : le duc devait verser 100 000 francs à Clisson et lui restituer les trois places fortes qui lui appartenaient[27]. Traité non respecté par Montfort : « Haines et dissimulations merveilleuses se couvoient entre ces parties[28] », nous dit Froissart. À l'automne 1391, les choses sont en l'état. Clisson se plaint au roi, si bien que des messagers sont envoyés au duc de Bretagne qui l'enjoignent à comparaître devant le parlement de Paris. Refus net du duc. Les échanges entre les parties deviennent de plus en plus tendus. Le comportement de Jean IV est un excellent exemple de « démesure » féodale, à la manière des barons révoltés des chansons de gestes. Voici comment Froissart présente les choses : « Des injonctions et des assignations » qui viennent du parlement de Paris, « il ne tenait aucun compte, mais voulait que ses sergents continuent leur office ». Avec ça, le duc empiète sur les juridictions des évêques ; les plaintes remontent à Paris, Charles VI envoie des officiers rencontrer le duc, il n'est pas là ou se fait excuser. Le ton monte d'un cran. Jean IV menace :

> Oui, oui, je viendrai à Paris, ou y enverrai quelqu'un pour entendre le jugement ? Quelle erreur ! Je suis venu, voilà moins de trois ans, pour faire valoir mon droit, mais je n'en ai pas entendu parler. Ces messieurs du Parlement interprètent le droit à leur manière. Ils me croient bien jeune et ignorant quand ils veulent me traiter de cette façon. Je vous assure que si mes sujets de Bretagne étaient unis, obéissants à mon autorité ainsi qu'ils le devraient, je causerais tellement de tracas au royaume de France que ces gens déraisonnables finiraient par comprendre et ceux qui auraient agi loyalement seraient payés loyalement, ceux qui méritent qu'on leur rende justice obtiendraient justice, ceux qui veulent obtenir justice l'obtiendraient.

C'est en somme une revendication d'autorité pour lui-même. Naturellement, l'orgueil du duc déplaît à Charles VI :

> Ce duc est présomptueux et orgueilleux, et il est impossible de le raisonner et si l'on accepte qu'il impose

> son avis, la grandeur et les droits du royaume de France en seront très gravement affaiblis, les autres seigneurs prendront exemple sur lui, ce qui fait que la juridiction du roi de France ira à vau-l'eau.

Réapparaissent dans le discours les concepts abstraits et anciens de la rébellion féodale : *audacia, superbia*, désignant le péché, féodal par excellence, de révolte et de domination.

Les griefs du roi ne manquent pas : le duc de Bretagne bat monnaie d'or et d'argent, il demande, en recevant le serment de ses vassaux, d'ajouter ces mots : « Envers et contre tous, sans excepter le roi même[29]. » Suprême affront fait à la Couronne ! La résistance du duc de Bretagne aux injonctions du roi, à celles de Berry qui s'est déplacé jusqu'à Nantes, mandaté par le souverain, est totale. « On lui demandait, il refusait[30]. » À l'hiver 1391, il menace de faire arrêter les émissaires de Charles VI. Il faut l'intervention de Pierre de Navarre et les implorations de la duchesse de Bretagne pour le détourner de son « infâme projet[31] ». À la longue, le conflit s'apaise, Jean IV se déplace à Tours auprès du roi pour faire amende honorable. Le roi a évoqué un projet de mariage de sa fille Jeanne (née le 24 janvier 1391) avec le fils aîné du duc (né le 24 décembre 1389). Mais sur le fond du problème rien n'est réglé et le conflit va rebondir de manière dramatique quelques mois plus tard. Mais « quelles qu'aient été les intentions de chaque partie, elles faisaient semblant de vouloir se soumettre à la décision du roi[32] ».

Il ne peut plus être question de conflits localisés, de duels circonscrits, de systèmes belligérants fermés, car les réseaux d'alliances – voire avec des princes étrangers – compliquent considérablement la donne et la perspective de solutions à court terme. Celui qui entre en guerre ne peut plus prévoir contre qui ni avec qui il l'achèvera, si la Couronne se trouve en danger.

Durant le séjour de Charles VI à Tours à l'hiver 1391-1392, l'affaire de Bretagne occupe tellement son esprit et celui de son entourage que les relations avec les Anglais sont mises à l'arrière-plan. Une chose est certaine : Montfort a les « Anglais pleinement à sa disposition, quand il veut ». Les choses prennent un tour plus critique quand, durant la nuit du 13 au 14 juin 1392, à sa sortie de l'hôtel du roi, Clisson est attaqué et blessé. Le commanditaire de l'attentat, Pierre de Craon, cousin de Jean IV, se réfugie en Bretagne. La responsabilité de ce dernier est évidemment pointée du doigt :

> Tout le monde disait que le duc avait approuvé la tentative d'assassinat de Clisson et regrettait vivement qu'elle ait échoué. Le roi et son Conseil apprennent que le duc de Bretagne avait été favorable au meurtre manqué, qu'il avait recueilli Craon, le traitait fort bien malgré ce crime abominable de lèse-majesté[33].

L'accusation est précise et violente ; il ne s'agit plus seulement d'un épisode de guerre privée entre Bretons – Clisson est le vassal du duc de Bretagne. De fait, c'est le roi qui est offensé. Sommé de livrer Craon, le duc se dérobe, déclarant que cette affaire ne le concerne pas. Charles VI et son Conseil – les marmousets, son frère Louis d'Orléans – décident d'envoyer une armée attaquer Montfort. Les marmousets parlent comme des légistes. Ils mettent en avant la lèse-majesté : l'outrage au roi est en effet trop grand. Les ducs de Berry et de Bourgogne désapprouvent cette initiative trop hâtive. Ils sont « sidérés » par la nouvelle de cette expédition, furieux que le Conseil du roi ait pris cette décision en leur absence. « Ils virent que faire leur convenait, ils firent et montrèrent obéissance, mais ce fut lentement[34]. »

Plusieurs remarques s'imposent au terme d'un récit chargé en violences politiques. Il ne faudrait pas se cantonner aux images sombres d'affrontements, aux condamnations édifiantes, aux massacres et aux meurtres, s'en délecter et frissonner comme devant un film d'épouvante, évitant de voir le profond renouvellement éthique, littéraire et artistique qui s'amorce et prend forme à ce même moment.

Les figures engagées dans les conflits sont celles de personnalités affirmées ; qu'il s'agisse de princes ou d'intellectuels – nous l'avons vu avec les marmousets et le retour d'une sage politique qui était celle du feu roi –, ils s'appuient sur des opinions, des idées, des principes. L'espace public est devenu un creuset d'idées qui s'affrontent : le temps n'est pas au déclin. Leurs idéaux sont une sorte de contre-feu aux forces prédatrices et aux impulsions destructrices, celles qui au nom de valeurs féodales toujours vivaces tentent d'imposer une légitimité. Nous l'avons vu avec Bretagne : l'attentat contre Clisson et les provocations du duc sont perçus comme des atteintes au roi, à sa majesté. C'est un des paradoxes souvent soulignés par les historiens. Deux polarités traversent le champ politique : une volonté réformatrice et étatique qui se double d'une surcharge sacrale, la couronne et le sacré, d'une part ; une volonté d'indépendance doublée d'ambitions territoriales, issues du sein même du pouvoir, d'autre part. S'ajoute à cette double polarité un enjeu : le poids d'une opinion à conquérir. Mais un événement soudain va rompre le cours des choses. Le jeune roi foudroyé dans son élan plonge le royaume dans la tourmente.

3
La majesté ébranlée

Dans la conception organique de la société politique, l'évaluation morale des actes se fait en dernière analyse à partir du *caput mysticum,* dont l'influx donne leur existence aux membres. Principe de vie du corps, le roi se meut dans une sphère indépendante placée au-dessus des membres. Pour expliquer cette forte charge symbolique, on s'appuie sur un ensemble de représentations et d'identifications bien connues, nourries de références vétéro-testamentaires et mythologiques[1]. On peut donc imaginer les conséquences gravissimes que provoque la disparition ou la vacance du pouvoir, de la tête précisément, qui gouverne le tout. L'ébranlement causé par la folie du roi et ses conséquences sur le royaume conduisent à un cycle infernal, accroissent plus fortement encore la pression des menaces qui s'exercent sur le royaume. Paradoxalement, ses « absences » feront que les sujets se montreront plus attachés à la Couronne, rendront plus sensible et plus présent que jamais le symbole. Mais restons-en pour l'instant à l'événement.

La folie du roi

Sa crise de démence dans la forêt du Mans est bien documentée, rapportée par le religieux de Saint-Denis et enjolivée par Froissart qui n'a appris l'événement que par ouï-dire, alors que Michel Pintoin, lui, était sur place[2]. Quand le roi quitte Paris pour se mettre en campagne, il réside à Saint-Germain-en-Laye pendant quinze jours, au cours desquels « il n'était pas ferme de santé[3] ». Au Mans, il est fiévreux trois semaines durant, il « avait déjà l'esprit affaibli », agité par « des poussées de fièvre et de chaleur »[4]. Pintoin le dit autrement : dès les premiers jours d'août, « le roi avait commencé à donner des signes de démence par des propos insensés et par des gestes indignes de la majesté royale[5] ». Cependant, le signe le plus inquiétant de la catastrophe qui s'annonce est qu'au Mans, une statuette de la Vierge Marie a tourné sur elle-même pendant une demi-heure[6].

Mais venons-en au fait et suivons le fil du récit de l'accès de folie tel que nous l'ont conservé le religieux et, de manière plus romancée, Froissart.

Le 5 août, il fait chaud, affreusement chaud. Au sortir du Mans, le roi, armé de pied en cap, rencontre d'abord un misérable en guenilles qui se précipite vers lui et le suit pendant près d'une demi-heure en criant : « Ne vas pas plus loin, noble roi, car on te trahit ! » Pour Froissart, la scène se situe dans la forêt, « le décor indispensable d'un fait insolite[7] » ; Pintoin évoque quant à lui une léproserie, ce qui paraît plus exact. Froissart note que personne ne s'est demandé « si [l'homme] était naturellement fou ou sage et pour savoir qui lui faisait dire de telles paroles [...] Il n'en fut rien fait[8] ». Profondément ébranlé par cette intrusion, Charles VI est soudain pris de folie furieuse au bruit d'une lance tombée des mains d'un page sur le casque d'acier d'un de ses compagnons. Le roi « tressaille soudainement et frémit, car il avoit encore en mémoire les paroles que le fou ou le sage lui avoit dites dans la forêt[9] ». Il tire son épée, tue le page, éperonne son cheval et, porté à gauche et à droite, il frappe quatre autres hommes en s'exclamant : « On veut me livrer à mes ennemis[10] ! » D'après Froissart, il s'en prend aussi au duc d'Orléans qui se trouve dans les parages, car « dans sa frénésie et son délire il avoit perdu toute lucidité ni ne savait qui était son frère ni son oncle[11] ». Son épée se brise, on l'entoure, on l'attache sur un chariot, on le ramène au Mans. « Ses forces étaient tellement épuisées qu'il resta deux jours sans connaissance et privé de l'usage de ses membres[12]. » Bientôt, son état s'aggrave : « Le corps commença à se refroidir ; la poitrine seule conservait un reste de chaleur et de vie qu'on distinguait à peine aux légers battements de son cœur, les médecins même déclaraient que le roi allait mourir[13]. »

De toute évidence, Froissart, peu informé, a brodé un long récit, où s'entend par exemple l'écho de rumeurs d'empoisonnement, alors que Michel Pintoin s'en tient à ce que déclarent les médecins[14]. Reste la question du misérable en haillons qui a interpellé Charles VI. Le « fou sage » n'est-il pas une figure obligée de la fiction médiévale, qui surgit dans un contexte religieux ou prophétique ? Ne lisons-nous pas dans l'Évangile de semblables apostrophes (Luc 8, 26-28) ? Toutefois, l'hypothèse séduisante que Froissart, chroniqueur et poète, inventa de l'homme sauvage jaillissant des profondeurs de la forêt pour lancer un avertissement au roi de France se heurte au témoignage de Pintoin qui confirme le fait sans pour autant ajouter de glose, comme le fait Froissart profitant de l'aubaine pour se demander qui dans cette histoire est fou, qui est sage.

Qu'il s'agisse de Froissart ou de Michel Pintoin, ni l'un ni l'autre ne rapporte l'événement en d'autres termes que ceux de leur temps, tributaires de la manière dont sont perçues la folie et les hallucinations au Moyen Âge.

La folie, qui touche un organe central, est interprétée par les médecins comme un bouleversement des trois chambres ou ventricules qui composent le cerveau (devant l'imagination, au milieu la raison, à l'arrière la mémoire). Ce dernier organe est vu comme un temple[15] ; un temple qu'une humeur, la bile jaune ou la bile noire, sécrétée en excès peut dévaster. La guérison du fou s'opère le plus souvent par la pharmacopée et par un régime de santé incluant parfois une érothérapie de manière à purger le corps de ses vapeurs toxiques (on conseille au patient d'avoir des rapports sexuels avec des partenaires différentes). Le but recherché est de rétablir une harmonie perdue en offrant au mélancolique de beaux spectacles plaisants, l'audition de musique et de poèmes ; au frénétique, au fou furieux et au fiévreux, des bains froids ; et, dans le cas d'une aliénation royale, des pèlerinages et des actes de contrition, car le roi fou est à l'image de Saül, le premier roi mélancolique, égaré par Dieu qui l'abandonna[16]. Quant à la pharmacopée, elle met en avant des remèdes à base de plantes ambivalentes comme l'hellébore, la mandragore, la cigüe qui, mal dosées, se révèlent de véritables poisons. Or, nous le verrons, le poison, le sexe, l'ensorcellement et les processions religieuses nourrissent la légende de Charles VI, le roi fou.

La meilleure approche du phénomène ne serait-elle pas de s'interroger sur les termes utilisés pour désigner la maladie ? Froissart use du terme de « frénésie », c'est-à-dire d'une affection mentale liée à la bile jaune avec fièvre, troubles des trois ventricules du cerveau, grande excitation. Juvénal l'emploie également en 1392[17], deux fois en 1393. Tous tombent d'accord pour dire que le roi, malade, perd le sens, l'entendement et la mémoire. Mais, souligne Bernard Guenée, aucun d'eux n'a utilisé, pour identifier la maladie du roi, le mot de « fol » ou « fou », ou ses équivalents latins (*amens, furiosus, vesanus*) ; un mot pour ainsi dire impossible à employer, eu égard à la majesté royale.

La maladie s'est traduite par une longue succession de crises et de rémissions survenues à un jour précis, ce qui rend la tâche moins aisée qu'il n'y paraît au premier abord. En 1903, Auguste Brachet comptait quarante-quatre crises et promettait d'en fournir un tableau chronologique, ce qu'il n'a jamais fait. Bernard Guenée[18] dresse une liste des débuts et des fins de crises au nombre de cinquante-trois, mais il suppose que les crises et les rémissions de quelques heures ont dû être légion. On relève de « déconcertantes variations », si bien que le « jeu de sa mémoire et de sa volonté laisse son entourage dans l'incertitude et l'inattendu[19] ». Les médecins se relayent au chevet du souverain, non seulement eux, mais des personnages plus sulfureux, des charlatans comme cet Arnaud Guillaume, possesseur d'un livre qui lui donnait, disait-il, « un pouvoir absolu sur les quatre éléments[20] ». D'après le religieux, « il débitait mille autres contes ridicules et qui ne valent pas la peine d'être rapportés ».

Sorcellerie et envoûtements

Processions avec croix et bannières, sermons au peuple pécheur, actes de dévotion multiples sont ordonnés pour que « Dieu eût pitié du roi[21] ». Grâce à Dieu et à un pèlerinage du souverain au Mont-Saint-Michel, celui-ci retrouve la santé en janvier 1394 !

Par précaution et afin que ces accès de folie ne se reproduisent pas, on s'en remet à l'entremise des sorciers[22]. En 1397, le maréchal de France, Louis de Sancerre, envoie à la Cour deux frères de l'ordre des ermites de saint Augustin, Pierre et Lancelot, que l'on disait « habiles en médecine et en magie ». Après une année où tout leur fut accordé, dénonçant comme cause de la maladie des maléfices dont l'instigateur serait Louis d'Orléans, ils sont arrêtés, jugés – eux-mêmes reconnaissant qu'ils sont apostats, idolâtres et invocateurs du diable –, dégradés et condamnés à la décapitation pour crime de lèse-majesté[23].

Pressentant le retour de ses crises, le roi demande qu'on lui ôte son couteau[24]. Sa souffrance est réelle – il déclare au duc de Bourgogne préférer la mort à de tels tourments. L'idée d'un ensorcellement s'impose à lui : « Au nom de Jésus-Christ, [dit-il,] s'il est parmi vous qui soient complices du mal que j'endure, je les supplie de ne point me torturer plus longtemps et de me faire promptement mourir[25]. »

Diverses méthodes pour lever l'envoûtement supposé du roi sont alors essayées. En 1403, deux prêtres affirment que trois démons leur ont soufflé comment le guérir. Douze hommes représentatifs de la société (chevaliers, clercs, écuyers, bourgeois) doivent être enchaînés à l'intérieur d'un cercle de fer, tandis que le prêtre-sorcier psalmodie des invocations magiques. C'est encore un échec, les deux sorciers sont saisis et brûlés. Jean-Patrice Boudet remarque que, si les magiciens appartiennent bien à l'« inframonde clérical », le choix des douze acolytes est exemplaire, « comme si les différents états de la société avaient été mobilisés d'une façon exceptionnelle pour une cause juste mais désormais quasi désespérée[26] ». Une dernière tentative de désenvoûtement est racontée par Juvénal, mettant en scène la dépouille du roi Salomon extraite d'un château en Écosse et dévorée par dix mille corbeaux[27].

Jusqu'en 1407, l'année de l'assassinat de Louis d'Orléans, l'opinion publique va s'interroger sur les causes et les responsabilités ; puis, après la mort du duc, l'idée s'installe que le roi ne guérira jamais. Pintoin parle alors d'une « maladie habituelle ». Quelle qu'ait été celle-ci, il apparaît que Charles VI se trouve bien souvent hors d'état de gouverner. Il en ressort que la vacance du pouvoir attise les appétits des proches du souverain. Pour Froissart, il était prévu que les ducs « auraient le gouvernement du royaume, et principalement le duc de Bourgogne, et que madame de Bourgogne se tiendrait toute tranquille à côté de la royne et serait la seconde après elle[28] ». Tandis que le duc de Berry se tient à distance, le duc de Bourgogne et son neveu

Louis d'Orléans vont s'affronter pour le gouvernement du royaume.

Charivari : le Bal des ardents

Le roi ramené à Creil pour être soigné, le premier acte des ducs est de congédier les marmousets. N'avaient-ils pas été exclus des affaires par ces derniers pendant trois ans ? Ils en ont éprouvé un profond et vif ressentiment et ont cherché à se venger. La disgrâce ne leur suffisant pas, les marmousets doivent payer le prix de les avoir évincés. Si Clisson réussit à s'échapper, Bureau de La Rivière et Le Mercier, arrêtés, croupissent un an en prison. Ce dernier, à qui l'on a proposé de l'aider à s'évader, refuse par fierté. Juvénal des Ursins tente d'intervenir en leur faveur[29], mais lui-même est inquiété. selon Froissart, Jeanne de Boulogne plaide la cause des accusés auprès de son mari, Jean de Berry[30]. Ils ne seront pas exécutés comme l'exigeaient les ducs, mais tenus de garder une distance de 40 lieues entre eux et le roi, sous peine d'être déclarés criminels de lèse-majesté. Quant à Clisson, jugé par contumace, il est banni et condamné au versement d'une somme astronomique. Berry et Bourgogne sont présents, pas Orléans. Infortunés marmousets[31] !

« Joie et revel de France ont disparu », et pour cause : le roi « auparavant, était durement et grandement en l'amour et grâce de tout le peuple, et parce qu'il était le chef, tant devaient mieux le ressentir toutes gens, car, quand le chef souffre, tous les membres s'en ressentent[32] ». Après quoi Charles VI recouvre peu à peu ses esprits, grâce, selon Froissart, aux soins du médecin Guillaume de Harcigny. Il revient à l'hôtel Saint-Pol, centre du pouvoir royal à Paris depuis Charles V, où, afin de lui rendre son équilibre mental et de le distraire, des fêtes se multiplient (« danses, caroles et esbatements »), agrémentant les nuits interminables de l'hiver[33].

C'est alors qu'un événement hors du commun, chargé de significations, va se produire.

Le 28 janvier 1393, dans l'hôtel Saint-Pol, une fête se tient en l'honneur du remariage de Catherine de Fastavin, dame d'honneur de la reine Isabelle qui la chérit particulièrement. Cela se passe quelques mois seulement après le premier accès de folie de Charles VI.

La fête commence. Soudain, alors que débutent les danses, dans la grande salle de bal font irruption six hommes sauvages poilus comme des bêtes et attachés les uns aux autres. L'un d'eux est le roi, déguisé comme ses compagnons, mais détaché du groupe. « Ils se mirent à courir de tous côtés, en faisant des gestes obscènes, en poussant d'horribles cris et en imitant le hurlement des loups. Leurs mouvements ne furent pas moins inconvenants que leurs cris ; ils dansèrent la sarrasine avec une sorte de frénésie vraiment diabolique[34]. » Leurs vêtements collants sont enduits d'étoupe et de poix, matières très inflammables ; aussi, par précaution, les torches ont-elles été enlevées de la salle où les danseurs évoluent dans la pénombre. Sur ce, le duc d'Orléans survient, accompagné de porteurs de torches. Pour tenter d'identifier ces étranges créatures sorties de l'enfer, il demande à l'un des valets d'en approcher une des sauvages ; une flammèche s'en échappe et met le feu à leurs vêtements. « Quel malheur de voir ces hommes embrasés, qui, bien qu'enchaînés ensemble, tentaient de se séparer[35]. » Tous en effet se consument et périssent dans d'atroces souffrances, à l'exception de l'un d'eux, le sire de Nantouillet, qui se précipite aussitôt dans une bassine d'eau. « Le feu consuma aussi les parties inférieures de leur corps, et leurs membres virils qui tombaient par lambeaux inondèrent de sang le plancher de la salle[36]. » Quant à Charles VI, il est sauvé *in extremis* par la duchesse de Berry qui l'enveloppe dans sa longue traîne d'un épais tissu étouffant les flammes.

À cette nouvelle qui fait le tour de la ville en peu de temps, tout Paris s'émeut, craignant que la vie du roi n'ait été mise en danger lors d'une fête sacrilège. Les spéculations et les interprétations hâtives vont bon train. N'était-ce pas là un avertissement divin, le second depuis la crise du Mans ? Cette débauche d'énergie en danses et autres réjouissances impies, à laquelle se livrent le roi et la Cour, ne serait-elle pas la cause du châtiment ? Au Moyen Âge, la moindre catastrophe apparaît comme l'effet de la colère de Dieu. Les ducs de Berry et de Bourgogne, absents durant le bal, parcourent la ville à cheval afin de calmer et de rassurer la population. Il revient expressément à Charles VI de « se mettre en état royal » et de se rendre à cheval à Notre-Dame pour se montrer au peuple[37].

La colère populaire cible le duc d'Orléans, à telle enseigne que la rumeur enfle et que, aux yeux de certains, il apparaît vite comme le coupable idéal. Cette stigmatisation va s'amplifier, reprise quelques années plus tard quand les lignes de fractures entre partis opposés se feront plus franches. L'impopularité des Orléans ne s'arrête pas au seul Louis : son épouse Valentine Visconti est davantage visée.

Alors que Françoise Autrand souligne la relation supposée toxique entre les deux frères – Louis, comme Macbeth, ne songeant qu'au pouvoir –, Jean-Patrice Boudet a récemment ouvert d'autres pistes à explorer[38].

Ainsi, la danse des sauvages équivaut à un charivari, tel qu'il est à peu près décrit dans le *Roman de Fauvel* (1310-1314) composé par Gervais du Bus. Les charivaris – il faut le souligner – sont l'expression populaire d'un chahut organisé à l'occasion d'un remariage ou d'un mariage mal assorti. Dans ces cas-là, il s'agit de manifester bruyamment son opposition à une union privant les jeunes célibataires (homme ou femme) d'un partenaire possible. Or si, comme l'explique Jean-Patrice Boudet, l'on suit le fil du religieux, homme d'Église qui se méfie par principe des outrances du peuple et de celles de la Cour, le Bal des ardents est bien « un rite d'introduction ridicule et contraire à toutes les lois de la décence et de l'honnêteté[39] ». Il s'apparente à un rituel d'intégration sociale qui permet de chasser l'esprit du défunt offensé par le remariage. Les acteurs du charivari offrent aux époux la possibilité de repousser la vieille ombre, à condition qu'il y ait dédommagement. Les charivaris se terminent le plus souvent à la taverne[40], aspect qui ne serait pas absent du Bal des ardents. Il y a plus cependant. Considérant que la culpabilité de Louis d'Orléans est loin d'être prouvée, qu'elle n'est retenue ni par Pintoin, ni par Juvénal, ni même par Froissart, Jean-Patrice Boudet éclaire le caractère proprement exorcistique d'une danse frénétique, en mettant l'accent sur le lien qui unit les danseurs, Charles VI excepté. N'y aurait-il pas là comme la marque d'un rituel magique qui en rappelle d'autres pour désenvoûter le roi fou, comme celui du cercle de fer décrit plus haut ? En l'écartant du lien, on le plaçait à part, de sorte que la frénésie ou folie qui frappait le roi se déportât sur ses jeunes compagnons. Cependant, la mascarade ne pouvait qu'échouer, puisque le roi avait bel et bien mené la sarrasine. Elle devait par conséquent s'achever dans le tragique.

S'agit-il d'un complot fomenté par Isabelle pour se débarrasser de son mari, un « affreux projet » exécuté par Louis d'Orléans, comme l'écrit le marquis de Sade[41] ? D'une occasion offerte à un cadet de s'emparer du royaume de l'aîné, comme le soutient Françoise Autrand, qui soulève l'hypothèse d'une haine inexpiable entre les deux frères, un état quasi névrotique ? Ou bien d'un accident révélant un rituel magique directement associé à la maladie de Charles VI, comme le dit Jean-Patrice Boudet ? Il est bien difficile de donner une réponse définitive. Toutefois, admettons avec ce dernier que sa démonstration d'un charivari ayant mal tourné et d'un rituel magique d'exorcisme constituent au fond l'explication la plus adaptée à cette fin du Moyen Âge pendant lequel, ne l'oublions pas, les signes prophétiques s'additionnent, où les astrologues, les nécromanciens et les alchimistes pèsent, du moins à la cour de France, d'un poids égal à celui des théologiens et des médecins de la faculté. On peut s'en étonner, si ce n'est – nous y reviendrons – que l'exercice de la magie, pour ne parler que de cette forme de divination, constitue en elle-même « une pratique de pouvoir[42] ».

Alors que se précipitent les faits les plus graves dans le royaume et à ses marges, les sources de conflits ne s'apaisent pas pour autant, et les facteurs d'instabilité résiduelle amènent les princes, tout comme l'opinion, à prendre position. Nous avons parlé de désordres collatéraux. Parmi eux, l'un s'installe dans la durée et creuse les fractures naissantes dans le royaume : le conflit endémique entre la France et l'Angleterre.

Les « abstinences de guerre »

Du côté anglais, des trêves (1381, 1384, 1388, 1390, 1392, 1393, 1394, 1396, 1399, 1401) sont conclues à Leulinghem ou Leulinghen, à mi-chemin de Calais et de Boulogne, en terre bourguignonne. Retenons l'une de ces rencontres : celle de 1393. Là se trouve une chapelle dont deux issues, à l'opposé l'une de l'autre, sont aménagées pour l'entrée et la sortie des princes, tandis que des tentes sont dressées de part et d'autre où ils pourront se retirer. L'occasion est donnée à Philippe le Hardi, duc de Bourgogne, d'exhiber la splendeur de sa Cour et de donner la mesure de sa puissance : il fait installer une magnifique tente, figurant une ville entourée de tours où se trouve une immense habitation assez vaste pour accueillir trois mille hommes, entourée de salles et de chambres tendues de tapisseries, les unes en laine brodées d'or représentant des batailles, les autres figurant la Passion de Notre-Sauveur Jésus-Christ, très belles, somptueuses. « Les Anglais disaient qu'ils n'avaient jamais vu un décor aussi luxueux, aussi bien agencé. » Mais les difficultés habituelles freinent les négociations, comme les problèmes linguistiques relevés par Froissart[43], car on a conscience des nettes différences qui séparaient le français, tel que l'avaient appris dans leur jeunesse les négociateurs anglais, des dialectes continentaux (en particulier celui de Paris) : « En parlure français il y a des mots subtils, couverts et à double sens et les Français les tournent là où ils veulent à leur profit et avantage. »

Les textes mis par écrit ne furent pas divulgués, et les débats se passaient à huis clos. Bref, les négociations sont altérées par l'ignorance ou la mauvaise foi. Parfois, c'est la maladie du roi qui empêche de finaliser le traité, car les crises sont plus ou moins longues, comme celle qui dure de la mi-juin 1393 à janvier 1394. La méfiance s'installe des deux côtés – il y a tellement eu d'accords non tenus dans le passé.

Les relations franco-anglaises sont donc à éclipses : été 1393, printemps 1394, été 1394-1395, puis mars 1396. Il y a pourtant des raisons d'espérer. Richard II est francophile, ses sentiments s'affichent quand il demande à épouser la fille de Charles VI. Nous sommes fin juillet 1395. Les députés envoyés par Richard II (avec une suite de douze cents gentilhommes) restent à Paris jusqu'à la fin octobre. Le projet de mariage du roi avec Isabelle est bien avancé. Certes, les obstacles ne manquent pas : l'âge d'Isabelle (7 ans), la question de savoir à qui profite la paix. Philippe le Hardi y est favorable, lui qui connaît les sentiments anglophiles des Flamands. Du côté anglais, on trouve des oppositions provenant du duc de Gloucester, oncle du roi et partisan de continuer la guerre, s'abritant toujours derrière les termes du traité de Brétigny du 8 mai 1360, dont les clauses sont humiliantes – le royaume de France y a perdu un quart de son territoire.

Le mariage entre Richard II et Isabelle est préparé lors d'un voyage de Philippe de Bourgogne à Calais. Un dispositif rigoureux a été établi dans une ordonnance royale. Le lieu de la rencontre entre les deux rois se tient entre Ardres et Calais en octobre 1396. « Déjà le roi de France appelait le roi d'Angleterre son fils et celui-ci le disait son père[44]. » Une alliance perpétuelle est scellée, selon un cérémoniel étroitement établi – un pieu à mi-distance des deux tentes royales sert de point de référence, l'endroit où les rois se rencontrent et se saluent avant d'entamer le dialogue. On s'échange des cadeaux précieux. La « livraison » d'Isabelle a lieu dans la matinée du 30 octobre – Pintoin indique qu'il y eut moult pleurs au moment de la séparation d'Isabelle et de son père. Elle est emmenée à Calais, accompagnée de douze voitures de dames et demoiselles. Le mariage a lieu le 4 novembre en l'église Saint-Nicolas de Calais. La trêve est jurée ; dès sa publication, il est enjoint à tous de la respecter « sous les peines réservées au crime de lèse-majesté[45] ».

Sur ces entrefaites, des tempêtes effroyables surviennent. L'extrême violence du vent surprend tout le monde. Du coup, on s'interroge : que vaut cette paix ? N'est-elle point une forme de trahison en devenir ? Ou, au contraire, de tels phénomènes météorologiques ne sont-ils pas l'œuvre du diable, furieux de n'avoir pu empêcher la conclusion de la paix ? Juvénal et Pintoin relèvent le ressenti de l'opinion sur le vif. Ils signalent un point important : le rituel diplomatique a évité tout désordre, toute infraction susceptible de générer querelle, agacement ou contestation[46]. Il est possible dès lors à tout le monde de circuler d'un pays à l'autre. « On menait joyeuse vie avec joutes et banquets et l'argent coulait à flots[47]. »

Pulsions pacificatrices et géopolitique

Les trêves franco-anglaises, l'amitié entre Richard II et Charles VI offraient une occasion favorable pour rassembler autour d'un même idéal de potentiels adversaires, d'autant que des initiatives sont menées en ce sens par des figures d'exception. Parmi elles, on compte Philippe de Mézières. Il a été l'un des conseillers de Charles V et l'un des précepteurs du jeune Charles VI. Proche des marmousets dont il partage les convictions, il les expose dans le *Songe du Vieux Pèlerin*, qui présente une réforme globale sous forme d'un échiquier symbolique dont les soixante-quatre coups sont à jouer. Le dernier coup de l'échiquier signifie l'instauration d'une paix universelle et d'un projet de croisade. Il est aussi l'auteur d'une lettre signée de Charles VI le 15 mai 1395, adressée au roi Richard II, et enfin d'un projet de règle conçu dans un premier temps en latin, en 1367, complété en 1384, puis repris en français en 1396. Arrêtons-nous sur ce texte visionnaire, la version « la plus aboutie[48] » de ce que l'on connaît des ordres militaro-religieux. L'ordre de la Passion du Christ est la « fourrière », au sens d'« avant-garde », de l'Occident chrétien. Une fois installée en Terre sainte, elle s'organise comme un royaume, comme une « monarchie » dont les institutions, la monnaie, la vie cultuelle obéissent à des normes bien précises.

Elle se démarque des anciens ordres militaires comme le Temple et les Hospitaliers, qualifiée de chevalerie « envieillie » et inefficace. Pour le dire en deux mots, avec les chiffres et le concept envisagé par Mézières d'un état organique appliqué à l'ordre de la Passion, le facteur matériel s'impose au spirituel. Il s'agit de prescriptions qui signalent la volonté du rédacteur de la règle de comprendre la croisade comme un ensemble raisonné depuis l'embarquement jusqu'à l'installation et le maintien des chevaliers en Terre sainte ; c'est sans doute la partie la plus neuve du projet, avec ces questions d'échelles démographique et économique que confirme et conforte, à sa manière, sa position envers les femmes et la sexualité[49]. Il revient à Mézières d'avoir justifié son refus de la chasteté monastique, clairement exprimé dans la Règle latine, par des raisons qui ne relèvent pas d'un souci purement religieux, mais soulignent au contraire l'aspect pragmatique de son programme.

Mézières ne verra pas son projet réalisé. Il restera à l'état d'ébauche, car sur les trente livres qu'il compte, un seul a été rédigé en entier. Il tente de le réactiver à l'été 1396 en diffusant des copies abrégées de son ordre en français vers des destinataires princiers européens. Mais le 25 septembre 1396, à Nicopolis, sur la rive sud du Danube, les croisés sont défaits par les troupes ottomanes de Bajazet. Est-ce la fin des croisades ? Un élan brisé ? La grande expédition initiée par le roi de Hongrie Sigismond et Philippe le Hardi, et à laquelle participent plusieurs milliers de soldats emmenés par le jeune Jean sans Peur qui y gagnera son surnom, s'est très mal terminée.

Il nous a semblé important de nous arrêter sur l'histoire de ce projet de croisade tout à fait inédit pour montrer combien les pulsions pacificatrices restent fortes, en dépit des obstacles. Si elles ne sont pas parvenues à rompre le cycle infernal des dissidences internes, l'utopie méziérienne a le mérite de montrer que des élans, des sursauts spirituels contrecarrent, conjurent les menaces de dispersion.

Dans tous ces domaines (schisme, guerre nationale, conflits de souveraineté), les princes prennent position. Ce sont autant de motifs de friction existants entre eux. Ils s'alimentent d'eux-mêmes, quand ce n'est pas la personnalité des princes qui prend le dessus. Peu à peu, insensiblement, on s'oriente vers des oppositions, des haines, des antagonismes plus marqués, plus tranchés, car les sujets de désaccord pullulent.

DEUXIÈME PARTIE

La guerre civile

4
Vers l'affrontement

Juvénal, à l'année 1399, souligne qu'il existait déjà « une véritable haine, de la jalousie et de la discorde entre le duc de Bourgogne Philippe le Hardi et le duc d'Orléans, frère du roi, qui, partisan de Benoît, disait qu'on avait eu tort de faire cette soustraction d'obédience et que beaucoup de monde en France le considérait comme le véritable pape. Lorsque de telles querelles venaient à la connaissance de Jean Juvénal des Ursins [père], garde de la prévôté de Paris au nom du roi, il intervenait et tentait d'apaiser le conflit ; les adversaires se calmaient ou faisaient semblant[1] ». Le récit de Juvénal des Ursins fils nous est précieux, car il est nourri des souvenirs de son père. Les sujets de désaccord entre les deux princes se multiplient : « Le bruit courait qu'en raison de l'hostilité entre ces deux hommes, divers crimes se commettaient[2]. »

Coteries littéraires et politiques

Pourtant, vues de l'extérieur, les choses paraissaient apaisées. Il y a en effet non seulement le témoignage de nos chroniqueurs, mais aussi celui des textes poétiques.

Le 14 février 1401, jour de la Saint-Valentin, des seigneurs et des poètes, rassemblés dans l'hôtel du duc de Bourgogne à Paris, fondent une association. Leur but : célébrer le beau sexe et cultiver l'art poétique. Les statuts de cette institution nous ont été conservés. La cour amoureuse est formée sur le modèle des Cours souveraines, avec ses présidents, conseillers, maîtres des requêtes, auditeurs, chevaliers d'honneur, grands veneurs, secrétaires, gens du roi, leurs substituts. Les princes du sang – Berry, Bourgogne, Orléans – sont à la tête de cette compagnie entièrement dévouée à l'amour, indique le prologue. Toutes les classes sociales s'y trouvent représentées, depuis le roi jusqu'aux « petits-bourgeois », depuis les évêques et archevêques jusqu'au bas clergé de Tournai, de Lille et de Saint-Omer. Un intérêt unit les neuf cent cinquante membres la composant, c'est « l'honneur, louange, recommandation et service de toutes dames et damoiselles », ainsi que l'énonce la charte[3]. La cour siégeait une fois l'an, le 1er mai, et des concours poétiques imposés s'y déroulaient selon un protocole établi. On s'est demandé s'il ne s'agissait pas d'une fiction littéraire et si cette institution avait jamais existé ; de fait, nous n'avons conservé aucune de ces pièces[4]. Nous y retrouvons l'expression de valeurs fortes, comme la défense de l'honneur, en particulier l'injonction de ne pas diffamer ni répandre des rumeurs diffamatoires. Un an après la création de la cour amoureuse, Christine de Pizan compose le *Dit de la rose*[5]. L'action en est située cette fois-ci à l'hôtel du duc d'Orléans. Y sont rassemblés « notables gens, riches d'amour et beaux et aimables » : ils appartiennent tous à la suite de Louis d'Orléans. La charte est traversée par une triple exigence :

éthique, poétique et politique. La condamnation de la médisance est le cœur du texte – le *Dit* y consacre un bon quart : « Médire, [c'est] double mort » (vers 414) : celui qui « lance telle flèche » et celui qui reçoit le coup (vers 417-419). Hommes et femmes sont touchés. C'est elle, la rumeur, qui secrètement délégitime l'honneur d'autrui. Dans un contexte judiciaire qui se sert désormais de l'enquête pour établir le statut d'une personne, comme l'a étudié Claude Gauvard – un phénomène très parisien au début du XVe siècle –, la « commune renommée » devient une arme redoutable. Elle arme les factions, engendre les divisions, la guerre civile.

La cour amoureuse était faussement consensuelle. La présence de membres appartenant à des obédiences différentes, de personnalités telles que Pierre Col et Jean de Montreuil, adversaires de Christine, a souvent interpellé par leur incongruité. Le flou des activités de la Cour, sur lesquelles on est peu informé, donne une impression d'accord superficiel. Symptôme d'une rivalité sourde et secrète entre les sphères politique et culturelle qui rivalisent et s'affrontent sur différents terrains. La littérature, comme souvent, anticipe sur les événements à venir et la poésie montre le vrai. La postulation d'un monde apaisé, dont la pratique poétique serait le liant, est en elle-même le signe d'un climat de menaces sourdes et secrètes.

Sourds désaccords

Il y a en effet des désaccords potentiels entre les deux princes, qui portent sur les ambitions territoriales de

Louis d'Orléans. Le prince dispose d'un vaste ensemble de territoires qui lui permet de fermer les communications entre Paris et les possessions bourguignonnes de Flandre, et de faciliter au contraire aux Orléanais l'accès au Luxembourg. Depuis 1398 jusqu'en 1406, le duc a noué des relations avec un grand nombre de princes et de seigneurs allemands aux possessions situées soit le long du Rhin, soit dans la Sarre. Dans tous les cas, ils font serment de fidélité et allégeance au duc, en se reconnaissant ses vassaux, recevant en récompense une pension. Il s'agit toujours de fiefs-rentes, c'est-à-dire que la vassalité se fondait sur une pension annuelle en argent liquide et non pas sur l'investiture de terres. C'est le cas du sénéchal de Luxembourg Hubart von Eltern (Huart d'Autels), du comte de Clèves, de Charles de Lorraine et, le plus important, de Guillaume de Juliers-Gueldre. Quelles sont les intentions de Louis au moment de forger ce système d'alliances ? À quel adversaire pense-t-il ? Cela nous reste étranger, mais « il est probable qu'il conclut ces alliances *in casu quo*. Le duc pouvait les utiliser dans son intérêt au moment d'un éventuel conflit[6] ».

En 1401, il s'allie au duc de Gueldre :

> Il désirait unir à la noble maison des fleurs de lis un si fameux chevalier, qui passait en Allemagne pour le modèle de la vaillance, s'assurer au besoin de son appui et lui faire quitter le parti du roi d'Angleterre, contre qui le duc de Gueldre nourrissait alors des sentiments de haine [...] il contracta alliance et amitié avec lui, le fit venir à Coucy, y attendit le rétablissement du roi et confirma le traité par lequel le duc de Gueldre mettrait à la disposition du roi huit cents lances pour le servir envers et

contre tous et que si le duc avait besoin de l'assistance du roi, le roi lui enverrait des troupes à ses propres frais[7].

Rappelons la situation stratégique de la Gueldre, aux portes du monde germanique : elle offre une position de choix dans la perspective de la conquête de la couronne impériale, qu'Ambroglio Migli, le secrétaire particulier du duc, revendique pour son protecteur.

La mainmise de Louis d'Orléans sur le Luxembourg en septembre 1402 menace directement Philippe le Hardi, ses possessions flamandes étant séparées du comté de Bourgogne par le duché du Luxembourg. Le duc d'Orléans n'a pas avisé les ducs de Berry et de Bourgogne de cette alliance avec Gueldre, d'où leur exaspération. « Il y eut dès lors beaucoup de murmures et d'étranges comportements : à l'évidence était née une haine mortelle. Premiers bruits de bottes de part et d'autre. » Quelle qu'en soit la raison, les entreprises de Louis d'Orléans entament le capital de confiance entre les deux hommes, Bourgogne et Orléans. Charles VI prête une oreille complaisante à l'idée qu'il y aurait une injustice à ne pas réaliser l'équilibre entre ses possessions et celles de Philippe le Hardi.

Le contraste est frappant entre la politique militante de Louis et celle de Philippe le Hardi sur le plan diplomatique : ce dernier agit avec prudence aussi bien avec les deux papes, Boniface IX et Benoît XIII, qu'avec les Anglais en obtenant le renouvellement des trêves. La diplomatie avec les Anglais illustre respectivement des comportements différents chez les deux ducs. Pratiquant à la fois la fermeté et la modération, le duc de Bourgogne arrache des succès. L'entrevue d'Ardres, le

27 octobre 1396, nous l'avons vu, aboutit au mariage de Richard II d'Angleterre avec Isabelle de France, fille de Charles VI. Orléans, lui, n'est pas d'accord et reproche à son oncle de ne pas manifester davantage d'exigences envers les Anglais. Cette réconciliation franco-anglaise déplaît aussi aux Anglais désireux de continuer à s'enrichir par le pillage de la France. Le 1er octobre 1399, appuyé par la noblesse et des marchands londoniens, le duc de Lancastre est proclamé roi à Westminster, sous le nom de Henri IV. Richard, le « roi de Bordeaux », sobriquet injurieux utilisé par Froissart pour le délégitimer[8], meurt en prison, probablement le 14 février suivant. On a relevé l'inconsistance du duc d'Orléans dans cette affaire[9], lui qui, après avoir soutenu le Lancastre, le rejette. Rappelons les faits : banni par Richard II, Henri de Lancastre s'était réfugié à la cour de France. Prompt à l'engouement, Louis d'Orléans s'est entiché de l'exilé. Le projet de mariage de Lancastre avec Marie de Berry, fille du duc, a suscité l'indignation de Richard II, et le duc de Bourgogne a choisi de ne pas froisser le roi d'Angleterre, alors qu'Orléans se faisait l'avocat de Lancastre. À l'inverse, lorsqu'il apprend la mort de Richard II, Orléans passe de l'amitié à l'hostilité la plus rageuse contre son ex-ami et protégé, tandis que Bourgogne fait le gros dos. Il y a des raisons à ce changement de comportement à fort retentissement public. « La mort de Richard II [mort suspecte, on va jusqu'à parler de meurtre] était un affront dont la honte rejaillissait sur les princes du sang[10]. » Le traitement subi par Isabelle de France, veuve de Richard II, renvoyée sans son douaire, soulève lui aussi la désapprobation de l'opinion publique savamment orchestrée par Louis d'Orléans. Ce

dernier envoie au Lancastre une lettre de défi, le 7 août 1402, dans laquelle il l'appelle à le combattre en duel. Ne s'agit-il que d'une entreprise chevaleresque ? C'est le motif invoqué, « venir à honneur », laver l'outrage… Le roi d'Angleterre répond le 5 décembre 1402[11], rappelant que des trêves ont été signées, des serments de « bonne amitié et alliance » jurés à Paris, quand le futur Henri IV s'y était réfugié. Il ajoute que cette alliance est désormais « cassée », « révoquée[12] ». On ne peut être plus méprisant ! L'affrontement se poursuit sous forme d'une seconde lettre d'Orléans (26 mars 1403) et d'une réponse de Henri IV.

Que valent les « énormes injures » de Louis d'Orléans ? Pintoin n'insère pas ces lettres de défi qui n'eurent pas plus de résultat que des « querelles de vieilles femmes ». Il est certain que le duc s'affirme, par le détour de cette controverse intense, comme l'ennemi principal des Anglais. Son défi est relayé par celui de Waleran de Luxembourg, comte de Saint-Pol, connétable de France : les termes utilisés, « indignation de Dieu », vengeance, volonté de « grever » l'adversaire par tous les moyens sont des termes employés plus tard dans le vocabulaire des princes lors de la guerre civile qui ne va pas tarder à éclater. Waleran va même plus loin : il fait confectionner une représentation du connétable d'Angleterre, le comte de Rutland, et un gibet portatif, qu'il fait porter devant Calais : Rutland (ou plutôt son effigie) est pendu par les pieds au gibet. Le matin, quand les Anglais ouvrent les portes, « ils furent tous stupéfiés de voir cette aventure[13] ». De fait, c'est le réveil de la guerre anglaise. En 1404, les hostilités reprennent. L'attitude du duc de Bourgogne est plus ambiguë. Il doit tenir compte des intérêts de la Flandre dont le premier fournisseur en matières premières est l'Angleterre.

Autre terrain de désunion : le schisme

Mais il y a un deuxième front sur lequel les clivages entre Bourgogne et Orléans se creusent, c'est le schisme. Rappelons les faits : Urbain VI est en compétition avec Clément VII depuis la double élection du pape en 1378. Urbain VI (Bartolomeo Prignano), élu le 8 avril 1378 irrégulièrement sous la pression d'émeutes populaires romaines, est déposé par les cardinaux français, qui élisent le 20 septembre de la même année Clément VII (Robert de Genève) et l'installent à Avignon. Se produit alors le grand schisme d'Occident. Ce n'est pas une rupture religieuse fondée sur des arguments de théologie, mais une querelle institutionnelle, une révolution de palais partie d'un désaccord politique. Cette double élection avait suscité un profond malaise. Charles V avait adopté une attitude prudente, puis pris parti pour Clément VII ; enfin, à la veille de sa mort en 1380, il inclinait pour la convocation d'un concile qui devait permettre de sortir de l'impasse. La chrétienté se divise en partis adverses. Quel pape soutenir ? Très vite, le débat prend un tour polémique, entre États et à l'intérieur des royaumes. Angleterre, Allemagne, Hongrie soutiennent Urbain quand France, Castille, Naples et Écosse se prononcent pour Clément VII.

Une première occasion de mettre fin au schisme est fournie par la mort de Clément VII, le 16 septembre 1394. L'espoir est venu de voir résolue la question.

Charles VI adresse une lettre aux cardinaux leur demandant de différer l'élection, mais ceux-ci choisissent Pierre de Luna, qui prend le nom de Benoît XIII. Pour rappel, trois voies étaient étudiées pour réduire le schisme : la voie du compromis (laisser aux pontifes le soin d'y mettre fin eux-mêmes), la voie de cession (il faut les démettre simultanément et en élire un autre), ou bien la réunion d'un concile qui aura pour but de trancher la question. En février 1395, le Conseil du roi appuie le principe d'une démarche pour la voie de cession. Cependant, ni Benoît XIII ni Boniface IX (Pierre Tomacelli, élu par les cardinaux romains le 12 novembre 1389) n'acceptent de se démettre. On décide alors de les y obliger en ayant recours à une soustraction d'obédience. En guise de réponse, Benoît XIII s'enferme dans son palais d'Avignon dont il ne peut sortir. Orléans conteste la soustraction d'obédience ; Berry et Bourgogne l'approuvent. Le débat prend de l'ampleur avec l'entrée de l'Université dans la lice. Son porte-parole, un célèbre docteur, Jean Courtecuisse, confirme la mesure, accusant le pape d'être schismatique, hérétique ; Orléans le prend pour une offense personnelle et déclare vouloir libérer le pape assiégé dans Avignon. L'incarcération du pontife ne serait-il pas un crime de lèse-majesté s'il venait à mourir dans cette position[14] ?

En 1403, Benoît XIII parvient à s'évader du palais d'Avignon et en informe le roi de France dans l'espoir qu'il reconnaîtra son obédience. Le soutien des Espagnols, les nombreux ralliements à sa cause dans l'opinion dans le royaume – le cardinal de Poitiers, Guy de Malesec, et d'autres qui « changèrent alors, comme le roseau qui plie à tous vents[15] » – amènent la

Cour à s'interroger sur le bien-fondé de l'obédience à Benoît XIII. Louis d'Orléans pousse à la restitution, les autres ducs, non[16]. Le roi dit ne pas se souvenir d'avoir consenti à cette soustraction. Une réunion se tient le 25 mai 1403 à l'hôtel Saint-Pol. Le cardinal de Poitiers plaide pour la restitution d'obédience. L'engagement de Louis d'Orléans est total dans cette restitution et il s'arrange pour que convergent les sympathies en faveur de cette mesure. L'Université, elle aussi, s'interroge et y travaille : les nations (c'est-à-dire les différents groupes d'étudiants qui la composent et viennent de toute l'Europe) rentrent dans l'obédience du pape (sauf la Normandie). Berry et Bourgogne sont fort irrités qu'on ne les ait pas consultés, finalement la soustraction d'obédience est révoquée. Louis d'Orléans avait mis un point d'honneur à exécuter les engagements pris par le pape, mais fallait-il y accorder du crédit ? Berry venu à Avignon pour y ramener pompeusement le souverain pontife est « indigné de ce qu'il suscitait chaque jour quelque nouvel obstacle[17] ». C'est une des nombreuses esquives de Benoît XIII. Duperie, tromperie consciente, renouvelée : le pape, grand spécialiste en la matière, sait mystifier ses interlocuteurs. Le duc de Berry repart sans avoir rien conclu. Charles VI, après une rémission fin juin, retombe malade ; il demeurera privé de raison jusqu'en décembre 1403.

Le sujet brûlant de la fiscalité

Il y a le péril anglais, le schisme, mais Pintoin évoque d'autres causes d'inimitié entre les princes, facteurs de dissensions, les plus importants en fait, car ils touchent à l'administration fiscale du royaume.

C'est ainsi que Philippe le Hardi envoie une lettre au Parlement le 26 octobre 1401 pour qu'il « veille à ce que le royaume soit mieux gouverné qu'auparavant[18] ». La raison ? Les récentes nominations à des charges importantes : Guillaume de Tignonville, prévôt de Paris ; Jean de Montaigu, grand maître de l'hôtel du roi ; Charles d'Albret, président des généraux conseillers des aides ; Gontier Col, au nombre des généraux conseillers – tous sont des partisans ou des protégés de Louis d'Orléans. Le 7 décembre, on s'arme, le duc de Bourgogne convoque des troupes conduites par l'élu de Liège, Jean de Bavière, frère du comte de Hainaut, que le premier installe près de son hôtel d'Artois. Il tient le quartier des Halles, bourgeois et populaire. Orléans, dans son hôtel près de la porte Saint-Antoine, rassemble des troupes dans les villages voisins, « comme si la guerre lui eût été ouvertement déclarée[19] ». Le découpage territorial marque symboliquement le rapport de force entre les deux partis. Il y a bien des tentatives de médiation, de rapprochement de la part de l'entourage royal, de la reine, de Bourbon, de Berry ; mais lors des brillants festins, Orléans et Bourgogne s'y rendent avec une suite nombreuse d'hommes d'armes. Prémices de ce qui « ressemble à une guerre civile entre l'oncle et le neveu, entre des parents et des amis[20] », nous dit Pintoin. C'est la porte ouverte à l'invasion étrangère ! Que de risques considérables aussi de voir éclater un incident lors du séjour prolongé des troupes : une parole injurieuse, une querelle, des coups échangés et les passions, la fureur guerrière se déchaînent. Le duc de Berry réunit

Orléans et Bourgogne à l'hôtel de Nesle le 14 janvier 1402. Après avoir dîné et abjuré tout ressentiment l'un envers l'autre, les deux hommes sortent et chevauchent ensemble jusqu'au Châtelet. Là, ils prennent affectueusement congé l'un de l'autre :

> Ils firent la paix, s'embrassèrent et se promirent une affection et une alliance éphémères. Ce même mois apparut une monstrueuse comète, s'étendant du nord vers l'ouest, qui fut visible pendant plus de quinze jours. Des gens sérieux, astrologues, et autres, croyaient qu'elle annonçait quelque malheur imminent pour le royaume[21].

Philippe le Hardi quitte Paris pour Arras, le 1er avril 1402.

Le roi, alors sain d'esprit, décide de confier à Louis d'Orléans le gouvernement du royaume durant ses « absences », décision aussitôt dénoncée par Bourgogne et Berry. « Il n'est ni raisonnable ni convenable qu'il exerce cette responsabilité à cause de sa jeunesse [Louis a 30 ans en 1402], car il a davantage besoin d'être gouverné que de gouverner, ainsi qu'on pouvait le constater[22]. » Les craintes deviennent réelles. Les taxes pleuvent sur tous les habitants du royaume, y compris les prélats. Certaines ordonnances ne sont-elles pas prises « de l'aveu et du consentement » des ducs de Berry et de Bourgogne ? Pour s'en défendre, ce dernier diffuse une de ces lettres qui vont devenir la marque de la propagande bourguignonne : le peuple vient d'être accablé par une épidémie de trois ans, si le Trésor est épuisé, il faut le remplir avec l'argent de ceux qui s'enrichissent injustement. Cette missive, lue au Parlement[23], rencontre un vif succès auprès du peuple.

Juillet 1402, le pouvoir change encore de main ; Charles VI le retire à son frère pour le confier au duc de Bourgogne. La raison : le caractère « impétueux et passionné » du jeune duc. Cependant, le roi retombe malade mi-juillet... Le duc de Bourgogne désigne des juges pour prélever de l'argent sur les contrats usuraires et frauduleux, autre manière plus équitable de remplir les caisses de l'État. Le dispositif fonctionne jusqu'à janvier 1403, puis est abandonné face à l'hostilité populaire[24].

Que penser de ces volte-face, de ces rapprochements feints, accentués par le retour désordonné des rechutes, des « absences » du roi, sinon que, dans ces premières années 1400, s'affirme la personnalité tranchante, clivante de Louis d'Orléans ?

Les griefs que lui adressent ses adversaires et le peuple portent principalement sur la politique fiscale. Les comptes de Louis d'Orléans pour l'année 1404-1405 renferment de nombreuses sommes versées par le trésor royal. Louis Mirot a relevé dans les archives les dons substantiels obtenus du roi pour ses frais et missions. Tout cet argent provenait du Trésor royal et des aides : « Les habitants du royaume en rejetaient la faute [du fardeau des contributions] sur la mauvaise administration de la reine et du duc d'Orléans. On déclamait publiquement dans les villes contre leur insatiable cupidité[25]. » Juvénal va plus loin : une taille très lourde fut levée en 1404, au prétexte, bien fragile, de la guerre. D'après Pintoin, elle s'élevait à la somme énorme de 1,8 million de livres[26]. L'argent fut déposé dans la tour du Louvre. On racontait que « le duc d'Orléans avait fait fracturer la porte de l'endroit où était conservé le trésor royal et avait emporté tout ce qui s'y trouvait[27] ». Autant dire que le roi ne profita nullement de l'impôt, et on consacra « à peine le tiers aux besoins du royaume[28] ». Mais la vraie raison de cette « cupidité insatiable », dénoncée par Pintoin, tient dans la nature du puissant réseau qu'entretient Louis d'Orléans, une clientèle qui compte princes et grands seigneurs (Waleran de Luxembourg ; Jacques II de Bourbon, comte de La Marche ; Bernard VII, comte d'Armagnac ; Édouard de Bar...), tous touchent une pension du duc d'Orléans. Il y a aussi ceux hors du royaume (Charles II de Lorraine ; Renaut, duc de Gueldre ; Bernard, marquis de Bade...).

Lorsque Louis d'Orléans propose de lever une seconde taxe, le duc de Bourgogne, qui avait la « cinquième place dans la délibération[29] », s'y oppose fermement. « C'est une mesure tyrannique selon moi que de faire peser cette année un double impôt sur le pauvre peuple, surtout lorsque l'argent déjà levé suffit pour accomplir tout ce que nous avons décidé entre nous[30]. » Il propose de suppléer de ses propres deniers, si le reste de l'argent déjà prélevé ne suffit pas. La taxe est quand même levée. La tyrannie fiscale du duc d'Orléans, suivi dans ses caprices par la reine Isabelle, devient le mot d'ordre des oppositions. La reine n'avait-elle pas envoyé en Allemagne six chevaux chargés d'or monnayé ?

Le contentieux qui divise les deux ducs se déplace sur le plan institutionnel. L'ordonnance de 1393 avait fixé qu'à la mort du roi, la reine, assistée des ducs de Berry, Bourgogne et Bourbon d'une part, de son frère le duc de Bavière d'autre part, aura[it] la « tutelle, garde et gouvernement » du nouveau roi, alors que le pouvoir politique ira[it] au duc d'Orléans qui aura[it] « le gouvernement, garde et défense du royaume[31] ». L'abolition des ordonnances (avril 1403) aboutit à ce que si le roi meurt, le dauphin sera aussitôt couronné et régnera, même s'il est mineur. Le gouvernement sera exercé de manière collégiale par la reine et les ducs de Berry, Bourgogne, Orléans et Bourbon, « sans qu'aucun autre, si proche soit-il de notre sang, se charge du gouvernement de notre royaume[32] ». Louis d'Orléans est absent quand la décision est prise. Cette modification ne lui plaît naturellement pas. Il réagit et arrache le 7 mai à son frère l'annulation de l'ordonnance du 28 avril. Mais le 11 mai 1403, Philippe le Hardi à son tour fait révoquer les lettres extorquées par son neveu. Qui, dans ce jeu pour le pouvoir, eut l'avantage ? Dans cette rivalité dynastique et institutionnelle, la question reste en suspens[33].

Mort de Philippe le Hardi : les haines se libèrent

Le facteur d'apaisement que le duc de Bourgogne représente disparaît avec sa mort le 27 avril 1404. Philippe le Hardi était un prince qui « passait pour courageux, sage et prudent[34] ». N'était-ce pas lui qui, conformément aux volontés de Charles V, avait pris soin de l'éducation de son neveu, le roi régnant ? N'était-ce pas lui qui avait commandé à Christine de Pizan un ouvrage destiné au dauphin, son petit-neveu, Louis de Guyenne, dans lequel étaient dépeints les faits mémorables de Charles V le Sage ? Elle en dresse un vibrant éloge[35]. Éloquent, disposant d'un nombre imposant de musiciens, entouré d'artistes, amoureux des beaux livres rehaussés d'or et d'azur, il n'avait qu'un défaut, selon Juvénal des Ursins : « Il n'aimait pas rembourser ses dettes qui étaient si importantes que tous ses biens n'auraient pas suffi à les acquitter[36]. »

Philippe le Hardi mort, son fils Jean sans Peur lui succède. Au départ cordiales, les relations entre celui-ci et Louis d'Orléans vont se détériorer ; pourtant les « bons cousins », comme les appelle Bertrand Schnerb[37], ont dans un premier temps entretenu d'excellents rapports : échange de cadeaux – Jean sans Peur fut l'un des premiers à recevoir l'ordre du Camail fondé par Louis d'Orléans (décembre 1398). La question du schisme, de l'empire, des prélèvements opposait Louis d'Orléans à Philippe le Hardi. Jean sans Peur, qui accompagnait son père, fut le témoin de cette « sourde rivalité[38] ». Il hérite d'une querelle qu'il n'avait pas provoquée, mais qui se doublait d'une antipathie naturelle.

Entre les deux hommes, le courant ne passe pas : Louis et Philippe le Hardi appréciaient le luxe, les fêtes ; à l'inverse, Jean de Bourgogne, né le 18 mai 1371, plus vieux que le duc d'Orléans de moins d'une année, est renfermé, mal à l'aise à la Cour et ne tarde pas à subir une certaine indifférence teintée d'hostilité de la part de la reine, qui s'accommodait du vieux Philippe le Hardi. Le nouveau duc de Bourgogne est aussi laid qu'Orléans est beau : « Le duc était de petite taille, mais dans son faible corps régnait un grand courage. Doué d'un esprit pénétrant et d'un coup d'œil sûr, mais n'ayant pas une grande facilité d'élocution, il brillait plus par la sagesse de ses conseils que par l'élégance de son langage[39]. » Bernard Guenée observe qu'« il parlait aussi mal que l'autre parlait bien. Il dansait aussi mal que l'autre dansait bien. Il était aussi sombre que l'autre était aimable. Et il venait d'être durement marqué par le désastre de Nicopolis[40] ». Prisonnier des Turcs pendant deux ans, Jean sans Peur, humilié et amer, rentre à Dijon le 23 février 1398. Morose, taciturne, « cet homme qui faisait peur aux femmes qu'il approchait sut plaire au peuple ». Sur son lit de mort, Philippe le Hardi lui rappelle, ainsi qu'à ses frères, « d'être fidèle » au roi, à « sa couronne, à tout son royaume ». Il appartient au sang de France (cousin germain du roi, beau-père du dauphin et d'une fille de Charles VI) et n'oublie pas qu'il est double pair et doyen des pairs. Il renforce les liens entre la Maison de France et la Maison de Bourgogne en concluant dès le 4 mars 1403 les contrats du double mariage de sa fille aînée Marguerite avec le dauphin Louis de France, duc de Guyenne, et de Michelle de France, fille de Charles VI, et de Philippe, fils de Jean sans Peur, qu'on appelait alors « Philippe Monseigneur le jeune » pour le distinguer de son oncle, Philippe, futur comte de Nevers. Mais Jean sans Peur, à la mort de son père, connaît une perte d'influence, marqué sensiblement par la disparition des avantages financiers dont ce dernier disposait. Charles VI versait au feu duc une pension annuelle de 100 000 francs. La mort du duc interrompt les dons et pensions ordinaires[41]. La promesse du roi à Jean sans Peur de lui servir une pension annuelle de 36 000 francs n'est pas suivie d'effet. Difficile dans ces conditions pour le fils de rétablir la situation acquise au temps de son père Philippe le Hardi.

Un rapt

Le conflit ne tarde pas à éclater. Louis d'Orléans se comporte en maître : il a renvoyé le personnel bourguignon de l'administration, obtenu que le roi consente à marier sa fille Isabelle, veuve de Richard II, avec son fils aîné, Charles. L'activité qu'il met à reprendre la guerre contre l'Angleterre – il envoie le comte de Saint-Pol en Boulenois, qui se fit au reste battre à Marck –, son alliance avec le duc de Gueldre, les tentatives pour qu'on lui remette le gouvernement de la Normandie illustrent des ambitions fortes, voire démesurées, dénoncées par certains, dont Pintoin[42].

D'après ce dernier, la reine et le duc d'Orléans décident beaucoup de choses de leur propre mouvement[43]. S'ajoutent aux avertissements des conseillers les accusations plus précises, plus basses aussi, relevant de la rumeur, très active dans une aire parisienne où la moindre anecdote, le moindre fait divers circulent rapidement. « On colportait en public des histoires dégoûtantes, obscènes[44]. » Il faut bien comprendre la signification des anecdotes qui s'entremêlent dans le récit des chroniqueurs. Ils s'en emparent et les ajoutent au récit dans un souci d'exemplarité. En voici une, dans laquelle s'entremêlent affaires privées et aléas climatiques :

> C'était dans l'après-midi, après le déjeuner, le temps était beau et clair. Aussi décidèrent-ils d'aller à la chasse dans la forêt : la reine s'installa dans un chariot avec ses demoiselles tandis que le duc d'Orléans et les autres femmes montaient à cheval. Soudain éclata une violente

> tempête avec vent, pluie et grêle, si forte que le duc d'Orléans fut contraint de se réfugier dans le chariot de la reine. Cet orage épouvanta les chevaux, des bêtes puissantes, au point qu'ils s'emballèrent et se mirent à courir de toutes leurs forces vers la vallée, vers le pont du Pecq et la Seine. On dit qu'ils se seraient précipités dans l'eau et que tous ceux qui se trouvaient dans le chariot auraient péri noyés, si un homme n'avait pas eu l'idée de couper les traits de l'attelage. La nouvelle fit grand bruit à Paris et partout. Des gens sérieux et catholiques mirent en garde la reine et le duc d'Orléans que c'était un avertissement de Dieu, une punition du ciel et qu'ils seraient bientôt châtiés s'ils n'arrêtaient pas d'accabler le peuple d'impôts, s'ils ne payaient pas les marchandises livrées par les commerçants[45].

Les chroniqueurs insistent sur le ressenti de l'opinion, une des profondes originalités des textes du temps. Ils se font le relais des émotions, des impressions ; cela peut prendre différentes formes : soit un événement qui se prête, comme nous venons de le citer, à une interprétation exemplaire, providentielle, soit la prise de parole d'un prédicateur devant la Cour, suscitant scandale, perplexité, indignation des auditeurs, comme dans l'exemple suivant.

Le 28 mai 1405, jour de l'Ascension, un frère augustin nommé Jacques Legrand dénonce, « en un tableau animé[46] », l'inconduite de la reine, en sa présence, mentionnant les critiques du peuple, disant « qu'elle était dans son tort[47] ». « La déesse Vénus règne seule à votre Cour ; l'ivresse et la débauche lui servent de cortège [...] elles efféminent les chevaliers [...]. Si vous ne voulez pas m'en croire, parcourez la ville sous le déguisement d'une pauvre femme, et vous entendrez ce que chacun dit[48]. » Étonnement, stupéfaction des courtisans, menaces aussi contre le prédicateur : « Un des familiers de la reine [...] se mit à dire avec humeur : “Si l’on m’en croyait, on jetterait à l’eau ce misérable.” Le religieux, bravant ces menaces, lui répondit hardiment : “Oui, sans doute, il ne faudrait qu’un tyran comme toi pour exécuter un tel crime.” » Le roi, curieusement, en témoigna de la satisfaction et demanda à l’entendre. Il parla en « prédicateur courageux et en apôtre de la vérité », rappelant les vertus de Charles V, sa modération dans la politique fiscale qui contribua à la grandeur du royaume : « Il avait parlé des grands péchés qui se commettaient et il en parla encore plus fortement en présence du roi, ce qui satisfit le roi qui lui fit donner un peu d’argent ! » Impertinence cléricale et consentement royal, un paradoxe étonnant qui fait de la voix une référence unique, un espoir de salut... Charles VI lui promit de mettre un terme aux excès, mais il éprouva une rechute le 9 juin...

Qui était Jacques Legrand ? Un imprécateur ? En l’occurrence, oui ! Mais n’oublions pas qu’il se voulait aussi philosophe et humaniste, qu’il dédia son œuvre majeure au « très noble duc d’Orleans », ce même duc dont il dénonça en chaire les mœurs dissolues. Plus tard, en d’autres circonstances, Jacques Legrand montra sa fidélité envers la maison d’Orléans.

Dans ce contexte de doutes, de suspicions, de remontrances, va se produire un événement « dont les suites seraient sans doute devenues pour le royaume l’occasion des plus grands troubles, sans l’intervention de la miséricorde divine[49] », nous dit Pintoin. Le nouveau duc de Bourgogne vient de terminer le partage entre ses fils du vaste patrimoine dont il a hérité. Le 15 août 1405, il quitte Arras pour Paris sous prétexte de venir prêter hommage au roi pour son comté de Flandre, mais il arrive à la tête d'une armée, de huit cents à mille lances, soit entre deux mille quatre cents et trois mille chevaux. Il se trouve à Louvres (Val-d'Oise) quand il apprend que la reine Isabelle et Louis d'Orléans ont quitté Paris le 17 août, en toute hâte, pour se réfugier à Melun. En partant, celle-ci a ordonné à son frère, Louis de Bavière, de lui amener le dauphin ainsi que ses frères[50]. Louis savait en effet qu'en laissant les jeunes princes à Paris, il abandonnait un gage trop dangereux aux mains de son adversaire. Le départ du dauphin le lendemain de celui de sa mère devait rester secret, mais des indiscrétions ont fuité, et dès que la nouvelle transpire dans le public, on en informe le duc de Bourgogne pour hâter sa venue. Les lettres émanent-elles seulement des Parisiens ? Certains princes du sang, rétifs à la domination excessive de Louis d'Orléans, y ont peut-être mis la main. La nouvelle de cet « enlèvement subit » cause un vif dépit au duc de Bourgogne. Pintoin, que nous suivons, note sa réaction : « Il venait d'arriver à Louvres, lorsqu'il apprit le scandaleux (*indecenter sublatum*) enlèvement de monseigneur le duc de Guienne[51]. » Enlèvement d'autant plus criminel qu'il s'est fait dans des conditions difficiles (le dauphin était malade, le temps épouvantable...). Jean sans Peur traverse la capitale à bride abattue et rejoint avec ses hommes le dauphin à Villejuif, en route pour rejoindre sa mère. Selon la version qu'il donnera lui-même des faits, le duc s'approche de la litière où se trouve le dauphin (il a 8 ans), qui le supplie de le ramener à Paris. Louis de Bavière s'y oppose, le duc passe outre, sans se soucier des protestations que suscite son acte. La rentrée dans la capitale est triomphale, le dauphin installé au Louvre à la garde du duc de Berry. Jean sans Peur prend ses quartiers dans son hôtel d'Artois avec des mesures de défense qui ne laissent pas d'inquiéter la population.

La reine et Orléans qui se trouvaient à Pouilly, frappés d'épouvante en apprenant l'enlèvement du dauphin, quittent la ville pour Melun. Des deux côtés, on mobilise : le duc de Bourgogne fait converger des troupes vers Paris, le duc d'Orléans convoque vassaux et fidèles. Commence alors une guerre de manifestes. Dès le 19 août, jour de l'enlèvement du dauphin, le duc de Bourgogne envoie des lettres aux gens d'Église, nobles et bonnes villes et leur demande d'envoyer des représentants à Paris pour leur exposer la situation, ce qui s'apparente à une convocation des États généraux. Le 20, Louis d'Orléans adresse des lettres de protestation au parlement de Paris accusant Jean sans Peur de crime de lèse-majesté et appelle la justice du roi à sévir[52]. Le 21 août[53], Jean sans Peur, au Louvre, en présence du duc de Guyenne, remplaçant son père « absent », fait exposer, par la voix de Jean de Nielles, ce qui se trame « contre l'honneur du roi et au détriment du royaume », soit plusieurs griefs majeurs : l'abandon déplorable dans lequel on laisse la personne du roi, les « importunités » de la part de gens avides, les requêtes « déraisonnables [...] avancées sous prétexte de bien public[54] » ; la justice, fondement de tout pouvoir, n'est pas administrée ; la faveur, les dons tiennent lieu de règles dans le choix des officiers ; le domaine royal est diminué, châteaux et moulins sont en ruine ; enfin les trois états – clercs, nobles et menu peuple – sont persécutés, pas payés, écrasés d'impôts, « et pourraient s'ensuivre de très grandes commocions [soulèvements], sources d'immenses dangers[55] ». Quelle est la solution pour Jean sans Peur ? Mettre au gouvernement auprès du roi des hommes renommés, n'ayant « pas peur de vous dire la vérité[56] » ! L'argument selon lequel le souverain est laissé à lui-même est récurrent. Bertrand Schnerb doute de la réalité des faits en se fondant sur les archives des comptes, mais l'idée de déréliction royale constitue un argument puissant auprès de l'opinion. À peine Charles VI pouvait-il « payer ses dépenses personnelles. Un jour, alors qu'il déjeunait, la gouvernante en charge du dauphin se présenta à lui et lui dit qu'on ne versait pas un sou pour l'entretien de cet enfant et de ses domestiques, qu'il n'y avait ni nourriture ni vêtement[57] ». Voilà les slogans, les mots d'ordres appelés à former l'armature, la matrice des discours à venir de Jean sans Peur.

Sa requête reçut une grande publicité. Le duc de Bourgogne la fit rédiger et envoyer aux villes du royaume[58]. Il l'adressa au Parlement le 26 août et à la Chambre des comptes le 27, espérant les associer à son entreprise.

Engrenage

Une logique de violence s'installe. Lorraine, Alençon, partisans d'Orléans, se logent dans les environs de Paris. Les exactions des hommes d'armes se multiplient. Orléans affiche sa détermination ; ses hommes portent au bout de leur lance une bannière où est écrit : « Je l'envie[59]. » Le duc de Berry songe à sa propre sûreté et fait barricader son hôtel de Nesle, le duc de Bourgogne agit de même. Les bourgeois de Paris, effrayés par les préparatifs de défense, se tournent vers les princes. Le duc de Berry, nommé capitaine et gouverneur de Paris, ordonne qu'on remette les chaînes barrant la Seine. Une médiation du duc de Bourbon auprès d'Isabelle et Orléans est tentée, sans succès. Orléans, présent avec Isabelle à Melun, refuse et persiste dans son désir de vengeance ; dans une déclaration du 2 septembre, il réfute un à un les arguments de Jean sans Peur. Plus grave, ajoute-t-il, la prise et la détention de l'enfant par ce dernier porte atteinte à la majesté du roi, à la reine qui tient de Charles VI ce pouvoir ; en somme elle constitue un crime de lèse-majesté, même si l'expression n'est pas utilisée. La reine, quant à elle, s'est contentée d'user en la circonstance de son pouvoir d'éducation et de gouvernement de ses enfants, conformément à la charge confiée par le roi. C'est d'autant plus scandaleux, dit le duc d'Orléans, que lui, le plus proche parent, était là pour pourvoir, si besoin était, à la sécurité du duc de Guyenne, le dauphin. Il est celui qui, avec les autres princes et le feu duc de Bourgogne, a supplié le roi de se modérer quant à sa santé. Au sujet des dons, les reproches sont injustifiés, tout comme pour la justice : Louis d'Orléans n'est pas en cause, les officiers indélicats ou incompétents le sont ; il n'est pas non plus responsable en ce qui touche la mutation des monnaies et les levées d'impôts. Les trois derniers points difficilement acceptables sonnent faux, car on connaît les pratiques dispendieuses du duc, son action uniquement inspirée par l'intérêt personnel. Le Parlement et la Chambre des comptes adoptent une position attentiste. Quant à l'Université, Orléans, dénonçant sa démarche partisane en faveur de Bourgogne, la tourne en dérision :

> Dans une question, vous de foi, vous ne prendriez sans doute point conseil d'une assemblée de chevaliers ; de même, dans une question de guerre, ce n'est pas vous qu'il est à propos de consulter. Retournez dans vos écoles [...] Bien que l'Université soit appelée « la fille du roi », il ne lui appartient pas d'intervenir dans le gouvernement du royaume[60].

La haine entre les deux princes est à son comble. Les mouvements de troupes augmentent en puissance autour de Paris. Les Bourguignons, en réponse au duc d'Orléans, inscrivent sur les pennonceaux de leurs lances « Hich houd » (« Je le tiens[61] » en flamand). Pourtant, la volonté générale est à la réconciliation. Les modérés désirent la paix. Quant aux deux ducs, qui voient les jours s'écouler sans apporter un avantage décisif à l'un d'eux, ils doivent souhaiter la fin d'une situation sans issue. Le Parlement et la Chambre des comptes sollicités par Jean sans Peur manifestent de la défiance pour toute espèce de démonstration politique qui ne proviendrait pas directement du roi. L'entretien des troupes représente pour le duc des sommes considérables[62]. Le roi sort de sa démence le 25 août pour un court répit jusqu'au 23 septembre. Avec l'appui de ses conseillers, il obtient que les ducs licencient leur armée[63]. Jean sans Peur rechigne, se tourne vers le peuple de Paris, multiplie les ouvertures. « Je suis venu ici, mes bons amis, non pour mon intérêt privé, mais pour celui du peuple et du royaume[64]. » A-t-il séduit ? Les Parisiens n'adhèrent que moyennement[65]. De toute part, on incline à la paix ; c'est un vœu unanime, dont Christine de Pizan se fait l'écho en écrivant à la reine et au duc d'Orléans, le 5 octobre, « une heure après minuit », une longue lettre, où elle prie celle-là d'incliner son âme à la concorde et où, au milieu d'accents vraiment émus, elle lui demande d'écouter « la voix pitoyable de sa pauvre servante, suppliant votre digne Majesté qu'elle soit favorable à la triste requête écrite de vos pauvres sujets, loyaux Français ». Et, termine-t-elle, « ainsi comme c'est plus grand charité de donner au pauvre une piece de pain en temps de cherté et de famine qu'un tout entier en temps de fertilité et d'abondance, à votre pauvre peuple, veuillez donner en temps de tribulacion une piecette de la parole et du travail [de la peine] de votre hautesse et puissance », afin d'éviter que le royaume se ruinât dans ces divisions intestines et que les « ennemis, réjouis de cette aventure, ne viennent subrepticement avec grant armée pour tout détruire[66] ».

Les efforts réunis des rois et des princes du sang, du Conseil royal et de la municipalité parisienne aboutissent enfin. Le 16 octobre a lieu une réconciliation entre les deux ducs. Le lendemain, « en présence de la reine et du duc de Berri, qu'ils remercièrent d'avoir ménagé leur réconciliation, ils se saluèrent, se donnèrent le baiser de paix, et se jurèrent en se touchant la main de vivre désormais en bonne intelligence[67] ». Une chronique rapporte même que les deux ducs, en signe de plus grande réconciliation, couchèrent dans le même lit[68].

Le 7 novembre, en présence du roi et de la Cour, Jean Gerson, le chancelier de l'université de Paris, célèbre cette réconciliation et propose un programme de réformes. Une fois de plus, la prédication est le noyau autour duquel s'élabore une dramaturgie, une célébration rythmée avec intensité. Il s'agit de prises de parole « laïques » – une terminologie jugée discutable quand on s'en tient aux habitudes médiévales, mais qui a le mérite de signaler, dans ces sermons rattachés à des occasions extraordinaires, une vocation nouvelle de ce genre de prise de parole dans le champ politique. Le sermon a pour thème *Vivat rex, vivat rex, vivat rex* (« Vive le roi », trois fois). Dans cette reprise du dialogue, l'Université, à laquelle Gerson consacre une large partie de son discours, doit jouer un rôle capital de médiatrice – c'est par son regard que le malheur est perçu. L'objet du discours est la glorification du pouvoir royal. « Nous sommes envoyés pour parler de la vie du roi, de son bien et de tout son royaume. » La triple vie du roi – charnelle, politique, spirituelle –, voilà la réalité sensible qui, seule, touche le peuple. Les malheurs du temps restituent d'un seul coup la personne vivante du roi, puisque le reste de la « policie » n'est conçu qu'à travers le destin malheureux ou heureux du roi charnel. Gerson a-t-il convaincu ? Juvénal relativise : « Thème plutôt ordinaire inscrit en plusieurs endroits. Si l'on avait voulu observer ses propositions pour la bonne gestion, le bon gouvernement du royaume, tout se serait bien passé. Mais il ne servait rien de prêcher, car les grands seigneurs et leur entourage n'en tenaient aucun compte et ne pensaient qu'à leur profit personnel[69]. »

Styles différents

1405 est une année capitale. Se mettent en place les modèles, les instruments de propagande, les prises de position que nous allons retrouver tout au long de la guerre civile. Cette année présente un paradigme complet et systématique de ces cycles de violence physique et verbale suivie d'apaisement fragile. En écoutant Gerson prêcher, en lisant Jean sans Peur et Louis d'Orléans, on s'aperçoit que les mêmes idées reviennent de manière récurrente : l'injure, l'affront, les embrayeurs de haine et de colère.

Deux lignes de pensée se dessinent et opposent les adversaires. D'un côté, la rhétorique de Louis d'Orléans : le roi est menacé, sa toute-puissance entamée, sa majesté atteinte. Il y a là une objection dirimante, sa force contraignante ne laissant aucune possibilité de recours à l'adversaire. Si le prince est sacré, omnipotent, non critiquable, alors celui qui l'offense devient sacrilège, dangereux pour la collectivité. Peut-être y a-t-il, lié à sa personnalité, un surinvestissement de la majesté royale, dans la pensée que l'acte accompli par Jean sans Peur sur la personne du dauphin a violé la personne sacrée du roi. Du côté de ce dernier, on martèle les mots de la réforme. Le duc n'a jamais mis « division et rébellion dans le royaume ». Il a sans arrêt œuvré pour le bien public, dans l'intérêt du peuple, en condamnant les levées d'impôt arbitraires, en cherchant les solutions adaptées, en fonction des intérêts de chacun des états de la société. Il est probable, voire certain, que le discours de Jean sans Peur trouve davantage d'écho dans l'opinion. Rien ne doit être décidé sans le consentement des sujets. Voilà les mots d'ordre de la réforme, ceux des ordonnances de Saint Louis (1254) repris tout au long du XIVe siècle, la réduction des officiers royaux, la préservation du domaine, la fin des exactions fiscales et militaires, les mêmes « requêtes » que l'on trouvait dans le discours de Jean sans Peur du 26 août et dans la bouche des « réformateurs » de 1357, emmenés par Étienne Marcel. La propagande de Jean sans Peur est aussi efficace qu'est inopérante celle de Louis d'Orléans. C'est d'abord que le premier est aussi habile à la ville que maladroit à la Cour, tandis que le second, si séduisant à la Cour, est trop imbu de son rang pour ne pas blesser les clercs et les bourgeois de Paris[70].

Et Charles VI dans tout cela ? Ce roi que Juvénal décrit dans un état misérable ? Écoutons-le parler de sa maladie en 1405 :

> Quel grand malheur que cette maladie du roi. Quand il mangeait, il se comportait comme un loup, comme un glouton. Impossible de le déshabiller, il était couvert de poux, de vermine, de déchets [de nourriture]. Sans qu'on y prête attention, il avait enfoncé un morceau de fer dans son corps qui avait provoqué un chancre pourrissant sa chair. Personne n'osait approcher le roi pour lui prodiguer les soins indispensables. Il y eut néanmoins un médecin pour déclarer qu'il fallait faire quelque chose, que son existence était en danger. Il fut décidé de déguiser en Noirs dix ou douze hommes portant une cuirasse sous leurs vêtements afin d'éviter que le roi ne les blesse. Terribles à voir, ils entraient dans sa chambre. À leur vue il fut stupéfait et ils se jetèrent sur lui. Ils portaient avec eux tous les vêtements nouveaux qui lui étaient destinés,

chemise, tunique, robe longue, bottes. Ils s'emparèrent de lui malgré ses protestations, le déshabillèrent et lui firent mettre les vêtements propres qu'ils avaient apportés. Il faisait pitié à voir : son corps était tout rongé par les poux et la crasse. C'est dans ces circonstances que fut découvert le morceau de fer. Chaque fois qu'on voulait lui faire sa toilette, il fallait procéder de cette même façon. C'était quelque chose qui étonnait beaucoup les gens, car on venait le voir de temps à autre et il regardait les visiteurs sans mot dire. Mais quand messire Juvénal des Ursins [le père du narrateur] lui rendait visite, lui qui avait longtemps eu le gouvernement de Paris et était son avocat fiscal, il lui disait : « Juvénal, veillez à ce que nous ne perdions pas notre temps. »[71]

Le roi retrouve quelques moments de lucidité et parvient à voir dans les nébuleuses pratiques de ses proches la nécessaire obligation de corriger les dérives. Une certitude, c'est que les sujets sont attachés à sa personne. Dans l'absolu, lui qui « siège sur le trône de justice, dissipe par son regard tout mal et toute malice » (Proverbes 20, 8).

L'histoire se développe, on pourrait dire se raconte, selon des temporalités différentes, en fonction des situations. C'est le cas avec le schisme, dont les péripéties viennent s'ajouter à la trame de la guerre civile, s'y superposant parfois, s'entrecroisant avec elle, car, dans cette circonstance, les adversaires s'alignent différemment sur les positions divergentes des deux papes ou envisagent différemment l'engagement royal dans les affaires de l'Église. Il faut y ajouter un tiers, qui est l'Université. Le schisme est clivant et les divisions s'approfondissent.

Suite du schisme et controverses

L'année 1406 voit renaître le conflit au sujet des deux prétendants à la papauté. La question de la soustraction d'obédience est de nouveau posée. L'enjeu est de taille, en particulier financier pour le pape, qui tire une partie de ses ressources des bénéfices et des collations en France. La cause de la soustraction reste en instance pendant quelques années, les partisans de Benoît XIII cherchant à gagner du temps. La question est soulevée une fois de plus quand l'université de Toulouse envoie une lettre hostile à la soustraction d'obédience, « une lettre contenant des arguments qu'il est interdit de mentionner, précise Juvénal des Ursins, car elle fut condamnée par un arrêt du Parlement le 17 juillet [1407][72] ». Le père du narrateur, Juvénal des Ursins, « personnage d'un rare savoir et d'une grande éloquence », prend parti en faveur de la soustraction sur la base d'arguments qui montrent la violence des arguments utilisés : il est question de lèse-majesté. « Le crime de lèse-majesté, argue-t-il, consiste non seulement dans les attentats commis contre la personne du roi, mais aussi dans les paroles injurieuses qui attaquent son honneur. » Les arguments sont autant politiques que religieux. Les orateurs partisans de la soustraction (la seconde, la première était de 1398 avait été révoquée en 1403, nous l'avons vu plus haut), comme l'évêque de Senlis, Pierre Plaoul, théologien, et Jean Petit, d'origine normande, également docteur en théologie, prouvent fort habilement que les arguments développés contre la soustraction « offensaient sans pudeur la majesté royale, leur lettre [celle de l'université de Toulouse] était scandaleuse et pernicieuse[73] ».

Aux côtés des adversaires de la soustraction figure évidemment Louis d'Orléans, que relient à Benoît XIII de forts intérêts, à la fois politiques – le soutien du pape aux ambitions du duc n'était-il pas primordial ? – et culturels – un *ambiente* humaniste rapproche Louis et ses proches du milieu avignonnais. Pour débattre du sujet, le 18 novembre 1406, s'ouvre à Paris l'assemblée en présence du Conseil du roi[74]. Une commission de douze théologiens et canonistes est désignée. Les uns soutiendront la soustraction d'obédience, les autres la refuseront. L'université de Paris plaide pour la soustraction par la voix de trois orateurs, Pierre aux Bœufs, Jean Petit et Simon Cramaut. Argument central : le roi a le droit dans son Église de France de faire pourvoir par ses prélats à la collation des bénéfices « soumis à cette obligation ainsi qu'à l'élection de ceux soumis à l'élection ». Guillaume Fillastre, « légiste et canoniste bien connu », prend le parti de Benoît XIII : le roi est sujet du pape ; « il s'exprima de façon excessive, à ce qu'on disait, abaissant l'autorité et la puissance du roi et de l'Église de France[75] ». Il est suivi par Amiel du Brueil, Pierre d'Ailly, « exceptionnel docteur en théologie », qui prend parti pour la convocation d'un concile général. Les orateurs se suivent et argumentent pour ou contre. Le 29 novembre, Juvénal prend la parole sur le thème *Viriliter agite et confortetur cor vestrum* (« Agissez courageusement et que votre cœur se fortifie ») et, avec des « arguments de poids », met l'accent sur « l'autorité du roi de France » détenant le pouvoir d'ordonner une assemblée, d'y faire prendre des décisions et mettre à exécution ce qu'elle aurait acté[76]. Ses propositions sont conformes à l'avis de l'Université. L'espace public est traversé durant six semaines par des controverses passionnées – Pintoin ne manque pas de noter les « grossières injures contre le pape[77] » –, ajoutant que de ces « infâmes accusations portées contre le chef de l'Église » rejaillissent la honte et le blâme sur tout le clergé. Sur le fond, « l'Église de France était ramenée à ses anciennes libertés et franchises ». Mais ne faut-il pas – troisième voie médiane – laisser au pape le soin des affaires spirituelles et du salut des âmes, le pouvoir des clés en somme, lui ôtant la collation des bénéfices et les bénéfices qu'il percevait dans le royaume ? C'est une manière plus subtile de le faire fléchir et de l'amener à la voie de cession, une des trois autres voies pour mettre fin au schisme.

Louis d'Orléans et ses partisans ne désarment pas et parviennent à ce que la demande de leurs adversaires soit repoussée, toutes les fois que ceux-ci cherchent à se faire délivrer l'ordonnance royale de soustraction pour l'appliquer. L'ordonnance rédigée, datée, scellée, n'est pas publiée. Il en résulte de part et d'autre de la rancœur et des haines ouvertes, dit Pintoin, soulignant que l'affrontement de Louis d'Orléans et de Jean sans Peur se déploie ainsi sur tous les terrains. Le 6 novembre, Innocent VII, le pape de Rome, meurt. Les prélats s'accordent pour s'engager vers la réduction du schisme par la voie de cession à Rome, ils élisent Grégoire XII, qui fait un pas dans cette direction et prend langue avec Benoît XIII, le pape d'Avignon. Ce dernier feint de s'engager dans la voie de cession, mais quand on le prie respectueusement de joindre l'action à la parole, de dresser des bulles confirmatives de son intention, il répond qu'ils [les ambassadeurs du roi] sont venus pour le menacer et qu'ils veulent lui arracher par la violence ce qui leur ferait plaisir, oubliant la nullité de tous ses actes acquis par la contrainte, suivant cette parole du sage : « N'ayez point pour ratifié ce qui aura été fait par force et par crainte[78]. » Un argument de poids dans le droit canonique.

Plus que les retournements qui jalonnent le parcours chaotique du schisme, ce sont les controverses qui sont intéressantes : les débats théologiques descendent dans l'espace public. Si la *disputatio* scolastique se déroule selon un rituel immuable, évacuant toute forme de malveillance, les débats, soutenus devant le roi ou le dauphin, prennent d'emblée un ton ouvertement agressif. Il ne s'agit plus de définir une norme et de résoudre une question dans une enquête dialectique, mais au contraire d'imposer une vérité, celle qui doit triompher de l'argumentation adverse. Plus la passion et la vivacité de l'échange sont fortes, plus le plaisir à polémiquer a remplacé le jeu d'une argumentation dialectique régulée. Une telle débauche d'énergie intellectuelle, qui implique nombre de clercs, tant théologiens que canonistes, marque une nouveauté d'une ampleur jamais envisagée auparavant.

Ce qu'il faut peut-être retenir des débats du grand schisme, outre les recueils manuscrits, témoins intelligents d'une pensée en pleine élaboration, c'est l'extrême intensité du débat oral, dont les sermons constituent – on s'en doute – une part importante, essentielle ; des sermons semés de formules fielleuses, parfois carrément haineuses. Or, ce sont les mêmes polémiques, les mêmes paroles, défenses et exaltations que nous retrouvons dans la sphère politique, dans les discours qui opposent les partis en quête de pouvoir. La Cour dans laquelle ils prennent forme est loin d'être un espace serein.

5
Le tyrannicide

« C'était une chose notoire que les deux ducs n'étaient d'accord en rien, et qu'il y avait entre eux non plus des inimitiés secrètes, mais une haine ouverte et déclarée », dit Pintoin. Jean sans Peur essaie de renforcer ses réseaux d'alliance et d'accroître sa clientèle (Adolphe de Clèves, Waleran de Luxembourg) pour rééquilibrer un jeu d'influences au sein du Conseil[1]. Louis d'Orléans, grâce à son influence sur la reine, donc sur Charles VI, obtient, le 28 avril 1407, une ordonnance royale réduisant le nombre des membres du Conseil et éliminant les partisans de son ennemi juré. Le lendemain, l'épuration touche les trésoriers au détriment des fidèles du duc de Bourgogne. Louis d'Orléans semble avoir gagné la partie.

Pintoin s'arrête sur l'antagonisme entre les deux hommes.

> Sans remonter aux raisons secrètes et ignorées de cette haine, je me bornerai à exposer celles qui étaient connues de tout le monde. Pendant les intervalles de la maladie du roi, le gouvernement du royaume étant remis entre les mains de son frère bien-aimé et de son cousin, les deux princes, qui ne pouvaient se résigner à partager

> entre eux l'autorité souveraine, étaient rarement d'accord sur la direction des affaires. La différence de leurs caractères se faisait sentir dans toutes leurs opinions. Suivant ce qui m'a été rapporté par les gens de la Cour, tout ce que l'un jugeait utile de faire, l'autre le condamnait ou s'en montrait irrité[2].

Pour réduire les tensions, il est demandé, comme au temps de Philippe le Hardi, que son fils parte pour Calais et Louis pour le Bordelais. Jean comprend vite qu'assiéger Calais relève de la gageure. Il soupçonne le duc d'Orléans et des officiers du roi d'avoir fait « rompre » le siège de la ville[3]. Il se peut tout simplement que l'argent lui ait manqué, sans qu'Orléans y fût pour quelque chose. L'automne rend les actions difficiles, et enfin, Jean sans Peur a peut-être des scrupules à mettre en danger les trêves marchandes qui existent entre Flandre et Angleterre. Une attaque contre Calais risque de conduire à la rupture[4].

Préméditation

Alors que Jean sans Peur se trouve en Flandre, le projet d'assassinat de Louis d'Orléans prend forme. Le 8 août 1407, il recrute à Lille le futur meurtrier, Raoul d'Auquetonville, révoqué par Orléans à cause de ses malversations dans plusieurs scandales financiers. Le 23 novembre au soir, Louis d'Orléans se trouve auprès de la reine alitée après la naissance d'un enfant prénommé Philippe, mort quelques minutes après l'accouchement. À 7 heures du soir se présente un valet,

Thomas de Courteheuse : ce dernier lui dit venir de la part du roi, car il veut voir son frère sans délai. Orléans monte sur sa mule, accompagné d'une petite escorte, avec deux écuyers en croupe sur un unique cheval, quatre ou cinq valets à pied portant les torches, son jeune et fidèle page allemand, Jacob van Melkeren. Au sortir de l'hôtel Barbette – il s'étendait du 64 au 74 de la rue des Francs-Bourgeois –, le duc s'engage dans la rue Vieille-du-Temple. C'est alors qu'il est assailli par « dix-sept assassins[5] ».

> Raoul, leur chef, transporté d'une rage vraiment diabolique, lui abattit la main gauche d'un seul coup de hache, puis lui asséna sur le crâne un autre coup, qui donna la mort à cet illustre prince. L'impitoyable meurtrier retirant de la blessure son arme toute sanglante, l'en frappa une troisième fois par derrière, pendant qu'il tombait à terre, et fit jaillir la cervelle sur le pavé[6].

Monstrelet décrit plus longuement le déroulé de l'homicide, le bras coupé du duc, la cervelle sur la chaussée, le jeune valet allemand qui se jette sur le corps de son maître pour le protéger. Les gens du maréchal de Rieux relèvent le corps de Louis d'Orléans et le transportent à l'église des Blancs-Manteaux.

L'attentat a eu lieu devant de nombreux témoins. Le prévôt du roi, Guillaume de Tignonville, ordonne une enquête qui révèle que les assassins se dissimulaient dans la maison à l'Image Notre-Dame, louée vers le 15 novembre par un jeune étudiant, Jean Cordelant, et occupée par des hommes qui n'en sortaient qu'à la nuit tombée. Le recueil des procès-verbaux officiels écrits sur un rouleau de parchemin d'environ 9 mètres de longueur nous apprend que les agresseurs, une fois le meurtre accompli, mettent le feu à leur logis, sèment des chausse-trapes pour protéger leur fuite[7]. Sur ordre des princes, le prévôt fait fermer les portes de la ville et placer des gardes dans les rues « afin que aucune commotion ne se fît[8] ». Et aussitôt l'enquête, remarquable à cause de son abondance, commence et les témoins sont interrogés, une vingtaine, hommes et femmes, pour savoir qui « estoient les faiseurs et la verité du cas[9] ». Quel est l'homme, « grant », « au grant chapperon vermeil, embrunchié de sa cornette par le visage », qui sort de la maison de l'Image Notre-Dame et qui, aux dires des témoins, a l'ascendant sur le groupe des meurtriers ? Est-il l'organisateur du complot, lui dont le nom revient à plusieurs reprises dans les interrogatoires[10] ?

Lors des funérailles du duc, le 24 novembre, Jean sans Peur affecte la plus profonde affliction. Il prend les habits de deuil, n'a pas honte d'assister au convoi qui conduit le cercueil de l'église Saint-Guillaume à celle des Célestins[11]. Monstrelet observe qu'il tient même de sa main un des pans du drap qui couvre le cercueil[12] !

Les enquêteurs soupçonnent rapidement une connivence entre les assassins du duc d'Orléans et Jean sans Peur. Les meurtriers ne se sont-ils pas réfugiés dans son hôtel d'Artois, vers le n° 20 de l'actuelle rue Étienne-Marcel, à moins de 1 kilomètre de la scène du crime ? Le 25 novembre, le prévôt est convoqué à l'hôtel Saint-Pol pour y faire son rapport devant le Conseil du roi et déclare « que si on le laissait entrer dedans les hôtels des serviteurs du roi et aussi des autres princes, par aventure, comme il croyait, il trouverait la vérité des auteurs et des complices[13] ».

Tous les grands seigneurs se disposent à donner leur accord lorsque le duc de Bourgogne tire à part le roi Louis de Sicile, duc d'Anjou, et le duc de Berry, son oncle, et en bref leur confesse qu'à l'instigation du diable, il a commandité cet homicide commis par Raoul d'Auquetonville – il est assez probable qu'il était l'homme vêtu en étudiant – et ses comparses. « Cet aveu les fit trembler et frémir d'horreur. Ils gardèrent quelque temps un morne silence, qu'ils n'interrompirent que par de profonds soupirs[14]. » Les princes ne veulent pas écouter les excuses du duc. Le lendemain, 26 novembre, une nouvelle réunion du Conseil doit se tenir à l'hôtel de Nesle, résidence du duc de Berry : celui-ci refuse l'entrée de la salle de réunion à Jean sans Peur[15]. « Il en est très irrité et leur dit que quelque jour peut-être il y entrerait malgré eux[16]. » Plus trivialement, Monstrelet indique que, de peur d'être arrêté, le duc de Bourgogne s'enfuit, prend la route du Nord, arrive à Bapaume au matin du 27 novembre, puis après quelques heures de repos, gagne Lille avant le 2 décembre[17].

Enquête, confession, propagande : Jean sans Peur au centre du jeu

Les historiens ont posé une question évidente, qui brûle les lèvres. Le projet de meurtre était-il élaboré depuis longtemps ? Les mobiles ne manquent pas : l'ordonnance de régence de 1393, par laquelle Louis d'Orléans (le régent) aurait le pouvoir au cas où Charles VI viendrait à mourir (mais les « absences » du roi n'étaient-elles pas déjà une sorte de mort ?), la perte des subsides de Jean sans Peur. Sans remonter aussi loin, la réorganisation du Conseil en 1407 n'était rien de moins qu'un désastre pour ce dernier[18]. Quand Jean sans Peur a-t-il commencé à envisager la mort de son rival ? Des noms sont cités, des proches du duc de Bourgogne impliqués dans le processus de décision (le seigneur de Croy, Jacques de Heilly, Jean de Nielles, Antoine de Craon...[19]). Une chose semble assurée, alors qu'en Angleterre le meurtre est une pratique relativement fréquente au sein de la famille royale, il est inconcevable en France. On l'explique par la folie de Charles VI qui ébranla les assises de la fleur de lys et ouvrit la porte à une transgression aussi radicale. Toujours est-il que la famille royale est durement affectée par celui-là même qui avait juré à son père agonisant de rester fidèle à la Couronne.

Valentine Visconti, l'épouse du feu duc, se rend le 10 décembre 1407 à Paris en habits de deuil, avec son fils cadet, Jean, et Isabelle, la femme de son fils aîné Charles. Elle se jette aux pieds du roi, qu'elle n'a pas vu depuis son exil en 1396, quand circulaient les rumeurs de poison l'accusant d'être à l'origine de sa maladie. Charles VI, sain d'esprit ce jour-là, l'accueille avec émotion, mais lui déclare sagement qu'il « fera selon l'opinion de son Conseil ». Onze jours plus tard, le 21 décembre, elle renouvelle sa plainte devant le Conseil. Appuyée par l'éloquence de son avocat, Guillaume Cousinot, elle crie vengeance, mais elle n'obtient de Charles VI que des paroles lénifiantes et de vagues promesses. Le 4 janvier 1408, elle vient à la rencontre du roi pour relever les fiefs de son mari et lui prêter hommage et fidélité, puis elle s'empresse de gagner Blois.

Comment expliquer le manque d'initiative du roi, la relative réserve des princes face au crime ? Pèsent-ils les effets dévastateurs d'une trop vive réaction ? Pintoin résume l'état d'esprit :

> On différa le châtiment par égard pour un tel personnage, qui portait le titre de doyen des pairs de France, qui était le plus riche seigneur du royaume, et qui avait déjà marié sa fille [Marguerite de Bourgogne] avec le fils aîné du roi [Louis de France, dauphin, et duc de Guyenne][20].

Le peuple de Paris accueille favorablement la mort d'Orléans : « le bâton noueux est raboté », allusion aux devises des deux princes – Orléans avait pris pour lui un bâton noueux, Jean sans Peur un rabot[21]. Celui-ci se tient informé de l'état d'esprit des Parisiens. Sa conviction repose sur une connaissance approfondie, mise à jour si l'on peut dire, de l'opinion. C'est très moderne !

Les contacts reprennent entre Jean sans Peur et les princes au mois de décembre 1407. On envoie Waleran de Luxembourg pour conférer avec lui d'un arrangement acceptable. On propose au duc l'impunité en échange de la livraison à la justice des auteurs du meurtre. Jean sans Peur refuse. Le duc de Berry et Louis de Sicile tentent une nouvelle démarche. On décide alors que le duc de Bourgogne rencontrera les deux ducs à Amiens. Louis II, duc de Bourbon, se refuse à faire partie de cette délégation, répétant qu'« il ne pourrait jamais supporter la vue de l'auteur d'une si noire trahison ». Lors des entretiens, Jean sans Peur finit par accepter les ordres de Charles VI et de faire amende honorable en sa présence, à condition que les portes ne soient plus gardées par des hommes d'arme afin que lui et ses gens puissent entrer en toute liberté, « car il voulait y paraître non comme un ennemi de la ville ou du roi, mais comme un ami qui souhaitait la paix[22] ». Le ton est donné. L'homme est ferme, volontaire, accompagné d'une garde défensive imposante et dissuasive.

C'est aussi à cette époque qu'il a impulsé une campagne visant à discréditer Orléans. Son attitude ne laisse pas d'étonner dans un premier temps. Cousinot note ses « hautes et orgueilleuses manières[23] ». Le duc déclare à ses interlocuteurs effarés qu'il n'a pas à solliciter de grâce, que le roi était « grandement tenu de le remercier [*sic*] pour le meurtre commis ». Les discussions durent du 20 au 30 janvier 1408. En homme de chicane au goût procédurier, le duc s'emploie à développer la justification réalisée à Gand par une équipe de conseillers parmi lesquels Jean Petit, maître en théologie, bien connu par ses prises de position sur le schisme. Jean sans Peur, en homme d'action, est déterminé à garder la main sur les événements. Il annonce aux princes sa venue à Paris, alors que les deux ducs lui avaient instamment demandé à ne pas agir de la sorte, s'il n'y était pas invité[24]. Les ducs jugent déplacée son arrivée, mais Jean sans Peur n'en a cure. Il sait que Paris lui est acquis.

Il se met en marche, quitte Arras, passe par Laon et Senlis, arrive à Saint-Denis le 25 février. Les ducs lui renouvellent leur demande de ne pas entrer dans Paris, ou au moins de réduire son armée à deux cents hommes. Bourgogne reste quelques jours à Saint-Denis, puis se rend dans la capitale le 28 février 1408 avec l'intention de « justifier son fait et sa querelle[25] ». Il se montre « en appareil de guerre au grand étonnement de tous, comme s'il venait de remporter quelque victoire sur les ennemis du royaume ». Nous sommes alors mardi gras, jour de « carême-prenant » ; le duc, escorté de huit cents hommes d'armes, progresse sous les acclamations de la population[26].

> À son entrée, les Parisiens montrèrent très grand joie et en particulier les petits enfants, en plusieurs carrefours, criaient à haute voix : « Noël ! », ce qui grandement déplaisait à la reine et à plusieurs autres princes étant audit lieu de Paris.

Il se fait construire une « forte chambre de pierre bien taillée en manière de tour, dans laquelle il couchait la nuit[27] ». Tout est en place pour qu'il puisse affronter ses détracteurs.

Le meurtre et son apologie : la lèse-majesté en débat

La présentation de la justification se déroule à l'hôtel Saint-Pol, le 8 mars 1408, devant le duc Louis de Guyenne, qui remplace son père, Charles VI, malade, les princes du sang, les délégations de l'université de Paris. Le contexte est solennel. Le document ne manque pas d'intérêt, sur la forme comme sur le fond. D'abord, il constitue la première pièce d'une controverse, le vrai plan de réalité de la confrontation entre les partis ; ensuite, il contient les arguments essentiels de la théorie politique du temps, en particulier une réflexion passionnante sur la lèse-majesté et ses degrés[28].

L'orateur, Jean Petit, s'adresse à l'assemblée depuis une estrade ; il commence à 10 heures du matin et parle pendant quatre heures. Le discours est solidement charpenté. Le manifeste de Gand de la seconde quinzaine de décembre 1407, composé par Jean de Saulx, suivi de la déclaration orale à Amiens, préparée début 1408 par le travail de l'équipe de conseillers (André Cotin, Nicolas Gouillart, Pierre de Marigny), fournissent la matière d'un long réquisitoire contre le duc d'Orléans, mais aussi une justification théorique d'un assassinat politique. Jean Petit se présente comme un théologien, c'est ainsi qu'il se définit, mais l'équipe qui l'entoure et qui l'a aidé à construire son « preschement » se compose de juristes. L'ensemble de la justification repose sur un syllogisme : « Il est licite et méritoire de mettre à mort celui qui est traître et vrai tyran. Le duc d'Orléans était traître et tyran. Donc le duc de Bourgogne a fait œuvre licite et méritoire en faisant tuer le duc d'Orléans. » C'est une longue apologie du tyrannicide. Voici en quels termes le religieux de Saint-Denis résume la chose : « [Jean Petit] ne craignit pas de soutenir que, si l'on pouvait trouver quelque chose à redire à l'action du duc de Bourgogne, et s'il avait dérogé à l'honneur de sa race, la mort du duc d'Orléans n'était que le juste châtiment de ses démérites[29]. » S'appuyant sur un précepte de saint Paul (1 Tim 6, 10), *Radix omnium malorum cupiditas* (« La convoitise est la source de tous les maux »), la justification de Jean Petit apparaît comme un montage des raisons alléguées, comportant une majeure et une mineure. La majeure se décompose à son tour en trois articles correspondant aux trois éléments offerts par le texte du thème[30]. Le premier article offre un développement unique ; le deuxième, où Jean Petit étudie les crimes de lèse-majesté, en distingue deux sortes : lèse-majesté divine (apostasie, hérésie) et lèse-majesté humaine (atteinte à la personne du roi, de ses proches, de ses officiers). À l'appui de sa théorie, il expose trois exemples (Julien l'Apostat, le moine Sergius, Phinée, qui tua Zambri, dans Macc. 2, 26). Le troisième article se divise également en trois exemples (Lucifer, Absalon, Athalie). Jean Petit place un quatrième article dans sa majeure, qui n'était pas annoncé dans le prologue. Il a son importance, c'est lui qui apporte le plus fort potentiel théorique à l'apologie du tyrannicide, à propos duquel il énonce huit « vérités ». La première, la plus intéressante, opère un glissement majeur entre « traître » et « tyran ». Au terme d'une argumentation serrée, les deux termes finissent par s'équivaloir. Et Petit de continuer sur ce sujet : le tyran mérite la « double mort » : mort corporelle et damnation éternelle. Or, de ce crime horrible, « est plus à punir un chevalier qu'un simple sujet, un baron qu'un simple chevalier, un comte qu'un baron, un duc qu'un comte, le cousin du roi qu'un étranger et le frère du roi que le cousin », car « en montant de degré en degré, l'obligation est plus grande de vouloir garder et désirer le salut du roi et le bien de la chose publique ». Son exposé est soutenu par des emprunts aux autorités parfois détournées pour alimenter sa théorie, c'est-à-dire aux Pères de l'Église (Augustin, Grégoire, Isidore de Séville), principalement aux maîtres scolastiques et à des philosophes (Pierre Lombard, Bonaventure, Jean de Salisbury, Thomas d'Aquin, Alexandre de Halès, Richard de Mediavilla pour les docteurs ; Aristote, Cicéron, Boccace pour les auteurs profanes) ou aux lois civiles largement citées. L'orateur ne cache pas son peu de compétence en la matière – il a fait deux années de droit canon –, mais « c'est l'office des maîtres docteurs en théologie de prêcher et de dire vérité en temps et en lieu, et pour cette raison ils sont appelés *Legis divini professores* [spécialistes de la Loi divine]. Et s'il advient qu'ils meurent pour dire vérité, ils sont alors vrais martyrs[31] ».

Il y a naturellement des obstacles, que le théologien n'élude pas, comme le « Tu ne tueras pas » de l'Écriture (Exode 20, 13 ; Luc 18, 20) ; sauf qu'à ses yeux, le mot *homicidium* (« homicide ») doit être compris de différentes manières. Juste et licite, le meurtre du tyran n'est pas un homicide. « Ainsi ne s'ensuit point de punition, mais rémunération [...] [son auteur] ne fait pas *nephas* [« crime »], mais s'acquitte envers son roi et souverain seigneur[32]. » Parmi les sept autres vérités que compte ce quatrième article – nous ne les citerons pas toutes –, mentionnons les trois dernières : en cas d'alliance ou de serment, on est tenu, s'il advient qu'ils tournent au préjudice du roi, de les rompre, notion qui jouera un rôle capital dans les procès politiques engagés à la fin du Moyen Âge.

Par ailleurs, il est plus méritoire que le tyran soit tué par un de ses parents ou sujets plutôt que par un étranger, et plus par un duc que par un comte. Le tyrannicide peut agir par « embuscade, espionnage et ruse ». Bref, tous les moyens sont bons, à condition de ne pas faire usage de maléfices. L'incrimination du tyran et de la tyrannie est extensive, comme on le voit. Elle élargit le spectre de l'accusation, elle sera déterminante dans la pensée juridique et politique du XVe siècle. Voilà pour la majeure.

La justification comporte donc une majeure et une mineure. La mineure la renforce en déclinant les faits et gestes de Louis d'Orléans en conformité avec la majeure. Idolâtre, débauché, le prince s'est tourné vers le diable, responsable de morts par empoisonnement, par sortilèges, sans parler des exactions fiscales. Nous sommes là dans le domaine des « damnables entreprises » contre le bien public. Citons entre autres la remarque selon laquelle le duc d'Orléans se déplaçait en portant un talisman entre sa chair et sa chemise ; talisman consacré par les démons et susceptible de lui faire obtenir tout ce qu'il voulait, un anneau dont le contact avait la vertu de fasciner les femmes et de les soumettre à ses désirs[33]. N'a-t-il pas tenté de faire empoisonner le roi ? N'a-t-il pas mis le feu aux vêtements d'étoupe lors du Bal des ardents ? N'a-t-il pas accusé son frère de vices énormes auprès de Benoît XIII pour qu'il le prive de la dignité royale[34], etc. ? Le religieux de Saint-Denis détaille longuement les « griefs » alignés par Jean Petit. Au vu des crimes commis par le frère du roi, on « devait louer le meurtrier plutôt que le blâmer de l'avoir mis à mort[35] ».

Étrange apologie du meurtre de Louis d'Orléans ! Le plan narratif, historique, amène à une même conclusion. Se trouvent réunies selon un cheminement de pensée rigoureux l'ensemble des « significations » attachées à la lèse-majesté. Mais plus remarquable encore, c'est le mode de diffusion de la justification, sa publicité, qui interpelle. En effet, aussitôt après la séance du 8 mars, de multiples copies en sont établies sur l'ordre du duc de

Bourgogne, qui les distribue largement. En 1414, après la condamnation controversée des positions de Jean Petit par le concile de Constance, de nombreux exemplaires sont pilonnés, à l'exception de ceux circulant dans les pays bourguignons où se poursuit la propagation du *factum*. L'insertion de la justification dans les *Chroniques* de Monstrelet assure sa définitive popularité.

Quel est l'impact sur l'opinion du discours de Jean Petit ? Juvénal souligne que « l'argumentation paraissait très étrange à certaines personnes bien connues et à des clercs, mais aucun homme ne fut si hardi pour porter la contradiction[36] ». Quels que soient les doutes ou les réserves de certains, la diffusion, adossée à la présence armée dans Paris des troupes de Jean sans Peur, l'appui sans faille du peuple bénéficient au duc qui tire des avantages immédiats de sa stratégie de communication et de sa force militaire qu'il n'hésite pas à montrer. Le lendemain 9 mars, il profite d'une lumière de raison du roi pour lui extorquer des lettres de grâce[37]. Terrorisés, la reine et le dauphin quittent Paris pour Melun. Nombreux sont ceux qui l'imitent et abandonnent la capitale dans l'attente de jours meilleurs. Dans la foulée, le duc de Bourgogne remplace par des hommes à lui Jacques de Châtillon et Pierre des Essarts, l'amiral Clignet de Brabant et le prévôt Guillaume de Tignonville. Pour ce dernier, il prend prétexte de ce qu'il a ordonné l'exécution par pendaison de clercs pour délit de droit commun, dont les dépouilles sont réclamées par l'Université, et les fait solennellement dépendre et conduire en procession à Saint-Mathurin[38].

Jean sans Peur reste à Paris de mars à juin 1408, siégeant au Conseil aux côtés de Berry. Le 14 mai de la même année parvient dans la capitale la bulle de Benoît XIII, excommuniant et plaçant sous interdit le royaume de France. Le 31, le roi est amené au palais où la bulle est exhibée. Jean Courtecuisse, théologien et grand orateur, prend la parole. Pour lui, le pape doit être considéré comme « schismatique et hérétique[39] », la bulle « déchirée » comme « injurieuse et offensive à la majesté royale[40] ». S'appuyant aussi bien sur le droit canon que sur l'Écriture, Courtecuisse fait la démonstration de l'illégitimité du document, de sa nullité. Charles VI acquiesce, si bien que le document est lacéré et brûlé en public. Le roi n'en reste pas là : il écrit à Boucicaut à Gênes pour qu'il procède à l'arrestation du pape. Des « personnages de savoir et d'expérience[41] », soupçonnés d'être des partisans de Benoît XIII (Guy de Roye, Pierre d'Ailly, l'évêque de Gap, l'abbé de Saint-Denis) sont inquiétés. Les deux envoyés du pape sont arrêtés, revêtus de dalmatiques en toile noire aux armes de Benoît XIII renversées, exposés sur un échafaud, la mitre de papier sur la tête – une mitre d'infamie –, puis sur le parvis Notre-Dame, pris à partie dans un discours insultant par un commissaire, docteur en théologie : « Entre autres infamies [...], il s'emporta jusqu'à dire qu'il aimerait mieux baiser le cul de la plus sale tripière que la figure de Benoît [...] Enfin cet insolent personnage le déclara publiquement coupable de lèse-majesté, d'hérésie et de schisme[42]. » Les accusations lancées contre Benoît XIII s'apparentent à celles portées par Jean Petit contre le feu duc d'Orléans, comme si, dans l'esprit du religieux, deux trames s'entrecroisaient, deux conceptions du pouvoir s'affrontaient, avec comme enjeu la majesté.

Schisme papal, schisme royal, vacance du pape, vacance du roi, même enjeu, même horizon, d'un domaine à l'autre, d'un champ à l'autre, les notions et les formes de droit, celle de *plenitudo potestatis* conférée au roi de France (peu appliquée en fait) qui, du moins en théorie, en fait l'égal de l'empereur et du pape, les vieilles coutumes, la lèse-majesté, la recherche d'un bon gouvernement, l'influence aristotélicienne, la quête, en somme, d'un dispositif qui harmonise l'ensemble constituent le fil d'un discours qui traverse Armagnacs et Bourguignons, soulignant l'imprégnation profonde de la société et des élites politiques. En un temps où la parole du roi et celle du pape apparaissent suspendues par la maladie et la discorde, les juristes et les théologiens rivalisent d'intelligence pour innover et trouver des solutions.

Réfutation

Dans ce climat lourd et électrique, le moment favorable pour ressouder les alliances orléanaises se présente quand Jean sans Peur est obligé de renoncer à Paris pour secourir aux premiers jours de 1408 Jean de Bavière, évêque de Liège, son beau-frère menacé par ses sujets révoltés qui l'assiègent dans Maastricht. Le motif de la rébellion ? Jean de Bavière ne « voulait point chanter messe » – l'élu refusant d'être évêque à part entière. Jean sans Peur quitte Paris le 5 juillet 1408, « en grant indignation de plusieurs princes et gouverneurs du royaume[43] ». Le lendemain de son départ, le roi annule les lettres d'abolition du 9 mars précédent.

Le 26 août 1408, la reine et le dauphin reviennent dans Paris, décidés à profiter de son absence pour effacer les accusations portées contre le duc d'Orléans[44]. Le 28, la duchesse d'Orléans arrive à Paris. Elle s'installe dans l'hôtel de Bohême. Le 5 septembre, Valentine Visconti en lourds vêtements de deuil dépose plainte devant le dauphin, entourée de ses conseillers, Pierre L'Orfèvre, chancelier du duc d'Orléans, Guillaume Cousinot, avocat du Parlement, et Thomas du Bourg, abbé de Cerisy, à qui elle confie le soin de préparer une réfutation du mémoire de Jean Petit. Sur ce, le jeune duc Charles d'Orléans se rend à Paris à son tour le 9 septembre, « humblement vêtu de noir ». Il va directement à l'hôtel Saint-Pol demander justice. « On lui répondit que justice serait rendue[45]. » L'audience, fixée au 11 décembre, se tient dans la grande salle du Louvre, en présence du dauphin, le duc de Guyenne qui représente le roi « absent » (malade), de la reine, des ducs de Berry et d'Anjou, du recteur de l'Université, des notables et bourgeois, soit la même assistance que celle de mars 1408 quand Jean Petit lut la justification, à cette différence près que le duc de Bourbon est présent, et que brillent par leur absence plusieurs des seigneurs de l'entourage de Jean sans Peur qui l'ont suivi dans son expédition. Le cérémonial est le même[46].

Thomas du Bourg, abbé de Cerisy, prend le contrepied de l'argumentaire de Jean Petit, dénonçant le crime du duc de Bourgogne, exigeant une punition. Suivons son raisonnement articulé en trois parties : la première renferme la nécessité pour le roi de rendre justice ; la deuxième, le châtiment dû à la scélératesse du coupable ; et la troisième, la justification du duc d'Orléans.

Six raisons accompagnent chacune des deux premières parties, douze la troisième. Les trois parties enchaînent le discours selon un dispositif identique à celui de Jean Petit, selon une arborescence toute scolastique.

Les six raisons de la première partie sont les suivantes : il est du devoir du roi de rendre bonne justice ; il y est tenu par l'affection qui unit le roi à son frère ; par compassion aussi pour la duchesse et les enfants orphelins ; encore plus en raison des circonstances cruelles de l'assassinat du duc ; également pour les maux qui s'ensuivraient si l'assassinat n'était condamné ; enfin, il faut humilier l'orgueil du meurtrier qui agit « l'épée tirée ».

Deuxième partie, six articles : Louis d'Orléans a été assimilé à un tyran. Faux, « au sens des philosophes » ! Le raisonnement de Jean Petit ne repose sur rien ; il n'avait aucune autorité ni puissance de juge sur le feu duc ; on n'a pas procédé « juridiquement » avec lui. De plus, les deux princes s'étaient réconciliés sur les Saints Évangiles avant le meurtre ; on ne lui a pas donné le temps de faire pénitence ; Jean sans Peur « a machiné cette mort pour gouverner le royaume » ; il a persévéré dans son projet criminel.

Troisième partie, six premiers articles : Louis a toujours vécu en bon chrétien (il n'a donc pas commis crime de lèse-majesté au premier degré) ; on ne peut prétendre que Louis d'Orléans a commis un crime de lèse-majesté divine au second degré en donnant son aide à Benoît XIII ; il n'a jamais eu recours à la magie ; il est faux de dire que Louis ait cherché à enlever la reine et ses enfants ; il n'a jamais voulu porter atteinte au dauphin en lui envoyant une pomme empoisonnée (crime de lèse-majesté au tiers degré) ; enfin, il est tout aussi faux de dire qu'il a dilapidé les finances du roi. Les six derniers griefs touchent à la lèse-majesté divine et humaine[47].

Reprenant le thème choisi par Jean Petit, *Radix omnium malorum cupiditas*, l'abbé renverse la charge de la preuve. Il stigmatise l'arrogance du duc de Bourgogne. Le duc représente peu au regard de la puissance royale. Il est « sujet » du roi, et « il n'y a rien au monde que le roi ne doive autant craindre et éviter que la montée d'orgueil de ses sujets envers son pouvoir [...] la rébellion et la désobéissance du camp adverse ». De plus, circonstance aggravante, Jean sans Peur s'est rendu à Paris l'épée à la main, malgré l'interdiction du souverain. Voilà bien « une manière de se comporter en maître ; signe des mauvaises intentions du sujet à l'égard du roi, car il aurait dû venir auprès du roi afin de s'humilier, et il arriva l'épée tirée en nombreuse compagnie [...]. Hélas ! sire, n'est-ce pas le signe d'une grande présomption après ce méfait que de parcourir Paris les armes à la main et de se présenter l'épée au poing au Conseil réuni en vue de conclure la paix ? ».

Se dessine en filigrane dans l'argumentation, sans qu'il soit nécessaire de dire les mots, l'usurpation de la justice régalienne, instituée précisément pour que « nul n'exerce de vengeance ». Le crime est si « énorme » à nul autre pareil, car pour tous ceux qui ont entendu parler de cette scandaleuse affaire, même étrangers, il est « abominable[48] ». Viennent enfin des propositions secondes ou dérivées, qui constituent autant de circonstances aggravantes, comme le rappel de la proximité des deux ducs, de leur amitié scellée par de solennels serments dans les mois qui ont précédé le meurtre, ce qui rend l'acte encore plus abominable, le fait que les ennemis du duc auraient pu provoquer la mort de l'âme de Louis en même temps que celle de son corps, s'il ne s'était pas trouvé en état de grâce.

Le point central de la démonstration, qui soude la chaîne du raisonnement, c'est la lèse-majesté. Bourgogne s'est substitué à la justice du roi ; il s'est emparé du glaive, bafouant la procédure habituelle. Louis a été exécuté sans être jugé ! Où sont l'enquête, les interrogatoires de témoins ? Oui ! Il s'agit bien d'un acte criminel, forcément « illicite ». Seul le roi fait loi. Il est le suprême détenteur du pouvoir ; toute tentative d'usurpation relève de la lèse-majesté, du crime capital. L'assassinat de Louis, c'est une conjuration, de la pure rébellion. Mais plus que le meurtre en lui-même, ce sont ces « fallaces » (frauduleuses raisons), cette odieuse sophistique, cette logique diabolique, cherchant à justifier l'injustifiable, qui forment « plus grand péché que ce meurtre » ; c'est « l'obstinée persévérance dans le péché », car « le péché incombe à l'individu, la persévérance est un crime public. Justifier ce meurtre de cette façon, c'est prendre la défense de son propre péché. Donc celui qui justifie son propre péché tient tête à Dieu en approuvant ce que Dieu réprouve[49] » – la définition même de l'hérésie.

L'erreur théologique doit dans un premier temps être corrigée de manière fraternelle. C'est le conseil de l'Évangile (Matthieu 18, 21-22 ; Luc 17, 3-4). En revanche, l'obstination dans l'erreur constitue le péché d'hérésie que l'Église poursuit sans faiblesse. Aux XIVe et XVe siècles, comme l'a montré Jacques Chiffoleau[50], il apparaît de plus en plus distinctement que le péché d'hérésie se concentre dans le refus opiniâtre d'obéir aux décisions du pape. Ainsi, les franciscains spirituels qui persévérèrent dans leur refus de se conformer au jugement du Saint-Siège furent tenus pour hérétiques, une dizaine d'entre eux condamnés au bûcher. Dans un contexte de querelles incessantes, l'accusation d'hérésie tend à se propager jusque dans le monde laïc. *Quod erat demonstrandum* : c'est bien le duc de Bourgogne qui « par l'homicide par lui commis a usurpé la domination et autorité du roi et de ses fils [...] et a mis le bien commun en grande tribulacion ».

Guillaume Cousinot, l'avocat de la duchesse d'Orléans, relaye l'abbé de Cerisy et tire les conclusions civiles, laissant au procureur du roi le soin de prendre les conclusions criminelles.

Les demandes de l'avocat sont les suivantes : que le duc de Bourgogne soit appréhendé, mené « sans ceinture ni chaperon » pour plus d'humiliation en présence de la duchesse et de ses enfants, qu'il confesse son crime, à deux reprises, au palais et à l'hôtel Saint-Pol. Le rituel de réparation comportera la démolition de toutes ses maisons, à leur emplacement sera dressée une croix de pierre et suspendu un écriteau en indiquant la cause. D'autres mesures sont envisagées, comme un million d'écus d'or destiné à des fondations pieuses et à l'aumône, une mesure d'exil en outremer pour y expier ses fautes, etc.[51].

Quel est l'impact du discours de Cerisy ? Juvénal souligne l'émotion suscitée :

> Il s'exprima avec une telle force de conviction que toutes les personnes déclarèrent que jamais un aussi grave crime n'avait été commis dans le royaume de

> France, qu'il était indispensable que justice soit rendue, que le duc de Bourgogne méritait clairement d'être châtié dans son corps et ses biens [...].
>
> Tous les membres de la famille royale présents s'engagèrent à faire rendre justice et se déclarèrent parties adverses du duc de Bourgogne[52].

Outre l'effet sur l'opinion, la mise en débat de l'assassinat de Louis d'Orléans est l'occasion d'expérimenter un certain nombre de notions affectant au plus profond la légitimité politique et la majesté du roi. L'une d'entre elles concerne l'hérésie, une accusation majeure contre laquelle Jean sans Peur va devoir se battre. Le nœud de la crise cristallise les références juridiques et morales les plus élevées.

6
Le cycle infernal : défis, leurres, réconciliations

La justification et la contre-justification marquent le point de départ effectif de la guerre civile. La crise s'ancre dans une argumentation juridique qui donne aux factions une légitimité qu'elles n'avaient pas jusque-là. La « querelle » entre Armagnacs et Bourguignons ne se résume pas à une succession d'antagonismes politiques et militaires, elle représente aussi un débat idéologique qui constitue dans l'élaboration de la théorie politique un progrès, un approfondissement. Qu'il ne soit pas perçu comme tel par l'opinion est certain ; qu'il ait suscité divers sentiments ou émotions, assurément, mais ces mises en scène oratoires où se déploie une éloquence (souvent méprisée et dénigrée par les historiens romantiques) témoigne de leur importance : elles s'inscrivent dans un exercice de reconnaissance officielle d'autant plus sensible que le roi est « empêché » et que la défense des principes apparaît comme une nécessité. Les deux axes qui orientent les débats et les controverses sont la réparation et la majesté. La réparation, c'est-à-dire la réparation d'honneur, la satisfaction donnée à une personne accusée, suspectée à tort, mais aussi l'action en réparation, le dédommagement d'un préjudice par la personne responsable ; l'action en réparation amène le rétablissement de la *fama*, de la renommée, si cruciale au Moyen Âge. La majesté : le roi est « absent », si ce n'est qu'il n'a jamais été aussi présent sous la forme du symbole. L'action des deux partis antagonistes revient à s'approprier ce principe en étant au plus près de lui, de parler en son nom. Toute une stratégie est ainsi conçue : ne jamais s'éloigner du roi, s'attacher sa personne, même en usant de méthodes peu orthodoxes. Avant le drame de la rue Vieille-du-Temple, une psychose de crise avait commencé à prendre forme, des facteurs d'instabilité devenaient de plus en plus préoccupants, des oppositions intergénérationnelles s'étaient affirmées, des ambitions manifestées. Est venu le temps de la crise effective et de son développement, avec son rythme et ses scansions.

Rapports de force. L'avantage bourguignon

Les effets immédiats de la contre-justification de l'abbé de Cerisy entraînent le sursaut des princes qui, fouettés dans leur indolence, sans égard pour les lettres de réconciliation et de pardon qui lui avaient été accordées, mandent des troupes pour « courir sus [au duc de Bourgogne] comme ennemi de l'État[1] » ; sauf que la situation est instable, surtout dans la capitale. La population parisienne soutient sans réserve Jean sans Peur. Le rapport de force va tourner à l'avantage de ce dernier à la suite d'un événement inattendu.

Il a quitté Paris dès le mois de mars 1408, aux prises avec les rebelles flamands, crise complexe qu'il convient d'expliquer. Le duc de Bourgogne est marié depuis 1385 à Marguerite de Bavière, fille d'Albert de Bavière, comte de Hainaut et de Hollande. Son alliance avec les Wittelsbach bavarois est primordiale. Or, le prince-évêque de Liège, Jean de Bavière, est détesté par ses sujets – aussi bien les artisans de cette cité industrieuse que les bourgeois et la noblesse locale – qui, au nom de la défense des franchises urbaines, avec seize autres villes de la principauté, ont créé une ligue en décembre 1404, destituant le Bavarois remplacé par Thierry de Perwez, fils de Henri de Perwez, un des chefs de l'opposition nobiliaire proclamé « mambourg », gouverneur de la principauté. Assiégé dans Maastricht, l'évêque appelle le duc de Bourgogne à son secours. Le 5 juillet 1408, Jean sans Peur réunit de l'argent et des troupes avant de se mettre en marche. Il se trouve à Florennes quand Guichard Dauphin, Guillaume de Tignonville et Guillaume Bourratier le retrouvent pour l'inviter à soumettre au roi de France son différend avec les Liégeois et répondre aux poursuites entamées contre lui à la requête de la duchesse d'Orléans. Jean sans Peur leur répond qu'il va régler la question liégeoise par les armes, puis il se rendra auprès du roi. Réalisme, cynisme, pragmatisme sont les marques de fabrique du duc de Bourgogne. Souvenons-nous de l'éloge en demi-teinte de Pintoin[2]. Entre-temps, des renforts des pays de Hainaut, Hollande, Zélande rallient Jean sans Peur ; le 23 septembre, les Liégeois sortent de leur ville et vont au-devant de l'armée du duc. Ces civils sont écrasés à Othée par les soldats de profession de Jean sans Peur, massacrés par milliers, et le prince-évêque bavarois revient en vainqueur dans Liège en deuil. Murs, portes, tours rasés, exécutions en nombre, prise d'otages, clauses juridiques et financières imposent aux vaincus une paix de fer. Il faut, dit Machiavel, qu'« un prince ne se soucie pas du mauvais renom d'être cruel[3] ». Jean sans Peur illustre à merveille cette leçon.

L'annonce de la victoire d'Othée est un coup de tonnerre.

> Beaucoup de ceux qui avaient auparavant été partisans et désireux de châtier le duc de Bourgogne commencèrent à baisser la tête et à manifester un avis inverse par crainte de la fermeté, hardiesse et puissance dont faisait désormais preuve le duc, qui, à ce qu'on leur disait, était de taille à résister à tous les périls, aventures, événements qui pourraient lui arriver, capable de tenir tête à tous ceux qui voudraient s'opposer à lui. En vérité, aussitôt après [sa victoire], toutes les décisions prises auparavant à son encontre furent réduites à néant, abandonnées[4].

Fidèle à son habitude, Jean sans Peur se tient au courant des sympathies parisiennes, ainsi que des hésitations et des fluctuations qui font que le peuple varie et brûle ce qu'il adorait la veille.

Les ducs et la reine prennent des mesures de défense, tandis que l'agitation parisienne croît : le bruit court que la reine et les conseillers veulent enlever les chaînes des rues, afin de tenir les habitants à leur merci. Des rumeurs répandues par des provocateurs selon Juvénal des Ursins. Les démentis et les efforts d'Isabelle de Bavière pour contrôler la situation sont vains. Quand celle-ci demande un subside aux plus riches bourgeois pour payer ses soldats et empêcher le pillage, elle se heurte à un refus. En fait, « elle était obsédée par son désir de quitter Paris[5] ».

Le 3 novembre 1408, Charles VI, toujours malade, sort de l'hôtel Saint-Pol en compagnie du duc de Bourbon et de Montaigu, s'embarque aux Célestins et traverse la Seine jusqu'à l'abbaye de Saint-Victor, accompagné d'au moins mille cinq cents hommes. Le 5 novembre, le roi, le dauphin, la reine et Berry se rendent à Gien ; de là, ils traversent la Loire et gagnent Tours. Ce déplacement soudain est-il un ordre de la reine ou des princes ? Est-ce pour éviter que le roi n'accueille favorablement le duc de Bourgogne à son retour à Paris ? Pintoin dit qu'il fut enlevé « du palais au nom de la reine [...] le plus secrètement qu'il se pût faire, à l'insu même des officiers de sa maison et des bourgeois [...]. On disait généralement, et cela était fort vraisemblable, que c'étaient les princes qui avaient conseillé cet enlèvement subit, dans la crainte que le roi n'accueillît favorablement le duc de Bourgogne qui approchait de Paris, et ne prît plaisir à l'entretenir[6] ». Ce départ amplifie le mécontentement de Paris. L'histoire de 1405 avec l'enlèvement du dauphin se répète.

Une stratégie se met en place, un modèle d'action s'esquisse à la signification symbolique forte. Il s'agit, comme en 1405, de garder pour soi la source de toute légitimité et d'en priver l'adversaire. La situation est la même qu'alors, d'où la volonté de Jean sans Peur de soustraire Charles VI à ses geôliers. Tout est suspendu à cette proximité du roi, à ce qu'elle recèle de charge symbolique, alors même que son « absence » est avérée. Jean sans Peur part de Douai le 14 octobre, arrive à Paris le 28 novembre, il y est accueilli triomphalement[7]. Voilà de quoi susciter l'énervement des serviteurs du roi et l'envie des autres princes quand ils apprennent la nouvelle. Charles VI enjoint au duc de Bourgogne, sous peine de lèse-majesté, de renvoyer ses gens ; Jean sans Peur refuse d'obéir, alléguant que cet ordre n'est pas l'expression de la volonté du roi.

Paix « fourrées »

Ni le duc de Bourgogne ni ses adversaires ne souhaitent un affrontement militaire. Début 1409, la reine et les autres ducs envoient à Paris une délégation dirigée par le frère de la reine, Louis de Bavière, assisté de Jean de Montaigu, un ancien marmouset détesté par Jean sans Peur, serviteur du duc d'Orléans, grand maître de l'hôtel du roi. De leur côté, les Parisiens expédient des représentants sous la conduite du garde de la prévôté des marchands Charles Culdoë ; ils sont reçus à Tours par Charles VI en phase de rémission et sain d'esprit. Le 4 décembre, la duchesse d'Orléans, Valentine Visconti « m[eur]t de colère et de chagrin[8] ». Jean sans Peur s'en félicite, rapporte Monstrelet, car avec elle disparaît une des actrices les plus zélées du désir de venger la mort de Louis d'Orléans. C'était elle en effet qui, depuis la tragédie du 23 novembre, avait su organiser et soutenir la résistance. Sa disparition place Jean sans Peur en pole position pour engager des pourparlers. On sait peu de chose sur cette phase de négociations, sinon que le duc, craignant pour sa vie s'il va à Chartres, décide que Guillaume de Bavière, comte de Hainaut, à la tête de son armée, s'y rendra. Le 2 mars 1409, il arrive sur place ; les grands seigneurs sont déjà là. Le 9 mars, il se présente. Sont présents également des notables et des conseillers parisiens, des « personnages de rangs divers[9] ».

Jean sans Peur ne veut pas entendre parler d'une quelconque demande de réparation. Faire amende honorable, reconnaître ses torts, ce serait « faire perdre à ses héritiers mâles leur réputation d'honneur et de probité [...] chose suffisante pour les priver de toutes seigneuries[10] ». Le sujet, sensible, alimente la discorde. Il importe pourtant qu'une solution soit trouvée, vu l'état de désordre du pays. Un protocole d'accord est établi entre les émissaires, il prévoit les « sûretés », les garanties produites pour la sécurité des deux partis, en particulier pour prévenir les menaces d'attentats.

Le 9 août 1409 a lieu dans la cathédrale de Chartres un semblant de réconciliation qui se déroule, ainsi que Jean sans Peur l'a voulu, tout à son avantage. La procédure est millimétrée, les paroles que doivent prononcer les deux parties fixées, les tenues et l'ordre d'apparition étroitement codifiées, selon un protocole reproduit par le religieux de Saint-Denis[11] : le duc de Bourgogne avancera le premier devant Charles VI entouré des princes. Il avouera la voie de fait commise contre le duc d'Orléans « pour le bien du roi et du royaume ». Il demandera au roi de « bannir ce déplaisir de son cœur et de lui rendre sa faveur et son amitié ». Le roi pardonnera. Ensuite, Jean sans Peur retiré, Charles VI fera venir le duc d'Orléans et ses frères et leur demandera de « bannir toute la colère et le ressentiment que vous avez conçus contre lui, d'être désormais bons amis avec lui et de lui pardonner tout le passé ». Les jeunes princes l'un après l'autre répondront en signe de pardon : « D'après vos ordres, j'accepte, j'approuve et j'agrée tout ce que vous avez fait. » Après que chaque partie aura parlé, il est prévu que les ducs se portent garants de leur bonne volonté. Le dernier mot reviendra au souverain qui dictera à chacun des fils du défunt, Louis d'Orléans, Charles et Philippe, la formulation du pardon. Cela s'inscrit dans une exhortation globale émise par Charles VI : « Je vous défends à tous, sous peine de vous exposer à ma royale colère, et en tant que vous craignez de m'offenser, d'avoir jamais aucune querelle ni différend entre vous à ce sujet, de garder de la haine et du ressentiment contre aucun de ceux qui se seront entremis dans cette affaire... » Du pardon seront exceptés « ceux qui ont commis l'attentat sur la personne de notre frère le duc d'Orléans ». Le traité contient vingt et un articles. Est annoncée également, comme il se doit, la célébration du mariage du comte de Vertus, le fils de Louis d'Orléans, avec la fille du duc de Bourgogne. La cérémonie se passe le 9 mars, date stipulée dans le traité comme le relate Pintoin. Le roi, revenu à la santé, se rend à l'église Notre-Dame. Assis sur un trône royal, il fait exécuter point par point tout ce qui a été réglé d'avance. Monstrelet montre les deux enfants en pleurs[12]. La scène est dans son récit plus vivante, la charge émotionnelle plus forte. C'est cependant plus une convention qu'un acte spontané. Les larmes signifient la purification, la réparation. Il importe pour le duc de Bourgogne de montrer le rituel de pacification comme pleinement réalisé et totalement achevé.

Cependant, le ver est dans le fruit, la nature improbable de cette réconciliation n'a pas échappé à l'opinion. La perception et le ressenti des contemporains et des témoins de la cérémonie en témoignent. Les manifestations rituelles suffisent-elles ? En réalité, les serments n'y font rien. Juvénal des Ursins, bien conscient qu'il ne s'agit que d'un simulacre de paix, note :

> La paix [de Chartres] fut conclue [et le duc de Bourgogne pria le] roi, au cas où il aurait quelque rancune à son égard pour cette affaire, de bien vouloir l'ôter de son cœur, et il le dit aussi au duc d'Orléans. Le roi fit de même ainsi que le duc d'Orléans, qui en reçut l'ordre du roi ; et tout le monde se réjouit vivement. Cette paix conclue, sans avoir bu ni mangé dans cette ville, le duc de Bourgogne monta sur son cheval et partit. Il y avait auprès de lui un fou très doué, qui passe pour un fou sage, qui aussitôt acheta une paix d'Église et la fit fourrer, et l'on disait que c'était une paix fourrée. C'est ce qui advint plus tard.

L'expression « paix fourrée » est employée au sens propre quand il s'agit de cacher des éléments précieux dans une masse de « moindre valeur » ; on fourre sa laine de façon que, d'une toison, l'on en fasse deux. C'est une opération frauduleuse, et l'adjectif « fourré » est suivi souvent de « malice », « trahison », « cautèle ». Un « fou sage », nous dit Juvénal, invente ici la formule, comme pour désigner, par l'oxymore, la tromperie consciente et renouvelée qui dénature l'esprit de la paix. Les remarques des chroniqueurs participent plus de l'émotion que la seule relation des faits. Introduisent-ils seulement un effet rhétorique ? Non, car l'enjeu n'est pas seulement politique (une revendication de territoire, le paiement d'une rançon…). Comprenons bien que la paix n'est pas un cessez-le-feu, un armistice, l'arrêt des combats ; elle ne peut être conclue que si les deux parties se pardonnent mutuellement leurs offenses et jurent de ne plus y penser, que s'ils font le sacrifice de toute haine. L'enjeu est la fin de ces « haines réciproques » nées de voies de fait, en l'occurrence d'un meurtre, renonciation d'autant plus difficile qu'il s'agit de la famille royale.

L'espoir de paix sur laquelle elle s'ouvre est miné. Mille germes imprévus de rivalités, de jalousies, de discordes éclosent de tous côtés. La paix de Chartres est la première d'une série qui comporte les mêmes faiblesses. On les retrouvera dans les paix ultérieures, Pontoise (1412), Arras (1414), elles aussi qualifiées de paix « fourrées », comme si les mots, les serments manquent à traduire un repentir sincère et total. Jeux d'influences des entourages princiers, aux prises de position souvent plus radicales que celle des princes, conduisent aux voies les plus extrêmes ; l'impossibilité de résoudre, dans un cadre juridique et institutionnel, ce qui relève de l'honneur, de croyances plus profondes et ancrées dans un passé féodal immémorial, telles que l'appel à la vengeance, fonde une situation appelée à se répéter dans une sorte de cycle infernal.

Réforme, un mot magique

Pour disposer d'une autorité pleine et entière sur le royaume, Jean sans Peur doit contrôler une administration peuplée depuis des années par des affidés des ducs de Berry, de Bourbon et du défunt Louis d'Orléans. Il frappe fort : le 7 octobre 1409, le prévôt de Paris, Pierre des Essarts, nommé par lui le 30 avril 1408, arrête Jean de Montaigu, le grand maître de l'hôtel du roi, qui contrôle la gestion des finances du royaume. Son père était un notaire de Paris, anobli par le roi Jean en mars 1363. Entré au service du roi, le fils fut comblé de toutes sortes de biens et chargé de la surintendance générale des finances. Il se fit construire le château de Marcoussis et plusieurs autres habitations magnifiques[13]. Cette ascension fulgurante – vingt ans à peine lui ont suffi pour réunir une fortune considérable – lui attire des ennemis dans l'entourage du roi de Navarre et du duc de Bourgogne, et malgré de maigres soutiens (ou à cause d'eux), son procès est rapidement expédié : le prisonnier doit avouer sous la torture ses crimes ou prétendus crimes.

> Et le 17e jour dudit mois d'octobre, jeudi, Jean de Montaigu fut mis en une charrette, vêtu de sa livrée, d'une houppelande de blanc et de rouge, et chaperon de même, une chausse rouge et l'autre blanche, des éperons dorés, les mains liées devant, une croix de bois entre ses mains, haut assis en la charrette, deux trompettes devant lui, et en cet état mené aux Halles. Là on lui coupa la tête, et après fut porté le corps au gibet de Paris, et pendu au plus haut, en chemise, à toutes ses chausses et éperons dorés, dont la rumeur parvint à aucuns des seigneurs de France, comme Berri, Bourbon, Alençon et plusieurs autres[14].

Dans la foulée, Jean sans Peur nomme une commission de réforme dominée par ses partisans : Jacques de Bourbon, comte de La Marche ; Waleran de Luxembourg, comte de Saint-Pol ; Louis de Bourbon, comte de Vendôme ; Pierre des Essarts, prévôt de Paris, puis souverain-gouverneur des aides. La principale activité de cette commission consiste à chasser de l'administration les obligés du duc de Berry, de Bourbon et de feu Louis d'Orléans et à contraindre les bénéficiaires de grosses pensions à rendre gorge. Nombreux sont les gens arrêtés, surtout les officiers des finances, ceux de la chambre des comptes, dont Tignonville. D'autres parviennent à s'échapper, comme l'archevêque de Sens, l'autre frère de Montaigu, prénommé Jean aussi. Par réforme, « réformation », il faut entendre la grande lessive des officiers du roi, quel que soit leur rang, les collecteurs ordinaires et extraordinaires des deniers royaux, tous ceux qui à un titre ou à un autre se mêlent des finances de l'hôtel du roi, les receveurs tant du domaine que des aides.

L'ordonnance du 11 novembre 1409 répond à cette attente : sont visés les trafics d'offices, les malversations, signalées dans les registres où sont mentionnés *Recuperetur* ou *Nimis habuit* imposant la restitution des sommes frauduleusement perçues jusqu'au dernier sol, nonobstant les appels. On limoge les trésoriers généraux[15], ciblant plutôt les personnes que les institutions. Dans le même temps, la fonction de prévôt des marchands est rétablie, Charles Culdoë en hérite. Les tensions sont sensibles au sein du Conseil entre Berry et Bourgogne, à qui est remise la tutelle du duc de Guyenne, quand la reine Isabelle n'est pas en état de l'assurer. Jean sans Peur affirme sa prééminence dans toutes les affaires difficiles. Au troisième trimestre 1409, il va jusqu'à mettre au point une seconde justification, la réfutation éclatante des allégations de l'abbé de Cerisy, mais elle n'affrontera jamais la scène publique, ce qui prouve que le duc est particulièrement conséquent dans ses intentions et qu'il sait réactiver les pressions pour catalyser l'opinion publique sur sa personne.

Le 27 décembre 1409, son emprise devient complète : il obtient la « garde, gouvernement et compagnie continuelle » du dauphin Louis, âgé de 13 ans, qui gouvernera officiellement le royaume durant les « absences », les crises de folie de Charles VI[16]. Isabelle acquiesce-t-elle ? Apparemment oui, mais elle « craignait le duc de Bourgogne plus que tous », sans le montrer ouvertement. Des lettres royales annonçant ces décisions sont solennellement lues, le 31 décembre, lors d'un lit de justice en présence de la haute noblesse, tout cela dans un climat de terreur. L'heure est à la « sûreté » : le 2 décembre, le roi, ayant recouvré ses esprits, se rend à Notre-Dame, « un haubert vêtu sous sa robe », puis retourne à son hôtel Saint-Pol. Jean sans Peur fait venir de ses possessions un très grand nombre d'hommes pour sa « seurté ». Les menaces d'attentat et d'assassinat n'ont jamais été aussi élevées. Les rencontres sont dangereuses et l'on se méfie de tout !

Réaction orléanaise : la ligue de Gien

L'hégémonie de Jean sans Peur, la cruelle élimination de Montaigu finissent par exaspérer le vieux duc de Berry, âgé de 70 ans, retiré dans ses terres. Il réunit à Gien le jeune Charles d'Orléans, Jean V de Bretagne, Jean d'Alençon, Jean de Bourbon, Charles d'Albret, connétable de France, et Bernard VII d'Armagnac, son gendre (il a épousé Bonne de Berry en 1395) et bientôt le beau-père de Charles d'Orléans qui va épouser, le 15 août 1410, Bonne d'Armagnac. Quant à Richard, frère du duc de Bretagne, il doit se marier à Marguerite d'Orléans, sœur de Charles. Ainsi se forme, le 15 avril 1410, la ligue de Gien comme parti d'opposition, le parti dit « des Orléans », qui deviendra celui dit « des Armagnacs ». Ce qui les unit, c'est le projet de faire justice et se débarrasser du duc de Bourgogne, lui mener une « guerre mortelle ». La volonté de vengeance est loin d'être éteinte par les serments passés. Le manifeste en date du 2 septembre 1410, adressé au roi et aux bonnes villes, résume la position des princes confédérés, rappelle qu'ils sont de sang royal et, en raison de cette « consanguinité[17] », de ce rapport organique qui les unit à la personne du roi, ils ont obligation de « vérédiction », le devoir de « réparer » la majesté lésée du roi.

La lettre restera sans suite, les princes confédérés se dispersent pour assembler leurs troupes respectives. Les partis se crispent davantage dans une surenchère dangereuse. Une délégation composée entre autres de Tignonville et de Gontier Col est envoyée à Poitiers le 18 août 1410, pour demander aux princes de mettre un terme à la ligue et de licencier les troupes. Les injonctions royales se multiplient et se renforcent, l'arme fatale de la lèse-majesté est brandie au fur et à mesure que les princes se rapprochent : Poitiers, Chartres, Étampes… Les princes agissent comme « sous l'influence d'un charme[18] », bafouant l'ordonnance royale. Aux accusations lancées par les confédérés sur la supposée cupidité et intentions cachées de Jean sans Peur, celui-ci répond par des flots de démagogie : il n'agit que par amour du roi et dans l'intérêt de la chose publique. Le pays est dévasté, il en est conscient et se dit prêt à renoncer aux subsides du roi, à abandonner les pensions, à condition que l'adversaire fasse de même ! Un discours repris ensuite par le roi de Navarre, son allié. Après Étampes, le duc de Berry arrive à son château de Bicêtre, à une lieue de Paris.

Jean sans Peur comprend vite que ces préparatifs le concernent personnellement et rassemble des troupes dans Paris. Les gardes sont changés aux portes de la capitale, des hommes envoyés surveiller les passages afin d'empêcher les partisans des princes d'entrer. Le duc de Brabant, au service du duc de Bourgogne, s'établit à Saint-Denis. Ses hommes commettent des pillages sans nombre, dont la honte retombe sur ce dernier. Quelques Gascons du comte d'Armagnac s'approche des remparts de la capitale, mais personne ne sort.

Certains chroniqueurs extrapolent pour approfondir le sens caché de ces temps mauvais. Laissons parler Pintoin :

> En poursuivant mon récit, je me rappelais souvent ces paroles de l'Évangile : « Tout royaume divisé en lui-même sera désolé », et je maudissais l'aveuglement de la chevalerie française, qui, égarée par les transports d'une haine implacable, se disposait à tourner ses armes contre le sein de la patrie.

Une guerre « civile » ? Plutôt une guerre « domestique » entre frères, parents, compatriotes et amis… Et pour clore son propos, Pintoin se fend d'une fable qu'il présente comme un fait réel :

> Au commencement du même mois, il arriva, dans le comté de Hainaut, un événement étrange et jusqu'alors inouï. Une immense quantité d'oiseaux carnassiers se livrèrent bataille entre eux à coups de becs et de serres. Bien qu'ils fussent d'espèces différentes, on eût pu croire qu'ils s'étaient ligués les uns contre les autres. Les cigognes jointes aux hérons et aux pies attaquèrent les corneilles, les corbeaux et les geais. La mêlée s'engagea au milieu de cris aigus et de croassements effroyables. Après un long combat, la victoire resta enfin aux premiers, et le nombre des morts fut si grand de part et d'autre qu'on aurait pu remplir deux chariots de leurs cadavres. Cet événement fit supposer aux personnes de savoir et d'expérience que de sanglantes batailles avaient eu lieu ou devaient bientôt être livrées, et leur pressentiment ne fut que trop vrai[19].

Au lecteur de trouver un sens à cet événement étrange. Mais comment mieux illustrer les factions qui déchirent, divisent le pays ? Dans la capitale, processions et messes solennelles s'enchaînent pour conjurer le conflit.

Le cycle infernal est lancé. Les rivalités se cristallisent sous forme collective : chacun choisit son camp et tente d'imposer son point de vue. Enjeu capital, c'est sur le terrain de la propagande que va se jouer le sort de la guerre civile. L'instabilité endémique engendrée par les mobilisations d'hommes d'armes, les exactions qui s'ensuivent, l'absence de structures financières et institutionnelles solides, la volatilité d'une opinion sensible à la rumeur et prompte à se retourner, les « conversions » de transfuges qui passent d'un parti à l'autre entravent considérablement les tentatives de rapprochement.

Existe-t-il une troisième voie, celle de la paix ? Le roi, otage de l'un ou de l'autre des partis, est sujet à des rechutes qui rendent aléatoire une ligne de politique continue et ferme. Les tentatives menées en ce sens semblent hors de portée.

Guerre des manifestes

L'hiver menace, les vivres s'épuisent. La reine, l'Université, d'autres encore s'entremettent, négocient avec les belligérants que ruinent les soldes de leurs mercenaires et l'on finit, le 2 novembre 1410, par signer au château du duc de Berry, à Bicêtre, une trêve par laquelle les adversaires s'engagent à ne pas se combattre jusqu'à Pâques 1411 (soit le 12 avril). Le roi renouvellera son Conseil en soumettant son choix aux deux partis dont les élus devront être indépendants. Décision importante : dans un souci de neutralité, Pierre des Essarts est destitué de sa charge de prévôt de Paris, remplacé par Bruneau de Saint-Clair[20].

Peu après la paix de Bicêtre, une réunion se tient dans la chambre Verte, la chambre d'apparat du palais. Le roi de Navarre prend la parole. Au nom du duc de Bourgogne et du sien, il propose de renoncer en faveur du roi aux aides de leurs domaines, voire à leurs pensions, et de se retirer dans leurs terres, si les princes orléanais consentent à agir de même ; le gouvernement serait confié à des hommes sages n'appartenant ni à l'un ni à l'autre parti ; ils demandent de plus le remboursement aux bourgeois de Paris des prêts qu'ils avaient faits et la diminution des subsides royaux[21].

Personne ne croit au compromis signé à Bicêtre. La ligue de Gien regroupant les partisans de Charles d'Orléans est renouvelée le 1er novembre 1410. Les ducs partent le 8 novembre, « accompagnés des « malédictions du peuple[22] », et se rendent, le duc de Berry à Dourdan, le duc de Bourgogne à Meaux… La guerre est devenue inévitable en cette fin d'année 1410.

Comme il est de coutume, les hostilités s'arrêtent durant l'hiver 1410-1411 pour reprendre au printemps. Les injonctions de Charles VI pour éloigner les belligérants n'ont aucun écho. Les ordonnances, dont celle du 28 février 1411, interdisent aux deux ducs rivaux d'entrer dans Paris. Elles délient les gentilshommes de tout serment de fidélité prêté à un autre seigneur que lui[23]. Des ambassades sont envoyées aux deux partis. Le 14 juillet, les princes du parti d'Orléans adressent au roi une « longue lettre, plutôt détaillée et en termes recherchés[24] », missive remarquable à plusieurs égards, datée de Jargeau, soit un manifeste dressant un réquisitoire contre Jean sans Peur, que Juvénal retranscrit *in extenso*. Les fils de Louis d'Orléans, Charles et Jean, rappellent les circonstances du crime commis contre leur père, un « crime qui reste fiché dans leur mémoire et celle du roi ». Le « soi-disant » duc de Bourgogne en est l'auteur. Le ton est donné, la délégitimation symbolique du duc de Bourgogne orchestré : il l'a avoué publiquement. Jean sans Peur et Louis d'Orléans étaient du même sang ; ils avaient noué des alliances réciproques ; par serments, ils avaient « prouvé la force de leur amour, de leur affection réciproque », et pour renforcer encore davantage cette « fraternité d'armes », ils avaient pris et arboré l'ordre et le collier l'un de l'autre. La veille du crime, ils « mangèrent et burent les épices ensemble ». Le crime est atroce, car non seulement Louis d'Orléans n'a pas pu se défendre, mais la mort brutale ne lui a pas laissé le temps de prier ni de se repentir avant de monter au Ciel, de « se mettre en état ». Il est donc possible qu'il soit mort en état de péché mortel, ce qui revient à le tuer deux fois ! Toutes ces raisons évoquent bien sûr la contre-justification de l'abbé de Cerisy. Pire encore, Jean sans Peur s'est obstiné dans le mal en tentant d'étouffer, d'effacer totalement son souvenir, son renom, ce qui est « récidive et incorrigibilité ». Il devrait se présenter dans une extrême humilité, au lieu de quoi il persiste dans l'orgueil. Voilà pourquoi les enfants ont demandé justice. « Lorsque la justice [...] exerce sa fonction, elle mérite de se nommer vertu. C'est principalement et directement dans cette intention qu'ont été instituées les lois. » À deux reprises, la demande a été déposée, restée sans réponse, pas même une injonction du procureur. C'est la « destruction, le clair, l'évident déshonneur de vous et du royaume, de la chose publique ». En conséquence, les traités qui ont été signés, en particulier tout ce qui s'est négocié à Chartres, ont perdu toute valeur. En auraient-ils que le « traître meurtrier » les a enfreints, au vu des nombreuses actions scélérates qu'il a commises (exécution de Montaigu, éviction des officiers du roi). Il y a plus : il a tenu et tient toujours « dans une telle sujétion votre personne et celle du dauphin », car personne, quelle que soit sa condition, ne peut « avoir accès à vous pour quelque raison que ce soit, sinon avec l'autorisation des hommes qu'il a placés autour de vous[25] ». Charles d'Orléans en a dressé une liste dans une lettre précédemment envoyée au roi, dont deux ont été impliqués dans le meurtre de Louis, Jehan de Nielles et Jacques de Créquy, sire de Heilli. « C'est ainsi qu'il conserve son autorité sur vous, avec encore plus de force que s'il était présent en personne[26] ! » Les charges sont accablantes... Tout est fait pour flétrir le nom, l'honneur, la réputation du duc de Bourgogne.

Après avoir exposé d'autres circonstances aggravantes, Charles d'Orléans termine sa supplication sur le caractère « monstrueux », sur l'« énormité » du crime. Ce qui caractérise la lèse-majesté dans le discours, c'est cette ampleur des incriminations, qui visent à cerner par un seul terme la dimension à la fois réelle et imaginaire d'un acte démesuré, inqualifiable, et qui exige, pour qu'il soit bien perçu dans son énormité, un ensemble de griefs connexes, de transgressions à la fois verbales et physiques. La qualification de l'atteinte à l'honneur du roi doit être à la mesure de ce que représentent la Couronne et l'« empereur en son royaume ». Car c'est bien la Couronne qui est lésée à travers la personne du roi. Outre la qualification juridique du crime, qui, on le voit, est bien argumentée, se greffe une raison, morale, tout aussi élevée : la flétrissure d'infamie dont sont menacés les enfants d'Orléans, le risque de « ne plus être reconnus comme ses enfants, de n'être en rien liés à lui, de passer pour indignes de sa succession, de son nom, de ses armoiries, de sa seigneurie. Marque d'infamie que nous voulons absolument éviter ». Nous nous sommes arrêtés longuement sur ce texte, qui instaure pour ainsi dire un modèle, un paradigme de la démonstration que l'on retrouve plus tard dans d'autres situations comparables à la fin du Moyen Âge.

La lettre reprend les propositions de l'abbé de Cerisy en 1409, mais en souligne les lignes de crête, les enjeux doctrinaux, théologiques, juridiques. La répétition fait sens. Conformément à cette logique, le manifeste de Charles d'Orléans du 14 juillet 1411 est suivi d'une lettre de défi adressée le 18 juillet 1411 au duc de Bourgogne, à laquelle celui-ci répond le 13 août 1411 sur le même ton délégitimant (Charles, fils de Louis, « soi-disant duc d'Orléans ») :

> Avons très grande liesse au cuer desdictes deffiances, mais du surplus contenu en icelles, toy et tesdits freres avez menti, et mentez faussement, mauvaisement et déloyaument, comme trahisseurs que vous êtes et dont, à l'aide de notre seigneur […] vous ferons venir apurement et punition[27].

L'échange témoigne de la montée d'un cran supplémentaire dans la crise, auquel se superposent les affrontements de plus en plus nombreux sur le terrain. La guerre devient « mortelle ».

Les clivages se font de plus en plus nets et s'affirment à travers la distinction nominative des communautés partisanes. « Comme le comte d'Armagnac figurait dans le camp du duc d'Orléans, on appela ses partisans les Armagnacs », écrit en 1411 Juvénal des Ursins[28]. Cette appellation d'Armagnacs est mentionnée pour la première fois dès la formation en 1410 de la ligue de Gien par le *Journal d'un bourgeois de Paris*[29]. Quant au religieux de Saint-Denis, c'est aussi en 1411 qu'il écrit à propos de l'agitation à Paris :

> Car la division régnait dans la ville ; les bourgeois, loin de s'accorder entre eux, étaient animés les uns contre les autres d'une haine implacable et se prodiguaient toutes sortes d'injures. Les partisans du duc d'Orléans appelaient Bourguignons ceux du parti contraire, qui les traitaient d'Armagnacs, et chacun d'eux se tenait pour cruellement offensé de ces dénominations qui impliquaient le reproche de trahison[30].

On y joint un éclatement visuel de la vie politique. Les partisans des Orléans portent pour enseignes « bendes étroites, en toile, sur leurs épaules, pendant au bras gauche, de travers, ainsi que porte un diacre une étole[31] ». Les Bourguignons adoptent le « sautoir » (une pièce héraldique en forme de croix de Saint-André) avec une fleur de lys en son centre portant la mention « VIVE LE ROI ». Tout le monde l'arbore, même les femmes et les enfants. Les violences, les voies de fait se multiplient. Pour tuer « un bon bourgeois, le piller, le voler, il suffisait que quelqu'un qui ne l'aimait pas se mette à crier : "Voici un Armagnac !" ».

Paris au cœur des sollicitations partisanes

Le peuple de Paris a toujours joué un rôle essentiel dans le jeu politique des princes. Il a souvent donné le *la* dans les révoltes, « téléguidé » des jacqueries, des rébellions dans les autres villes. Paris est « la plus peuplée et la plus remuante des capitales occidentales[32] ». Les communes flamandes entretiennent avec cette ville un souffle de liberté et de réforme. Ce n'est pas seulement parce que s'y tiennent les principales institutions judiciaires et administratives qui drainent les recours, les appels ; c'est aussi parce que la puissance que revêt l'opinion parisienne, l'étendue des soulèvements à la moindre alerte (près de deux cent mille habitants), le rôle qu'y tient l'Université, la structure de cette population, ses différentes couches et strates (de la bourgeoisie (officiers royaux et gros marchands) aux hommes de métier unis par des associations très étroites) qui réagissent diversement selon les circonstances – tout cela lui confère une force qu'il faut s'attacher pour peser. La consulter, la manipuler, se l'approprier est un art difficile, que le duc de Bourgogne maîtrise mieux que d'autres.

Lorsque le conflit a commencé à s'aggraver entre Orléans et Bourgogne, la bourgeoisie parisienne s'est efforcée de garder une prudente neutralité, malgré une nette sympathie pour Jean sans Peur. Si l'Université s'est tournée assez vite du côté de ce dernier, les notables, en dépit d'une inimitié évidente à l'égard de Louis d'Orléans, se veulent avant tout de loyaux sujets du roi, ce qui leur vaut de participer en délégation aux tractations qui aboutissent en mars 1409 à la paix de Chartres. Jean sans Peur finit par trouver la faille dans cette bourgeoisie. Incapables de s'intégrer dans le groupe dominant des notables à cause de leur activité manuelle, probablement aussi en raison de leurs fortunes plus faibles, les bouchers composent une corporation quasi fermée, pratiquant l'endogamie, dotée d'une richesse qui s'avère nettement supérieure à celle des autres catégories d'artisans. On compte parmi eux les Saint-Yon, les Thibert, les Guérin, les Deux-Épées à la Grande Boucherie (Châtelet), les Legois à la boucherie de Sainte-Geneviève. C'est donc un métier prospère, mais infâme, sur lequel pèse le tabou du sang. Les bouchers se distinguent souvent comme protagonistes de sociologies meurtrières, s'en prenant aussi aux juifs. Dans les mouvements de persécution visant ces derniers, ils sont surreprésentés. De plus, ils disposent d'une masse de manœuvre importante constituée par leur personnel d'écorcheurs et de valets. Les libéralités du duc de Bourgogne achèvent de les rallier à son parti : en 1411, des futailles d'excellent vin de Bourgogne sont offertes à six bouchers au moins, dont trois membres de la famille Le Goix, et même à deux simples écorcheurs, dont Simon Le Coutelier, le fameux Caboche, appelé à jouer un rôle dominant[33].

Fort de l'adhésion des Parisiens, habile à la canaliser, Jean sans Peur quitte L'Écluse le 3 septembre, avec cinquante mille hommes et un étonnant train de douze mille chariots. Ham, Nesle, Roye tombent aux mains des Bourguignons. Le duc, surpris par la défection des Flamands pressés de retourner chez eux, se voit dans l'obligation de recomposer son armée, en la complétant par deux mille archers anglais du comte d'Arundel, puis il prend la route de Paris. Les Armagnacs, quant à eux, exercent une pression constante sur la capitale en occupant plusieurs villes du Beauvaisis et du Valois, ainsi que Melun. Ils contraignent Jean de Chalon-Arlay, prince d'Orange, Bourguignon, à capituler et à leur livrer Saint-Denis. Lorsque le capitaine de Saint-Cloud, Colinet de Puiseux, Bourguignon passé au camp des Armagnacs, leur livre Saint-Cloud le 11 octobre, l'approvisionnement de Paris par la Normandie se trouve compromis. Dans la soirée du 23 octobre 1411, Jean sans Peur arrive enfin et entre avec son armée dans Paris, escorté de Thomas Fitz-Allan, comte d'Arundel, et de ses sept ou huit mille Anglais, sous les acclamations de la foule. Le 9 novembre, le pont de Saint-Cloud est regagné par les Bourguignons, qui desserrent l'étau des Armagnacs autour de la capitale. Les Armagnacs évacuent les alentours de la ville pour se replier vers les pays de la Loire. Les cités prises par les Armagnacs sont reconquises par les Bourguignons : Étampes, Dourdan tombent aux mains de ces derniers. Jean sans Peur récompense les bons serviteurs, le comte de Saint-Pol reçoit du roi l'épée de connétable.

Dans cette configuration favorable sur le terrain, et afin de se rallier encore plus les Parisiens, Jean sans Peur obtient du dauphin Louis, duc de Guyenne, marié à sa fille Marguerite de Bourgogne, l'ordonnance du 20 janvier 1412, qui rétablit des institutions municipales supprimées depuis 1383. Élus le 20 février, les quatre échevins sont le boucher Garnier de Saint-Yon, le chirurgien Jean de Troyes, le drapier Robert de Belloy, Jean L'Olive, moins impliqués politiquement. Le dernier garde de la prévôté des marchands, Pierre Gentien, est élu prévôt des marchands. Mais ce maître général des monnaies, issu d'une très respectée famille de notables, accusé d'une altération frauduleuse des monnaies, doit se démettre pour laisser sa place le 16 mars 1413 au changeur André d'Épernon.

Un boucher, un chirurgien, un changeur, un drapier, un épicier : les bouchers ne sont plus seuls à être distingués. Aile marchande et fraction remuante, certes, ils ne sont cependant que l'un des groupes sociaux de ce vaste parti bourgeois qu'unit un mot d'ordre : la réforme. Jean sans Peur assied sa stratégie sur ce capital de confiance des Parisiens. Le moindre événement extérieur peut déclencher une poussée de fièvre, enclencher un processus paroxystique, qui finit par s'étioler sous le poids de l'opinion. Une initiative va réactiver ce mouvement de bascule infernal qui conduit du paroxysme à l'apaisement : les ouvertures anglaises.

Auxerre. Seconde paix « fourrée »

L'ingérence anglaise dans la querelle entre Orléans et Bourgogne commence lors de l'entrée de Jean sans Peur dans Paris le 23 octobre 1411. Dans les rues, six mille cavaliers et fantassins passent la nuit à parcourir la ville à la recherche d'un logement, car personne ne veut les héberger, surtout s'ils sont Anglais[34].

> [Au début de mars 1412,] avec l'autorisation du roi de France, le duc de Bourgogne envoya ses ambassadeurs chez le roi d'Angleterre, l'évêque d'Arras, le prévôt de Saint-Donat de Bruges, le prévôt de Saint-Omer et le seigneur de La Vieuville, pour négocier le mariage d'une de ses filles avec le fils aîné du roi d'Angleterre, le prince de Galles [le futur Henri V et la fille de Jean sans Peur, Anne, née en 1404, qui épousera le duc de Bedford en 1423][35].

Les partisans du duc d'Orléans tentent un rapprochement tactique et négocient en secret avec Henri IV d'Angleterre. Le bailli de Caen saisit les bagages d'un des ambassadeurs orléanais, Jacques Legrand, un frère augustin de Paris, celui-là même qui prêcha contre les abus et la licence qui régnait à la Cour. Dans ses bagages, des lettres du duc de Berry destinées au roi d'Angleterre. La conspiration des princes orléanais est éventée. Dans la cédule saisie, le duc de Berry s'engage à rendre tout ce qui a été conquis sur les Anglais depuis le traité de Brétigny en 1360. En outre, en cas de décès, il leur abandonne le Berry, le duc d'Orléans leur lègue l'Angoumois et le Périgord. Les deux hommes promettent aussi de livrer à Henri IV vingt places fortes appartenant au roi de France. Quatre documents laissés en blanc sont aussi retrouvés munis des sceaux des ducs de Berry, d'Orléans, de Bourbon, du comte d'Alençon, et révèlent au grand jour l'ampleur des compromissions.

La réaction de Charles VI est immédiate. Par lettres patentes du 5 avril 1412, il ordonne une expédition militaire contre le parti des Orléans réuni chez le duc de Berry à Bourges. Le 8 mai, après avoir pris l'oriflamme à Saint-Denis, l'armée royale entre en campagne, épaulée par des troupes de Jean sans Peur à la solde du roi. Après le siège et la prise de La Charité-sur-Loire, puis de Dun-le-Roi, celui de Bourges débute le 11 juin.

Charles VI retombe dans sa « maladie » ; le dauphin Louis, duc de Guyenne, assume la responsabilité des opérations. À la différence de son père, il éprouve des scrupules. Voyant les destructions commises contre cette cité, le joyau de la région Auvergne et Berry, dont il était l'héritier, sujet aux pressions de certaines personnes de son entourage, selon Monstrelet, il sonne la fin du siège. Le duc de Bourgogne s'en étonne fortement (« s'en esmerveille »), soupçonnant un revirement du dauphin. Mais il ne le montre pas[36].

À Bourges, assiégeants et assiégés commencent à manquer de vivres, les blessés des deux côtés sont nombreux, une épidémie de dysenterie occasionne beaucoup de dégâts, tuant sans distinction, sans compter les exhalaisons pestilentielles des cadavres laissés sans sépulture. « Aussi dans un camp comme dans un autre, éprouve-t-on le besoin de conclure la paix[37]. » Berry est sommé de rentrer dans le rang. Son premier mouvement est de refuser, puis il accepte. Une rencontre a lieu entre lui et Bourgogne :

> Une fois arrivés l'un près de l'autre, ils se donnèrent l'accolade et le baiser de paix. Berry dit à Bourgogne : « Mon bon neveu, j'ai mal agi et vous avez encore plus mal. Faisons-en sorte que le royaume soit en paix, tranquille. » Bourgogne répondit : « Mon bon oncle, ce n'est pas moi qui dirai le contraire. » Toutes les personnes se mirent à pleurer de pitié[38].

Le dauphin fait rédiger les articles du traité de paix qui reprennent ceux du traité de Chartres, articles approuvés par les ducs de Berry, de Bourbon et le sire d'Albret. Berry se rend ensuite auprès du roi et lui donne les clés de Bourges. « Le roi les reçut avec joie et bienveillance et ils se réjouirent ensemble. » Rendez-vous est fixé à Auxerre pour la signature du traité.

Du 28 juillet au 22 août 1412, les protagonistes négocient à Auxerre. Le roi est logé au palais épiscopal. C'est alors que débarque à Saint-Vaast-La-Hougue une armée anglaise sous les ordres du duc de Clarence, fils cadet de Henri IV, arrivant au secours des assiégés de Bourges. Mais la partie est déjà perdue pour Charles d'Orléans.

Les comtes d'Alençon et de Richemont vont à leur rencontre : ils arrivent trop tard. Le retrait des Anglais, assistés de six cents soldats gascons, apporte son lot de pillages et de sévices[39].

Le 15 août se déroule une grande cérémonie de paix en présence de grands seigneurs, de représentants de la Chambre des comptes, du Parlement et de l'université de Paris, du prévôt du roi et du prévôt des marchands, des échevins et de bourgeois « auxquels déplaisait cet accord et traité[40] ». Juvénal dit que Orléans et Berry ne sont pas présents, car Pierre des Essarts, « qui connaissait beaucoup des secrets de Jean sans Peur et de ses alliés, les a avertis qu'il était décidé de les tuer à leur arrivée[41] ». Toujours la crainte de l'attentat ! Le traité prévoit la fin des « confédérations, alliances et convenances », aussi bien avec les Anglais qu'entre les princes. L'accord ne fait pas l'unanimité. Albret veut récupérer son poste de connétable, mais Saint-Pol refuse. Il quitte les lieux. Le dauphin préside en l'absence de son père, « fort malade ». La paix est conclue dans une ambiance de méfiance réciproque : le duc d'Orléans est défendu par trois mille hommes campant à proximité, tandis qu'à son domicile, au couvent des Dominicains, Jean sans Peur vit sous la protection de trente écuyers savoyards, huit écuyers et vingt-quatre archers anglais, cinquante hommes d'armes bourguignons. Le dauphin, malgré les réticences du duc de Bourgogne, veut la paix, signée finalement et jurée le 20 juillet 1412. C'est la confirmation de la paix de Chartres. Les princes, s'ils n'avaient pas offensé le roi en faisant guerre « particuliere » contre Jean sans Peur, l'ont « offensé » en tenant « la cité de Bourges close contre lui[42] ». Berry remet les clés au roi. Les Armagnacs renonceront à toute alliance avec des étrangers contre les Bourguignons. La réciproque est acquise du côté de Jean sans Peur à l'égard des Armagnacs. Les ducs d'Orléans et de Bourgogne demeureront désormais « bons et vrais amis », le mariage du comte de Vertus avec une des filles de Jean sans Peur mettra un point final aux hostilités. La paix est jurée sur les Saints Évangiles, sur un morceau de la vraie Croix et sur d'autres reliques. Le lendemain, le duc d'Orléans et le duc de Bourgogne chevauchent ensemble, montés sur un même cheval, et « montrent apparence de toute fraternité et amour que frères et parents peuvent montrer », mais le cœur n'y est pas. Dans la coulisse, les médisants, dit-on, « en donnaient leurs goulées » (leur lot de paroles, de cris, d'injures). Le Parlement, l'Université désapprouvent. Bref, encore une paix « fourrée » ! L'épidémie de peste qui sévit disperse tout ce beau monde.

Pourtant on cherche l'apaisement, un apaisement bien fragile, tant les frustrations et les « envies » exprimées secrètement sont nombreuses. Les termes de la sédition reviennent de plus en plus souvent dans les textes officiels : il est question des « discors et divisions », « des complices et adherents », de princes qui ont trempé dans la guerre civile. Signalons d'autres équivalents : « tenir bande » (défendre la cause, prendre le parti de quelqu'un), une expression qui désigne directement les factions[43]. Un acte va cependant dans le sens de l'apaisement. Le dauphin juge que la condamnation de Montaigu doit « être attribuée davantage à l'arbitraire, à la haine qu'à la raison ». Le 28 septembre, la tête de Jean de Montaigu est enlevée de sa pique, rapprochée du corps dépendu, le tout solennellement enseveli aux Célestins de Marcoussis. Pour achever la réhabilitation, Louis de Guyenne, le dauphin, prend à son service le fils du supplicié, « qui avait vécu alors dans l'isolement à cause de l'infamie attachée à son nom[44] ».

Reste en souffrance la présence du contingent anglais débarqué à Saint-Vaast-La Hougue pour secourir les assiégés de Bourges. Charles d'Orléans cherche désespérément de l'argent pour débarrasser la Normandie de ses inutiles et ravageurs alliés anglais, appelés par les Armagnacs. Un accord est enfin trouvé entre Clarence et Orléans. Faute de pouvoir leur verser une indemnité de 150 000 écus, Charles d'Orléans livre en otage son jeune frère né en 1404, comte d'Angoulême au terme du traité de Buzançais signé le 14 novembre 1412. Les Anglais se retirent dans le Bordelais : une guerre résiduelle contribue à l'instabilité. Bourbon, le comte de La Marche, et Armagnac sont dépêchés aux frontières. Sans succès. « Les Anglais se réjouissaient de la discorde entre les seigneurs français[45]. »

Aux calamités de la guerre et à son cortège de misère et de désolation, il faut ajouter les miasmes de la peste, tels qu'évoqués par Nicolas de Clamanges :

> À peine la paix venait-elle d'être scellée entre les princes que la peste, plus atroce que la guerre, fondit sur le royaume. Elle l'a accablé du fléau de la dévastation la plus extrême, non une ville ou comme d'habitude la zone des combats, mais toutes ses parties jusqu'à ses marches[46].

Le pays est ruiné, le Trésor appauvri, les factions se déchirent, la menace anglaise en Guyenne se précise. Comment envisager sérieusement un programme de reconstruction, alors que n'existe aucune assurance formelle de tranquillité, que les moyens matériels, financiers font défaut ? Si l'on veut se lancer dans les frais d'une opposition effective aux provocations anglaises, consolider les paix jurées un jour et piétinées le lendemain, une solution s'impose : la convocation des États généraux. Fébrile espoir d'une paix qui s'éloigne à peine signée.

7
Doléances des États

Des États généraux de langue d'oïl – c'est-à-dire de la moitié septentrionale du royaume où l'on parle français, par opposition à la partie méridionale dite de langue d'oc – se réunissent le 30 janvier 1413, à l'hôtel Saint-Pol.

La convocation d'États généraux se fait selon un ordre cérémoniel que Michel Hébert a parfaitement décrit : séance solennelle d'ouverture, délibérations elles-mêmes divisées en tentatives de conciliation, d'acceptation puis de refus, enfin séance solennelle de clôture.

En 1356, lors de la crise où s'illustre le prévôt des marchands, Étienne Marcel, la « radicalisation » entraînée par les éléments les plus réformistes de l'Assemblée créent un point de rupture dans le cérémoniel : la séance de clôture improvisée en l'absence du dauphin régent (le futur Charles V) laisse le champ libre à une revendication polémique que porte l'évêque de Laon, Robert Le Coq. Elle aboutit à la publication de la grande ordonnance réformatrice du 3 mars 1357. On connaît la suite : le fossé entre le dauphin régent et les réformateurs des États généraux entraîne la révolution parisienne de 1358 et la mort tragique d'Étienne Marcel. C'est le même modèle, en 1356 et en 1413, et les historiens ont le souci de dégager un paradigme commun des modalités de la représentation politique, si ce n'est que les circonstances, la psychologie des acteurs en 1413 méritent un examen attentif. Analysons en détail cette séquence longue, complexe, riche en rebonds, confrontations et apaisements fragiles, scandant le dialogue nécessaire, mais improbable, du roi et de ses sujets. Nous suivrons parfois au fil des jours la genèse, l'expansion d'un mouvement, ses débordements et le retour imposé d'une autorité.

Charles VI est dans la grande salle, assis sur le trône royal, ayant à ses côtés son fils le dauphin, duc de Guyenne, Jean sans Peur, autour d'eux un grand nombre de comtes, de barons. On remarque l'absence du duc d'Orléans, le fils de Louis assassiné, et celle du duc de Berry. Jean de Nielles, chancelier du duc de Guyenne, communique les requêtes du roi. Dès le début, il est établi que les délibérations se feront par provinces et non par ordres. Le 9 février, en audience royale, un orateur de l'Université, Benoît Gentien, moine à Saint-Denis, prend la parole. S'il ne ménage pas les conseils et même les reproches à la Couronne, l'orateur se garde d'aller trop loin dans les attaques, parlant en général par allégories. Son discours lénifiant déçoit[1] et déchaîne la colère des membres les plus influents de l'Université. « On voulait des faits précis et indiscutables, des noms qui permissent d'accuser en face et à coup sûr[2]. » On tombe d'accord pour demander une seconde audience fixée au 13 février.

Le jour de l'audience, un carme, Eustache de Pavilly, est chargé par l'Université d'ouvrir la séance par un discours préparatoire. Il n'y va pas par quatre chemins et dénonce la pusillanimité de son prédécesseur, déclarant qu'il a manqué à son devoir en ne faisant pas connaître nettement les intentions de l'Université et des bourgeois de Paris. Il termine en priant le roi d'écouter la lecture d'un mémoire. La permission est accordée et le recteur donne la parole à un maître ès arts qui « lut, d'un bout à l'autre, à haute et intelligible voix », un grand rôle de 9 mètres dont la lecture ne dura pas moins d'une heure et demie[3].

Liminaire : les « remontrances »

Les doléances détaillées dans le « rôle » contre l'administration sont nombreuses. Toute l'organisation financière défile devant nous avec ses nombreuses plaies : l'argent est employé à autre chose que ce à quoi il est destiné ; souvent d'importantes sommes de deniers sont prélevées par « forme de mandement[4] ». Ces dysfonctionnements durent depuis plus de vingt-six ans ; le nombre des trésoriers est passé de deux à six ou sept. Ils sont « inutiles » et « coupables du mauvais gouvernement ». Quand l'argent est nécessaire, il faut emprunter à gage. La vaisselle d'or du roi est vendue. Sans oublier les dons excessifs. Pour remédier à ces dérives, il faut révoquer les officiers des finances avec saisie de leurs biens et de leurs personnes. « Si l'on veut savoir qui a mangé le lard », il faut vérifier l'état des comptes à leur entrée et quelle « substance » (biens) ils ont de présent. Qu'il s'agisse de l'administration des finances ou de la justice, il faut réduire les officiers, éviter le système des héritiers, des « fils de », le plus souvent des gens ignorants. Personne n'échappe à la critique. Vingt-cinq noms sont jetés en pâture. Le chancelier lui-même est visé, en l'occurrence Arnaud de Corbie, qui parcourut toute la hiérarchie judiciaire et qui n'a cessé de se ménager d'inavouables profits. Rien n'était plus vrai[5].

Le réquisitoire finit par la monnaie, autre source d'abus : il faut arrêter avec la mutation des monnaies. C'est une recommandation forte qui s'inscrit dans le cadre d'une réflexion que la fin du Moyen Âge a portée par la voix de Nicolas Oresme, docteur en théologie formé au collège de Navarre, évêque de Lisieux et, surtout, traducteur du latin en français de traités d'Aristote. Pour ce dernier, en effet, la monnaie relève de la souveraineté partagée, elle n'est pas la propriété exclusive du prince, de sorte que son cours ne peut être modifié sans l'accord de tous. À la fin de son *Traité des monnaies*, il estime avoir établi que les mutations de monnaie sont un préjudice pour le roi et son lignage, et qu'elles transforment peu à peu le royaume en tyrannie. En somme, il faut revenir aux bonnes méthodes et à la bonne gestion de Charles V, le père du roi actuel[6].

L'examen de cette pièce (de ce « rôle ») soulève plusieurs questions. La première est de saisir la portée des griefs. S'agit-il d'une remontrance au sens juridique et administratif du terme, c'est-à-dire du discours adressé au roi par le Parlement, ou les autres Cours, ou encore par les États ou assemblées de notables, à l'occasion de l'enregistrement d'une ordonnance pour faire état de ses inconvénients éventuels ? Il pourrait s'agir de cela, à la nuance près que la « remontrance » est plus incisive dans le ton qu'une simple relation de recommandations. Tout cela est, dans le texte, précis, détaillé, irréfutable. Il n'est pas fait seulement allusion aux auteurs des abus, ils ne sont pas seulement désignés par leurs fonctions, ils sont appelés par leurs noms, là, devant le roi, devant la foule des assistants. Vingt-cinq noms sont ainsi livrés à la vindicte populaire. C'est un procédé brutal, inédit.

Mais par ailleurs la remontrance ou les remontrances – puisque le terme est utilisé au pluriel – sont des réponses au roi qui a mandé, comme il est dit en préambule, « aide, confort et conseil ». Elles s'inscrivent dans une rhétorique bien rodée dans laquelle l'Université et la ville de Paris protestent de leur dévouement. Maîtres et bourgeois « sont prêts à exposer leur corps et leur avoir de bon et loyal cœur, comme ils y sont tenus [...]. Car ils se réputent être grandement obligés à vostre royale majesté, tant de naturelle et loyale obligation, comme pour les innombrables biens que vous leur avez faits ». Il n'y a nulle ombre d'ambiguïté, d'indécision, de faiblesse : il s'agit de l'assise d'un rituel entre le roi et ses sujets.

Un texte poétique plus ancien de quelques années permet de mettre en perspective les remontrances. Il s'agit du *Songe véritable*, un pamphlet politique versifié écrit en 1406, composé par un membre de la Cour. Dans ce texte, le lecteur est déjà frappé par le caractère direct et nominal des attaques. Les personnes visées sont les mêmes d'un texte à l'autre, du *Songe* aux remontrances[7]. Mais ce qui différencie les secondes du premier, ce sont les dates. Entre 1406 et 1413, l'empreinte de la propagande bourguignonne a marqué davantage les esprits. Il est bien dit à la fin des remontrances que l'Université « somme » celui qui a « commencé cette sainte poursuite de la conduire jusqu'à sa finale conclusion ».

Derrière l'adresse, on devine l'ombre projetée de Jean sans Peur. Les remontrances se terminent par une exigence de vérité : certains disent que les charges sont fausses, sauf que de grandes et notables personnes ont envoyé à l'Université cédules et mémoires pour l'informer. L'Université ne parle pas pour ne rien dire. Nul doute que ce qui se présente comme la préface de l'ordonnance « cabochienne », qui sera publiée le 26 mai suivant, ait été largement diffusée dans les bonnes villes de France.

Clivages

La lecture du « rôle » a donné lieu à des incidents. Il y eut des murmures de protestation, des interruptions. Un éclat éclaire les premiers clivages entre Bourgogne et le dauphin. D'après Juvénal, le chancelier du dauphin, Jean de Nielles, placé par le duc de Bourgogne auprès de lui, tente d'évincer le vieil Arnaud de Corbie, chancelier du roi depuis 1383. Les deux hommes s'affrontent publiquement[8]. Corbie lance à Nielles « qu'il ne disait pas l'Évangile ». À quoi Nielles réplique « qu'il en mentait par ses dents ». Et Corbie de rétorquer : « Vous m'insultez de nouveau, alors que je suis le chancelier du roi, néanmoins je l'ai toujours supporté et souffert pour l'honneur de monseigneur le duc de Guyenne qui est ici présent[9]. » Le dauphin se met alors en colère, saisit Nielles par les épaules et l'expulse de la salle en lui criant : « Vous êtes un mauvais ribaud et orgueilleux ; nous n'avons plus besoin de votre service, vous qui avez injurié, en notre présence, le chevalier de monseigneur le roi[10]. » La réaction du dauphin révèle sa grande irritation d'être tenu en tutelle, pour ne pas dire en laisse, par les gens au service du duc de Bourgogne. Malgré l'intervention de Jean sans Peur et de la reine, le dauphin révoque Nielles et le remplace par un avocat au Parlement, Jean de Vailly, hostile à Jean sans Peur.

La rupture entre les deux hommes est consommée. Le dauphin agit sous l'impulsion, l'influence, « entre autres, du duc de Bar, du duc Louis de Bavière, du comte de Vertus et autres de cette alliance qui se trouvaient alors à Paris, lui rendaient très souvent visite et désiraient qu'il prenne en main le gouvernement [du royaume]. Le duc de Bourgogne en était informé et comprenait que toutes ces affaires se tramaient en vue de le chasser du gouvernement[11] ».

Les États, le Conseil du roi donnent leur accord à la requête du 13 février. Le Parlement, se sentant concerné par les remontrances, est plus réservé. Mais l'Université et la ville n'abandonnent pas et, le 24 février, sont publiées les lettres du roi suspendant tous les officiers du domaine et des aides à Paris (Michel de Lallier, Alexandre le Boursier, les trésoriers des guerres...). Les assignations et les dons sur les finances qui n'ont pas encore été appliquées sont annulées. À la prévôté des marchands, André d'Espernon, grand ami des réformes, succède à Pierre Gentien[12]. Il est aisé de se figurer la curiosité et l'impatience à l'annonce des premiers travaux de la commission d'enquête et de réforme chargée de mettre en œuvre les mesures projetées dans les remontrances.

Autour de Jean sans Peur une frange plus violente, plus active, plus intransigeante de partisans d'une réforme se dessine. Monstrelet, nous l'avons vu plus haut, signale que tous n'ont pas la paix pour agréable[13]. Une série de mesures maladroites aux conséquences les plus néfastes irritent la foule anxieuse. Le fait d'avoir chassé Nielles, donnant ainsi l'avantage à Corbie, et le nouveau choix fait par le dauphin sont de lourdes fautes. Après la signature de la paix d'Auxerre, Le bourgeois de Paris signale le tropisme armagnac du dauphin[14]. Or lâcher Bourgogne pour agir à sa guise et surtout se rapprocher des Armagnacs, c'est s'aliéner Paris. Le comportement du dauphin n'échappe à personne, indisposant l'opinion publique.

Ce dernier commet une plus grave erreur en rappelant le prévôt de Paris, Pierre des Essarts. Totalement dévoué autrefois au duc de Bourgogne, il est devenu l'un de ses pires ennemis depuis qu'il a cru de son intérêt de se rapprocher du parti des Orléanais. Il n'a pas été épargné dans les remontrances du 13 février 1413. Il prétendait avoir remis au nom du roi 2 millions d'or à Jean sans Peur sans savoir l'emploi qui en avait été fait ! On prête à l'ancien prévôt toutes sortes de machinations et de complots. Pierre des Essarts s'installe dans la bastille Saint-Antoine, à l'entrée est de la ville. Il est haï des Parisiens à cause de son comportement brutal et autoritaire, alors qu'il était prévôt du roi à partir d'avril 1408 – l'Université lui tient rigueur des incidents entre écoliers et sergents de Paris. Juvénal des Ursins se fait l'écho de cette rumeur : « On lui reprochait le projet d'organiser une joute au bois de Vincennes en présence du roi et du dauphin au cours de laquelle il devait les emmener loin du duc de Bourgogne[15]. »

Premières arrestations

Dans un climat de revendications tendu, la moindre rumeur, la moindre information attisent les imaginations et mobilisent les foules. On publie partout que la prise de possession de la Bastille Saint-Antoine a pour objet « de détruire la ville et d'enlever de force le roi et son fils aîné[16] ». Au soir du 27 avril 1413, trois mille personnes (vingt mille selon le religieux de Saint-Denis) se portent vers la Bastille où s'est réfugié Pierre des Essarts. Jean sans Peur pressent aussitôt le danger, accourt, calme le peuple, tenant à juguler les excès qui peuvent nuire à sa cause. Le duc représente aux Parisiens qu'ils s'exposeraient à une accusation de lèse-majesté en attaquant une forteresse du roi. Il offre d'être caution de Pierre des Essarts et promet de l'amener à se rendre. Le lendemain 28 avril, c'est contre le dauphin que les partisans du duc de Bourgogne orientent la colère populaire. Une figure émerge pendant cette action : Simon Le Coutelier, dit Caboche, écorcheur de la Grande Boucherie. Son nom est sur toutes les lèvres, au point d'inspirer ce mouvement dit des « cabochiens ». La foule envahit l'hôtel du dauphin, à proximité de l'hôtel Saint-Pol où réside le roi. Elle exige que lui soient livrés les « traîtres » à son service, à quoi il rétorque, « en grande fureur[17] », qu'il n'y a pas de traître chez lui. Son chancelier Jean de Vailly, exécré par les cabochiens, trouve bon d'ajouter : « Dites si vous en connaissez qui aient failli par leur devoir de fidélité ; ils seront punis comme ils le méritent. » Le meneur, Jean de Troyes, présente aussitôt une liste de cinquante noms où figurent ceux dont la foule entend faire bonne justice. Le chancelier doit la lire plusieurs fois à haute voix avec son nom qui vient en tête. Les portes sont brisées, la foule se précipite dans le palais. Les émeutiers se saisissent de Jean de Vailly ; d'Édouard, duc de Bar, cousin germain du roi ; de Jacques de La Rivière ; de Pierre de Nesson et de divers autres hauts personnages – en tout, une quinzaine de personnes qui sont emmenées au Louvre. Furieux de l'affront, le dauphin s'en prend à son beau-père, le duc de Bourgogne : « Beau-père, c'est sur votre conseil que cette émeute a été déclenchée et vous ne pouvez le nier, car les gens de votre hôtel en sont les principaux meneurs. Sachez que vous le regretterez certainement un jour et que cette affaire ne se terminera pas selon votre bon plaisir. » À quoi le duc de Bourgogne répond en s'excusant : « Monseigneur, vous vous informerez quand vous serez refroidi de votre ire[18] [quand vous ne serez plus sous le coup de la colère]. » Le dauphin exige de lui qu'il réponde de la vie sauve des prisonniers, lesquels sont transférés à l'hôtel d'Artois et non plus au Louvre.

Le soir du 28 ou le lendemain matin 29 avril, nouveau succès pour les Parisiens. La foule est restée toute la nuit à garder la Bastille. Le duc de Bourgogne avait promis d'amener des Essarts à se rendre. La tension est extrême entre eux :

> « Monseigneur, je suis venu avec un sauf-conduit de votre main. Si vous pensez n'être en mesure de me protéger de la fureur de ces gens, laissez-moi partir. – Mon ami, ne crains rien, je te jure, je te donne ma parole que je te protégerai de mon propre corps. » [Jean sans Peur]

le prit par la main, lui dessina une croix sur le dos de sa main et l'emmena.

Cependant cela ne suffit pas à calmer les frayeurs. Aux premiers jours de mai, les cabochiens obligent le duc de Bourgogne à abandonner ses prisonniers de l'hôtel d'Artois et à les laisser les interner au Louvre, d'où ils ne peuvent s'échapper.

Il est difficile de se faire une idée réelle de l'engagement de Jean sans Peur dans le mouvement. Il est certain qu'il a soutenu les aspirations des États, qu'il a même aidé les bouchers. A-t-il agi par conviction ou par opportunisme ? Il a l'expérience des communes flamandes, il sait comment régler les rapports de force. Il se tient aux côtés de la foule. S'il cherche parfois à tempérer, il ne s'oppose pas aux voies de fait de certains meneurs. Les sentiments qu'il éprouve à l'égard des Armagnacs, on les connaît. Sa part d'animosité personnelle ne peut que se trouver renforcée par les accusations de ses adversaires, comme le prouvent ses réactions tout aussi vives.

Un mouvement structuré ?

Les journées des 28 et 29 avril seront fatalement suivies de journées semblables. Les cabochiens reviennent dans les premiers jours de mai devant l'hôtel Saint-Pol, où se trouve le dauphin. Les séditieux, par la voix d'un des leurs, excellent orateur, supplient les ducs (Guyenne, Berry, Bourgogne) de punir les officiers royaux accusés d'avoir perverti le dauphin par leurs méchants conseils. Il termine par des propos qui scandalisent Pintoin : « Ils ont fait de vous un prince irréligieux, plein de lenteur et d'indifférence dans l'expédition des affaires [...]. Ils vous ont appris à faire de la nuit le jour, dans des orgies de toutes sortes[19]. »

Le 10 mai, Eustache de Pavilly, celui-là même qui avait ouvert la séance des États généraux, montre, dans un long discours, quelles doivent être les vertus du prince, cite l'exemple de son père dont la folie résulte des excès de sa jeunesse. Là est aussi la cause de la mort du duc d'Orléans. Si le roi ne se réforme pas et ne change pas de comportement, on se verra dans l'obligation de transférer à son frère puîné la couronne. Enfin, le carme demande de hâter les travaux de la commission des réformes, qu'une seconde commission soit nommée avec des attributions judiciaires pour activer comme il se doit le procès des prisonniers[20]. Le dauphin cède sur un point, l'établissement d'une commission de douze membres, puis il renvoie les rebelles avec d'aimables adieux (*dulciter, amicabiliter*). Le lendemain 11 mai, une nombreuse troupe conduite par Philippe du Mont parcourt la ville pour s'emparer de la soixantaine de « traîtres » dont la liste a été donnée la veille au dauphin. Ils reviennent vers lui et obtiennent l'abandon des offices les plus importants à quelques-uns de leurs chefs. Le duc de Guyenne doit reprendre Jean de Nielles pour chancelier ; Elyon de Jacqueville devient capitaine de Paris, Denisot de Chaumont reçoit la garde du pont de Saint-Cloud et Simon Caboche du pont de Charenton. Une vingtaine de suspects sont arrêtés, les absents appelés aux carrefours à son de trompe et sommés de revenir sous peine de confiscation de leurs biens.

Le vocabulaire utilisé par Pintoin traduit le mépris, voire le dégoût que lui inspire ce mouvement populaire, sans en apprécier le caractère cohérent et structuré. Les émeutiers – le terme n'est-il pas trop fort ? – adoptent des chaperons blancs comme signe de ralliement, comme dans les villes de Flandre révoltées. Le mimétisme traduit un même courant d'idées réformistes et contestataires, celui-là même des remontrances ; un même flux d'idées irrigue Paris et Gand : à la mi-mai, une ambassade de Gand est présente à Paris[21].

La crainte d'un emportement, d'un dérapage, suscite toutefois des réserves au sein même des maîtres-d'œuvre des remontrances. Un bon témoin des scrupules qui les agitent est Jean Juvénal des Ursins, père du narrateur et prévôt des marchands. Jean Juvénal, Eustache de Pavilly et d'autres membres de l'Université se réunissent dans la chambre du second. Ils discutent, se mettent en quête de trois personnes « contemplatives », y compris des femmes. Trois devineresses rapportent leur vision respective :

> La première vit trois soleils dans le ciel. Le second voyait dans le ciel trois conditions atmosphériques : vers le sud aux environs d'Orléans et du Berry, un temps clair et resplendissant ; quant aux deux autres, dans la région parisienne, proches l'une de l'autre, elles se distinguaient parfois par des nuages noirs. Le troisième vit le roi d'Angleterre, plein d'orgueil, juché sur les tours de Notre-Dame, excommuniant le roi de France entouré de gens habillés de noir et assis sur une pierre au milieu du parvis de Notre-Dame.

Après deux longues réunions au cours desquelles on parle du passé, ces trois visionnaires concluent que tous ces événements, cette gestion calamiteuse de l'État laissent augurer d'un changement de dynastie dans le royaume. Les avis et les solutions divergent. Si Juvénal prône l'apaisement, Pavilly, en homme conséquent, est pour la poursuite du mouvement, non pour le radicaliser, mais pour mener à terme la satisfaction des requêtes des remontrances.

Suivent une dizaine de jours de calme : Charles VI a recouvré la santé. Le 18 mai, il se rend en pèlerinage à Notre-Dame, l'occasion de manifestations de joie ritualisée. Les chefs de la population parisienne ont soin de marquer leur force : ils présentent au roi le chaperon blanc et le prient avec grand respect de le porter[22]. Quatre jours après le pèlerinage, la contestation reprend avec encore plus de vigueur.

Le 22 mai, les Parisiens font fermer les portes de la ville, se rendent à l'hôtel Saint-Pol, y placent des gens d'armes, tandis que se tient une grande assemblée de seigneurs. Là se prépare la plus rude journée de la crise. Est-ce la crainte que les Armagnacs gagnent le roi par les récits effrayants des émeutes précédentes ? Une foule compacte pénètre dans l'hôtel royal à la suite du prévôt des marchands et des échevins. Près du roi se tiennent Berry, Bourgogne, le duc de Lorraine, Louis de Bavière, Nevers et Charolais. Eustache de Pavilly prêche une nouvelle fois. Il reprend les griefs exposés dans les remontrances justifiant les arrestations et démontrant que l'arrestation d'officiers et de serviteurs du dauphin ne sont nullement une atteinte à la majesté royale. S'ils agissent ainsi, c'est par dévouement, sollicitude et amour. Selon Juvénal, Pavilly compare les conseillers et officiers arrêtés à des orties à sarcler et à éliminer. Moment clé : le chancelier demande à Pavilly s'il est approuvé du prévôt et des échevins qui sont derrière lui, ce que ces derniers font de bon gré en fléchissant le genou[23].

Le roi écoute, on attend que la foule se retire. Il n'en est rien. Le dauphin montre la tête à une fenêtre, « son chaperon blanc sur la tête, la bande du chaperon à droite, la cornette à gauche » (la cornette est la pointe simple du chaperon, qui pend du chaperon et qui passe sous le côté droit en forme de bande). Des bouchers ainsi que d'autres gens de leur parti s'en aperçoivent et certains déclarent : « Regardez ce gentil dauphin qui met sa cornette comme le font les Armagnacs ; un jour il nous mettra en colère[24]. » Jean sans Peur intervient : il n'est pas convenable, dit-il, que le roi les voie assemblés. Ils répondent qu'ils ne partiront pas sans ceux et celles qui sont sur le « rôle » – sur lesquels figurent Louis de Bavière, Charles de Villiers, Conrat Baier, maître Bourratier, confesseur de la reine, Jehan Vincent, Colinet de Pieul, la dame Bonne d'Armagnac, la dame de Montaulban, la dame du Quesnoy, la dame d'Avelin, la dame de Novion, la dame du Chastel et quatre damoiselles[25]. Dans un jeu de scène remarquablement décrit, Monstrelet narre la suite : devant la fermeté des Parisiens, le duc de Bourgogne se rend auprès de la reine, lui montre le « rôle ». Isabelle appelle son fils, Louis de Guyenne, le prie d'aller demander avec le duc un délai de grâce de huit jours avant qu'on leur remette son frère Louis de Bavière. Le dauphin se retire dans une chambre secrète et se met à pleurer. Les Parisiens refusent le délai, Louis de Bavière se rend, les autres et les demoiselles aussi, avec grande effusion de larmes. Les uns sont emmenés au Louvre, les autres au palais.

Mettons de côté les réactions émotionnelles de la reine et du dauphin et arrêtons-nous sur le caractère construit du mouvement parisien, ce qui, pour nous modernes, peut sembler paradoxal. Dans cette affaire, l'Université prend ses distances : elle ne veut pas s'entremettre ni gêner le mouvement de contestation en cours, mais laisse entendre qu'elle n'a jamais conseillé et encore moins voulu l'arrestation du duc de Bar ni des autres prisonniers. Les Parisiens ressentent le besoin de prendre leurs sûretés. Ils sont sur une ligne de crête fragile. Nous ne sommes pas en 1789 ni en 1793. Les cabochiens et les bourgeois qui les soutiennent se représentent, à l'image des juristes, la communauté politique comme un corps, avec une tête et des membres. Le roi occupe la place de la tête dans cette *res publica*. Tout se concentre dans la personne du dirigeant. Aussi, dans une lettre adressée à la ville de Noyon, mettent-ils en garde leur destinataire contre les rumeurs selon lesquelles ils voudraient « entreprendre domination et gouvernement sur le roi et sa couronne » et contre les gens faux et déloyaux dans la ville qui méritent d'être punis[26]. Le 23 mai, les Parisiens arrachent au roi un mandement pour leur décharge[27]. Nous avons encore ces lettres[28]. Elles disculpent les premiers et leur donnent raison, avec ordre à toutes les cours de justice de ne pas les inquiéter pour les événements des derniers mois. L'ordonnance royale datée du 24 mai 1413[29] précise bien que les actions menées par les Parisiens ont été accomplies dans l'intérêt de l'honneur, « utilité et profit de notre seigneurie et de nous et de notre fils et pour le bien et la police de notre royaume ». Le souci d'apaisement, de régulation est évident. C'est admettre aussi des dégâts collatéraux toujours possibles dans une démarche de contestation.

Chez les Armagnacs, on voit les choses autrement : plusieurs des leurs furent noyés en prison ou exécutés « sans point, disent-ils, tenir de justice[30] ». Le vocabulaire utilisé souligne le glissement de la contestation à la rébellion. De « notables personnes » quittent Paris par crainte des émeutes. Le comte de Vertus se réfugie à Blois. Charles d'Orléans apprend les « nouvelletés », un terme dépréciatif pour désigner tout mouvement de contestation insurrectionnel.

Les 26 et 27 mai sont lus devant le Parlement, réuni pour un lit de justice, en présence du roi, les deux cent cinquante-neuf articles de l'ordonnance abusivement dite « cabochienne ». Le 29, à l'hôtel Saint-Pol, le grand aumônier de Charles VI, Jean Courtecuisse, s'exprime au nom de l'Université et de la ville de Paris, louant cette ordonnance qui doit mettre fin aux abus et réformer la gestion du royaume.

L'ordonnance dite « cabochienne »

S'agit-il ici « du premier essai de constitution d'un État moderne[31] » ? Nous n'en sommes pas encore là. Même si un « inconscient démocratique » travaille en profondeur la société occidentale, ceux qui entourent et conseillent le prince appartiennent encore à la partie présumée « la plus saine » du royaume. Il n'est question ni de tirage au sort ni de députés ou magistrats élus au suffrage universel comme le théorisèrent Montesquieu et Rousseau au XVIIIe siècle. Prenons ceux qui ont œuvré à la rédaction de l'ordonnance, des « spéculatifs » selon Pintoin[32]. Quatre prélats : Jean Courtecuisse, Pierre Cauchon, l'abbé de Moutier-Saint-Jean, Jean de Thoisy ; quatre seigneurs : Offemont, Moy – ils seront tués à Azincourt en 1415 –, Saquet, sire de Blaru, et Baudouin d'Ailly ; deux parlementaires : Gaillard Petit-Sayne et Jean de Longueil. Nous avons peu d'indications sur la manière dont le travail de rédaction fut organisé. L'ordonnance a été compilée à partir de précédents textes. Juvénal précise que, dans les travaux préparatoires, on se mit en quête, à la Chambre des comptes, au Trésor, au Châtelet, des anciennes ordonnances royales[33]. Il s'agit des actes précédents du règne de Charles VI, parfois d'ordonnances plus anciennes auxquelles les commissaires se sont efforcés de donner plus de sévérité et de rigueur[34], comme de fixer les sanctions qui manquaient. S'il y a bien souvent emprunt littéral, on trouve un certain nombre d'articles qui, sans reproduire exactement, en totalité ou en partie, une rédaction antérieure, répètent sous une forme nouvelle des dispositions déjà insérées dans les anciennes ordonnances.

Claude Gauvard a bien montré comment l'ordonnance de réforme est un acte politique rituel qui s'appuie sur le rappel d'un passé lointain garant de l'ordre établi. Mais sans remonter aussi loin, il est certain que la commission chargée de sa rédaction a pris les moyens les plus simples et les plus rapides. Comment pourrait-il en être autrement, puisqu'elle n'a disposé que de quelques mois pour débattre et arrêter les deux cent cinquante-neuf articles ? L'ordonnance s'impose d'autant plus que les « absences » du roi révèlent le besoin criant de légitimité et d'autorité. De grands thèmes la parcourent : une gouvernance plus resserrée, la fin des dérogations, la préservation du domaine. Une première série de mesures touchent au resserrement des offices : à tous les échelons de l'administration, une réduction drastique est demandée, du trésorier général au commis chargé de tâches subalternes. Les offices intermédiaires sont visés : les superintendants placés au-dessus des chefs d'offices et officiers ordinaires disparaissent. On y retrouve le contenu des remontrances énoncées par Eustache de Pavilly le 13 février. À la Chambre des comptes, deux présidents, huit maîtres, douze clercs suffiront. Au Parlement, le « démembrement » des offices dédoublait les notaires, à l'un la bourse, à l'autre les gages ; leur nombre a augmenté au fil du temps, leurs revenus ont baissé. De plus, la multiplication des offices allait de pair avec une baisse du niveau des candidats : certains secrétaires étaient incapables d'écrire en latin et en français. Outre la réduction des officiers et la simplification de l'administration, une mesure phare est la reddition des comptes des receveurs, le seul moyen de contrôle des recettes et dépenses du domaine : les conditions de leur comparution est bien plus claire que dans les ordonnances antérieures.

Dans cet ensemble de dysfonctionnements, un comportement est particulièrement visé par les « réformateurs » : le couple faveur/importunité compris comme le mécanisme infernal qui conduit le royaume à sa perte ! Les « réformateurs » en livrent quelques exemples : le roi signe des lettres accordant des offices, des franchises, des privilèges, qu'il accorde par « importunité de requérants ». Désormais, le chancelier ne scellera plus ces lettres. À force de harceler le roi, les solliciteurs ont obtenu des lettres iniques, « tortionnaires » (contraires aux principes d'équité). En marge des lettres adressées au Parlement Charles VI a fait ajouter la mention *Sigillata de expresso mandato*, considéré comme une injonction comminatoire de les sceller, « ce qui n'est pas raisonnable et est contre justice ». Ajoutons-y les mesures concernant l'hôtel du roi : beaucoup trop de joyaux ont été déposés chez les Lombards pour trouver finance immédiatement. La grande couronne même a été brisée, les morceaux ont été distribués de tous côtés[35]. De multiples recommandations condamnent de fâcheux excès de pouvoir, comme l'abus des « nonostances » (déclaration de non obstat, de non-empêchement, clause dérogatoire), des « évocations » (retirer la connaissance d'une cause à une juridiction pour la renvoyer devant une autre[36]).

Ces propositions sonnent comme un désaveu de l'action royale. Plutôt que la personne du roi, c'est la fonction royale qui se retrouve abaissée par ces pratiques. Il faut protéger le roi contre lui-même. Pour empêcher les requêtes « particulières », qui bien souvent retardent la tenue du Conseil, il sera interdit de les évoquer tant que « le roi ne sera pas assis en son Conseil », de même que ceux de son sang et de son lignage. Il est exigé que ces requêtes soient dites à « l'ouïe et entendement de tous et en l'absence des impétrants », qui pourraient influencer le jugement.

Nous nous sommes arrêté sur ce document, sans pouvoir mentionner les deux cent cinquante-neuf articles. Il n'importe. Les points relevés témoignent du besoin de réforme exprimé par les sujets, Jean sans Peur en est parfaitement conscient. Cela s'impose à lui comme l'incontournable moyen ouvrant la voie à la pacification et à la reprise du dialogue, comme l'impératif de « refonder » la cohésion autour du roi et sans doute aussi comme le moyen opportun d'écarter les soutiens de la cause orléanaise. Le mouvement qu'il a contribué à lancer par une propagande adroite et bien conduite ne va-t-il pas le dépasser ? Jean sans Peur ne mesure peut-être pas la difficulté qu'il y a à réunir des aspirations et des démarches antagoniques, la fièvre incendiaire qui a saisi les bouchers, les éléments les plus radicaux, contraire à la modération des bourgeois. Il manifeste un attentisme qui ne paie pas.

La réaction en marche

Maîtres de Paris, que vont faire les cabochiens ? Avant comme après le 26 mai, ils passent leur temps à envahir de nouveau l'hôtel du roi, à faire couler le sang. On rapporte ainsi la mort de Jacques La Rivière, frère du comte de Dammartin. Il avait été enfermé le 28 avril. Assassinat ? Suicide ? Selon le bourgeois de Paris, il se serait frappé d'un pot d'étain en prison, ce qui lui vaut d'être décapité pour « homicide de sa personne » aux Halles de Paris[37]. La nouvelle de ces exécutions est diffusée dans plusieurs cités du baillage d'Amiens, avec les informations afférentes à chaque exécution (l'information contenant bien soixante feuilles de papier), expliquant que « par bonne et vraie justice, sans faveur et sans haine ils avaient été condamnés », leur demandant d'être obéissants au roi.

Dans ces circonstances troublées se déroule le procès de Pierre des Essarts[38]. Les émeutiers, craignant qu'il soit innocenté, remettent aux commissaires royaux des libelles diffamatoires l'accusant de tous les maux : investi de la prévôté et de la capitainerie de Paris, il était de tous les secrets du roi et des princes, avait eu la haute main sur les trésoriers. Le plus grave, c'est d'avoir voulu faire sortir le roi, la reine et le dauphin clandestinement. Des Essarts conserve l'espoir que le duc de Bourgogne respectera sa promesse de le protéger. Il se trompe. Le 1er juillet, jour de son exécution, « il marcha à la mort avec un air calme et serein, qui causa une admiration générale ». En montant à l'échafaud, il demande au bourreau de lui épargner la lecture publique des crimes dont il est accusé. Sa tête est fixée au bout d'une pique, son corps pendu au gibet, à l'endroit même où il avait fait attacher peu auparavant celui de Montaigu[39].

Les incidents continuent. Le 9 juillet entre 23 heures et minuit, Hélion de Jacqueville pénètre dans les appartements du roi, une nouvelle fois : il interpelle le duc de Guyenne au milieu d'un bal, lui reprochant sa conduite scandaleuse. La Trémoille, présent, rétorque qu'il est incorrect de s'adresser ainsi au dauphin, surtout à une heure aussi tardive. Injures échangées entre La Trémoille et Jacqueville. Le duc le frappe de trois coups de couteau qui lui auraient été fatals sans la double cuirasse qu'il porte. Les Parisiens, qualifiés de « vilains, de rebelles et de traîtres », menacent de tuer La Trémoille. Encore une fois, Jean sans Peur intervient et, mains jointes, à genoux, leur enjoint de « ne pas souiller l'hôtel royal ». C'en est trop pour Guyenne qui, brisé par ces émotions nocturnes, « jeta le sang par la bouche[40] ». Arnaud de Corbie, le vieux chancelier, visé par plusieurs articles dans l'ordonnance, démissionne, remplacé par Eustache de Laistre.

Le ton de Pintoin, juge sévère des « tumultes », est éloquent, dramatique dans le récit de ces journées pleines de violence, et il reconnaît que « le récit des faits qui suivent conviendrait mieux aux accents de la muse tragique qu'au style de l'histoire[41] ». Notons chez ce grand écrivain un sens aigu des registres du discours. Jean sans Peur est manifestement débordé par la brutalité des cabochiens. Des réconciliations sont tentées entre les princes et le duc de Guyenne, des ambassades envoyées de part et d'autre, mais Hélion de Jacqueville, Simon Caboche, Denys de Chaumont, les meneurs du peuple, s'arrangent pour qu'elles capotent en jetant le désordre dans les assemblées. « Notre avis, disent-il, est qu'il faut rejeter cette paix "fourrée". » Des listes de coupables sont de nouveau dressées par eux. C'est à peine s'ils acceptent de délivrer les dames et demoiselles, avec injonction de ne rien dire sur ce qui a pu leur arriver pendant leur détention. Il est clair qu'elles ont été violées. De prétendus édits du roi condamnant les princes circulent de manière à contrecarrer tout essai de rapprochement.

Dans le même temps, les contacts sont maintenus entre le roi et les princes confédérés, des Armagnacs. Des négociations s'engagent à Vernon dans un souci d'apaisement[42]. À Pontoise, le 21 juillet 1413, maître Guillaume Saignet, premier ambassadeur du roi de Sicile, prend la parole en présence du roi, du dauphin et du duc de Bourgogne. Il développe dans son discours l'image organique si célèbre du corps politique : le roi est la tête du corps de « policie ». Nous avons dit plus haut combien cette idée caractérisait la vie politique à la fin du Moyen Âge. Où placer les princes dans cette unité ? poursuit Saignet. Ils sont les « yeux » du roi :

> Les deux yeux sont pareils, ils ne peuvent être louches, ils seraient disgraciés ; l'œil de la connaissance (connaissance parfaite) et l'œil de l'affection (véritable amour) n'ont qu'une même fin et un même bien, qui est l'intérêt public ; secondement ils veillent sur tout le corps, enfin en troisième lieu forme ronde et sphérique en raison de sa grande noblesse est en relation intime avec le reste du corps et pleure quand une autre partie vient à être affectée[43].

Il est donc difficile, sinon vain, de vouloir éloigner les princes du roi. Ils revendiquent à raison leur légitimité, encore plus fortement quand le roi est faible, voire « absent », ce qui est le cas de Charles VI. Or, des princes ont été arrêtés, des dames et des demoiselles, proches de la reine, aussi. C'est intolérable, « tant pour l'honneur de la reine que pour l'amour du sexe féminin [...] et aussi pour l'amour de la chasteté. Et le droit dit et commande sous peine de grandes punitions que honorables femmes ne soient pas montrées à la vue de tous ».

Autre angle d'attaque de Saignet : le dauphin est privé de « sa liberté active et passive ; active, car il ne peut sortir de son hôtel ; passive, car personne ne peut l'approcher comme il est gardé ». L'image donnée par ce triste spectacle est celle, familière à l'auditoire, du charivari, déjà évoqué à propos du Bal des ardents. Ici, Saignet y recourt pour frapper l'imaginaire de ceux qui l'écoutent : « Car les pieds qui portent d'habitude la tête, les bras et le corps, vont au-dessus et est la tête en bas. »

Le discours de Saignet est-il un retour à l'ordre antérieur, dans la mesure où chacun doit occuper son rang, le chef, les bras ? Le corps tout entier, remis sur pied, doit de nouveau marcher. Il appelle à la fin des « commissions extraordinaires » (les dispositions prises dans l'ordonnance du 29 mai). C'est en tout cas un discours d'apaisement, d'ouverture vers une paix possible, envisageant même une mesure d'amnistie pour les Parisiens. Il trace cependant une ligne rouge à ne pas franchir, le lien indissoluble qui unit les princes au roi.

Le discours de Guillaume Saignet produit son effet, et les négociations aboutissent à la paix de Pontoise. Dans les propositions, on retrouve les mêmes expressions, chargées de symbole : il est question de « véritable amour et entière union entre les princes du sang royal ». On jure de renoncer à toute voie de fait, de rassembler des hommes d'armes, de chasser les bandes armées. Nul esprit de revanche ne concernera la capitale. Surtout, pour éviter toute crainte et tout soupçon au sujet de l'entrevue programmée, toutes les « sûretés » possibles seront délivrées.

Jean Juvénal des Ursins père, catalyseur de la paix

La paix de Pontoise entraîne la perte des cabochiens. Le récit des événements qui suivent, nous les emprunntons à Juvénal des Ursins, qui tient ses informations de son père, témoin et acteur de premier rang. Juvénal père est présenté par son fils comme le porte-parole du parti modéré. Ces modérés, qui sont-ils ? Une grande partie de l'Université a pris ses distances avec les exactions des cabochiens. Manifestement, Juvénal, inquiet du désordre, en perd le sommeil. Durant plusieurs jours, il voit le duc de Berry retiré dans la maison d'un médecin, Simon Allegret. Berry n'est pas rassuré. N'avait-il pas pris le parti des Armagnacs durant le siège de Bourges ? Le duc demande à Juvénal père : « Est-ce que ces méchants individus vont maintenir leur pouvoir ? » À quoi il lui est répondu : « Espérez en Dieu, car bientôt vous assisterez à leur perte dans le plus grand désordre. »

Voilà Juvénal père inspiré, qui s'efforce de cristalliser ces aspirations à la paix. Son fils raconte : le traité de Pontoise est lu le 1er août, contre l'avis des cabochiens emmenés par Jean de Troyes, Saint-Yon, Legois, Caboche, qui désirent en prendre connaissance avant et d'en débattre. Charles VI, après avis du Conseil, refuse et envoie le traité à l'Université et au Parlement, qui se rallient à la cédule ; le 2 août, les cabochiens viennent en nombre à l'Hôtel de Ville, clamant que la paix de Pontoise est une « paix fourrée », font une contre-proposition qu'ils veulent mettre en débat le jour même ; fort habilement, un membre de la municipalité suggère que la contre-proposition des cabochiens soit disputée dans les quartiers le lendemain 5 août. Aucune réponse ne doit être donnée avant cette date. Deux jours de délais mis à profit par le prévôt pour retourner l'opinion. Jean sans Peur le désavoue. Le vendredi

4 août, Juvénal père, seigneur de Traînel, se rend auprès du duc de Berry qui se range à ses avis. Paris éclate en deux parties. Les cabochiens se réunissent à l'Hôtel de Ville au nombre de mille ou mille deux cents, les « empescheurs de la paix », un terme générique, des « gens de petit estat et faculté », par ailleurs semeurs de rumeurs et de « fausses relations ». Jean Juvénal, après avoir réuni les modérés à Saint-Germain-l'Auxerrois, longe la Seine et se dirige vers le Louvre, en évitant soigneusement la place de Grève, escortant le dauphin, Berry et Bourgogne, pour libérer les prisonniers. Les cabochiens, lâchés par leurs derniers partisans, quittent l'Hôtel de Ville et prennent la fuite, Juvénal ayant laissé opportunément les portes de la ville ouvertes. Le bourgeois de Paris, proche des cabochiens, manifeste son dépit : « Fortune leur fut si perverse [...] car le jour de devant ils eussent peu, s'ils eussent voulu, faire assembler la ville de Paris en une place. Ainsi leur advint par fureur de prince[44]. »

La présentation du narrateur, le fils de Juvénal acteur des événements, est sans doute orientée ; elle témoigne néanmoins de l'aspiration irrésistible d'une large majorité de la population parisienne à la paix. Dans son *Journal*, le bourgeois de Paris ne dit rien sur Jean sans Peur. Seul Juvénal note les craintes du duc qui, après avoir rallié les princes, abandonne les cabochiens et s'estime, lui aussi, menacé. Aussi fait-il demander au seigneur de Traînel s'il a une garde pour le protéger. Celui-ci lui répond non, mais quoi qu'il en soit, il n'a rien à craindre. Tous se feraient tuer pour le protéger[45].

Le dimanche 7 août, un *Te Deum* est chanté dans l'église Notre-Dame, une procession générale du clergé a lieu à Saint-Martin-des-Champs, puis le roi et les princes coalisés se rendent à Saint-Bernard où sont réunis tous les gradués, marque de déférence insigne à l'Université, « cette source féconde de toute science », pour la remercier de ses efforts en faveur de la paix.

La réaction est en marche. La valse des officiers commence : tous ceux nommés à la demande des cabochiens sont démis. Le duc de Berry redevient capitaine de Paris, Louis de Bavière se voit de nouveau confier la garde de la Bastille et le duc de Bar celle du Louvre, Tanguy du Chastel est chargé d'administrer la prévôté ; Pierre Oger et Guillaume Cirasse deviennent échevins à la place de Jean de Troyes et Garnier de Saint-Yon. Les corps de Jacques de La Rivière et de Pierre des Essarts, « injustement décapités », sont restitués à leurs amis. On fabrique des casaques violettes sur lesquelles figure l'inscription « le droit chemin » avec une grande croix blanche[46]. Le temps des chaperons blancs est bien terminé !

Autour de Jean sans Peur, le cercle se rétrécit. Des familiers du duc de Bourgogne sont arrêtés, comme messire de La Viefville et Philippe de Poitiers, ainsi que plusieurs autres bourgeois ayant pris une part active aux désordres. Les autres s'enfuient, comme Charles de Savoisy et Jean de Courcelles, deux intimes de Jean sans Peur. Le dauphin destitue son chancelier Jean de Nielles et le remplace par Juvénal père.

La position de Jean sans Peur devient inconfortable. Ne compte-t-il pas parmi ses partisans les cabochiens ? Pourtant, il a tempéré – du moins l'a-t-il essayé – leurs ardeurs. Le 22 août, il demande au roi « s'il avait plaisir à aller se distraire au bois de Vincennes. Le roi y était disposé, mais la distraction proposée n'était en réalité qu'une tentative d'enlèvement ». Juvénal, averti, la prévient et ramène le souverain à Paris. Jean sans Peur quitte soudain Paris le lendemain. Le 29 août, une ordonnance accorde l'amnistie à tous ceux qui ont participé aux troubles, à l'exception de soixante-huit cabochiens[47]. Le 1er septembre, Orléans, Bourbon, Sicile entrent dans Paris après une absence de trois ans. Charles d'Orléans avait porté jusque-là un habit de couleur noire portant le deuil de son père, le dauphin exige qu'il y renonce, commandant un vêtement identique au sien, ainsi « ils portèrent quelque temps des habits similaires[48] ».

Fin de partie : corriger et punir

Le 5 septembre 1413, un lit de justice se tient en la chambre du Parlement, décision est prise d'annuler et de révoquer toutes les lettres publiées auparavant par tout le royaume au préjudice et contre l'autorité des princes[49]. C'est l'objet des deux ordonnances des 12 et 18 septembre 1413. Charles VI supprime donc tous les édits promulgués durant la crise cabochienne[50]. Le texte est important, renfermant plusieurs accusations. Il rappelle les libelles diffamatoires, les maléfices, les crimes commis, ceux de lèse-majesté et les autres. Le roi et son Conseil n'ont jamais été correctement informés de la vérité des choses. Les effets des contre-vérités ne sont pas à négliger. On distingue les partisans de ceux qui ont perdu leur bon sens ou que la peur a égarés. Plusieurs thèmes s'entrecroisent : le défaut de conseil, la violence qui détruit la vertu provoquant la débâcle de toute constance, un thème clé du droit civil. En effet, les victimes de cette campagne de désinformation se voyaient prises et dépouillées[51]. Pire encore : des contre-vérités, scellées du sceau du roi, assuraient que les princes voulaient s'en prendre à lui et à son lignage, qu'ils voulaient couronner un nouveau prince, une autre dynastie. La révolte des cabochiens a pris une telle ampleur qu'ils se sont cru autorisés à détourner les excommunications fulminées par le pape contre les grandes compagnies – ces troupes de mercenaires sans emploi ni soldes, qui vivent de pillages et de rançons et désolent les campagnes. Il s'agit alors pour les bouchers de retourner lesdites excommunications contre les princes assimilés à des écorcheurs sans foi ni loi. Résultat, des innocents ont été arrêtés, tués, sans administration des sacrements, ensuite enfouis dans les champs ou jetés en pâture aux bêtes sauvages et aux chiens[52]. Le roi a été abusé, trompé, « par faute de bon conseil et liberté de dire la vérité ». Cette fois-ci, les yeux dessillés, il annule toutes les décisions prises.

La révocation est renouvelée dans la seconde ordonnance du 18 septembre[53]. Elle évoque avec force détails la journée du 28 avril au cours de laquelle Hélion de Jacqueville et plusieurs complices ont enfoncé la porte de l'hôtel du dauphin ; cela après avoir conspiré, s'être réunis secrètement en divers lieux, jour et nuit, pour préparer leur méfait. On ne parle plus de contestation, mais de rébellion, de complot. Après l'hôtel du dauphin, l'hôtel Saint-Pol où ils recommencent, voire les violences à l'encontre des prisonniers, la contrainte exercée sur le roi et le dauphin pour qu'ils scellent leurs lettres.

Leurs armes : le nombre et l'appui qu'ils trouvent auprès de ceux que l'on désigne comme « populaires ». Heureusement, les parents et les amis du roi, l'Université et plusieurs notables de la ville de Paris ont risqué leur vie pour le libérer d'une si odieuse servitude[54]. Grâce à eux, cette « tempête et soudaine mutation » (depuis avril 1413) s'est achevée, le charme a été rompu, les traîtres rebelles à leur souverain seigneur ont été punis ou sont en fuite. La justice dans toute sa rigueur a sonné la fin d'un tel charivari social et politique.

Cet ultime avatar de la loi du prince – l'annulation des ordonnances cabochiennes – ne fait pas l'unanimité. Pintoin remarque que plusieurs membres du Conseil trouvaient pourtant justes et équilibrées ces ordonnances et que, plutôt que de les abolir, il eût mieux valu les insérer dans les annales de France. Pourquoi les abroger ? demande alors Pintoin. Les élites ne sont-elles là que pour servir les puissants et se plier à la volonté des princes, disent-ils, ce qui leur assure leur position à la Cour[55] ? Une réponse qui a le mérite de la franchise, mais leur vaut d'être taxés de girouettes par Pintoin. Pierre Gentien retrouve sa charge de prévôt des marchands, Charles d'Albret son épée de connétable ; de plus, tous ceux que Jean sans Peur avait pourvus d'offices à la Cour sont destitués.

Dans une déclaration du 1er décembre 1413, l'Université reconnaît collectivement que le roi a été séduit « par de coupables et continuelles suggestions » et qu'à ce titre, il est plus à plaindre qu'à blâmer. L'idée de « séduction[56] », à l'aide de laquelle on excite les mauvaises passions, commande la phrase, un terme utilisé dans son sens ancien et encore actuel : le fait de détourner du droit chemin, du bien, du devoir. Par « séduction », par « séduire », on comprend ce que toute fausse doctrine a de flatteur, d'agréable ou d'apparemment habile à entendre, mais aussi de spécieux, voire de dangereux.

L'épisode cabochien s'est refermé, le cycle est clos, et avec lui l'ouverture d'un dialogue entre le roi et ses sujets.

Concluons sur ce long moment de crise, riche en retournements. Les réactions indignées des témoins et chroniqueurs, de Pintoin en particulier, laissent à penser que le mouvement a été spontané, erratique, violent, sauf que derrière l'explosion des émotions, la contestation a été régulée, organisée. Mettre l'accent sur la psychologie des princes ou des meneurs est une approche romantique qui frôle l'anachronisme, mais l'idée inverse qui verrait dans cet événement la première expression d'un parlementarisme est tout aussi déplacée. « L'espace public formé par la tenue régulière d'assemblées des états permet l'expression d'une critique adressée au pouvoir royal, sous forme de requête ou non. » La contestation ritualisée des états débouche en fait sur le renforcement de l'autorité du pouvoir royal. Leur production a lieu dans un contexte politique heurté. Il est vrai que le thème du consentement est mis à mal en 1413, plus qu'il ne l'était dans l'ordonnance de mars 1357. Ce qui donne cette impression est qu'en amont de l'ordonnance de mai 1413, il y a les remontrances, des textes poétiques prémonitoires, alarmants, annonciateurs de potentielles difficultés, lestés de violentes attaques *ad hominem*. L'ordonnance de 1413 traduirait-elle alors une autorité malmenée ? Le rapport de force fluctue selon les états, il n'en demeure pas moins que l'ordonnance est le fruit d'un dialogue traduisant une double polarité : à la fois contestation et affirmation d'une autorité recouvrée. Dans ce lent travail de rééquilibre et de recommencement, Jean Juvénal des Ursins incarne les modérés, s'efforçant de maintenir le mouvement dans le cadre d'une réforme légitime, d'un dialogue ordonné entre les sujets et le roi. Il n'est pas le seul. Des intellectuels de haut vol prennent la parole. Il existe des figures légitimes et autorisées qui essaient, au-dessus du tumulte, d'élargir la focale, de définir une règle de conduite, de rappeler les devoirs et les exigences de la morale et du droit. Parmi eux, on compte les prédicateurs. Eustache de Pavilly, Guillaume Saignet, Jean Gerson, Jacques Legrand. Les prises de parole de ces derniers ont dominé l'analyse de cette séquence. Ils sont revenus régulièrement pour tempérer, réguler, orienter l'opinion ; parfois ils ont réussi, d'autres fois le message a été plus difficile à faire passer, mais leur présence insistante illustre combien le discours a joué un rôle important. Il est temps de s'arrêter à ce développement oratoire sur un thème déterminé, conduit d'une manière méthodique, adressé à un auditoire souvent choisi, édifiant, éloquent, étudié, improvisé, politique, préliminaire, véhément, à commencer par le sermon, prêche particulièrement élaboré dans les circonstances de crise.

Tonner en chaire

Qu'est-ce qu'un sermon au Moyen Âge ? Au XIIe siècle, le théologien Alain de Lille, auteur d'un manuel de prédication au succès confirmé jusqu'au XVe siècle, en livrait la définition suivante :

> Un enseignement public et collectif des mœurs et de la foi, en vue d'instruire les hommes, appuyé sur la raison et puisé aux sources de l'autorité[57].

Un sermon commence toujours par un verset de l'Écriture sainte, le thème ; thème parfois prolongé par un prothème le plus souvent recueilli dans un autre passage de la Bible, de sorte que tout l'art du prédicateur revient à faire concorder le thème et le prothème de façon à éclairer la Parole de Dieu par l'usage de clés d'interprétation, et ce en gardant à l'esprit le tryptique d'Augustin : instruire, plaire, toucher.

Par la suite, la prédication des quatre ordres mendiants (dominicains, franciscains, carmes, ermites de saint-Augustin) connaît un grand retentissement, fondé sur leur bagage intellectuel et leur emploi plus ou moins abondant de petits récits édifiants, très vivants, de façon à impressionner l'auditoire. Les Vies des saints, les exemples pris dans la fable antique (Ovide, Virgile), ou même dans les romans courtois, alimentent leurs sermons mis au service de leur projet d'enseigner les bonnes mœurs et la foi chrétienne.

À la fin du XIIIe siècle, un étudiant en théologie, en plus de ses cours, pouvait très bien passer ses journées à écouter des sermons, d'une rive à l'autre de la Seine.

C'était pour lui une manière de parfaire sa formation. Des prédicateurs, franciscains ou dominicains, déplacent des foules : la prédication devient alors un phénomène de masse. Ainsi, frère Richard, un franciscain prédicateur itinérant, aurait, en 1429, réuni de cinq à six mille personnes autour de sa chaire à chacune de ses neuf homélies aux Innocents[58].

Mais c'est plus encore la politisation des sermons qui est frappante. Dans les années 1400-1449, preuve du débordement de la prédication dans le champ de la politique, sur soixante-huit sermons étudiés par Hervé Martin, vingt-deux abordent cette question ; une dominante qui s'impose même aux autres sujets, religieux, moraux ou ecclésiaux. Qu'il s'agisse de Pierre d'Ailly, de l'augustin Jacques Legrand, du bénédictin Benoît Gentien, de Philippe de Villette, du mathurin Renaud de La Marche, du carme Eustache de Pavilly, de Jean Courtecuisse, du cordelier Jean de Creté, de Jean Gerson et de bien d'autres, tous ont à cœur de satisfaire la demande sociale de discours particulièrement pressante dans une période d'affrontements violents. La grève des sermons se révèle d'ailleurs une forme d'action très efficace, parfois utilisée par l'Université pour faire valoir ses privilèges. Une figure éminente se détache dans le contexte de crise, celle de Jean Gerson, dont la puissante vitalité fait résonner l'espace public

Examinons de plus près deux de ses sermons les plus célèbres, *Vivat rex,* prononcé le 7 novembre 1405, et *Veniat pax* le 4 novembre 1408, qui prolonge et parachève le premier. Sur *Vivat rex,* dont l'importance a été signalée par Michel Pintoin, tout, ou presque tout, a été dit. Gerson prend la parole au nom de l'université de Paris, « la fille du roi, la mère des études, le rayonnant soleil de France[59] ». Pour la première fois, il évoque la triple vie du roi, ce que ne manque pas de relever Pintoin. Tout son propos, dit Gerson, est que le roi vive « non pas seulement de vie corporelle comme dit est, mais civile et mystique[60] ». Aux yeux des historiens et de la critique moderne, ce discours marque une date dans la longue histoire de la monarchie française. Pour autant, selon Juvénal des Ursins[61], ce sermon, remarquable à tous points de vue, n'eut pas l'effet escompté, les grands seigneurs n'ayant en tête que leur profit personnel. Les remontrances de Gerson, ciblant le comportement des élites charmées par les sorciers qui promettent de guérir le roi, rencontrent peu d'écho. Trois ans plus tard, exploitant le thème *Veniat pax* (Isaïe 57, 2), « Reviegne paix », Gerson achève sa réflexion en conjurant le duc de Guyenne et les princes de ramener la paix dans le royaume. Outre d'être bénie de Dieu et des saints, de réjouir les âmes du purgatoire et de confondre le diable, la paix est le but que se donne toute bonne seigneurie, la guerre celui du tyran. « Huchons (crions), huchons tous d'un commun accord comme on appelle au feu et à l'eau quand une maison brûle, huchons : *Veniat pax*, reviengne paix. »

Les sermons de Gerson, en plus d'être des morceaux d'éloquence sacrée, séduisent d'emblée par leur souffle, leur intelligence spéculative et leurs exemples recueillis dans la grande littérature classique, l'*Éthique à Nicomaque* d'Aristote, Cicéron, Térence, Macrobe. Le grand rhéteur humaniste qu'il se flatte d'être situe ses sermons, selon Viviane Griveau-Genest, « au cœur même du champ littéraire naissant[62] ».

Cependant, les interventions de Gerson dans de nombreux domaines ne sauraient effacer la présence tout aussi influente d'orateurs comme Pierre Plaoul, Benoît Gentien, Jean de Creté, Jean Courtecuisse. Dans *Bonum mihi* (28 mai 1413), son discours le plus marquant, ce dernier implore le roi de « garder inviolablement [les] dites ordonnances (cabochiennes) ». À la différence d'un Gerson, se défiant de la sédition populaire, qui apparaît dans *Vivat rex* comme un de ceux qui donne quelques raisons de conforter une monarchie en passe d'être absolue, Courtecuisse insiste sur l'idée que le roi et les lois sont indissolublement liés : « Un royaume ne se maintient longtemps que par des lois. »

C'est un appel vibrant au dialogue. Quant à la forme de ses sermons, elle ne le cède en rien à celle de Gerson, argumentée, fortement charpentée et nourrie de citations humanistes. Les deux hommes sont maîtres en théologie, de purs produits de l'université parisienne.

L'emprise des sermons sur le peuple est difficilement contestable. On en donnera pour indice révélateur un passage du *Quadrilogue invectif* d'Alain Chartier, daté de 1422. Dans cet extrait, le peuple se défend devant le chevalier et le clergé d'être responsable de la discorde civile, accusant les clercs qui, par leurs prédications et leurs exhortations, l'ont mis « en ces obscures tenebres[63] ». La parole prêchée de l'Église devient, en cette fin du Moyen Âge, de plus en plus problématique et de moins en moins neutre, vivement impliquée dans les affaires du monde. Parler en chaire est souvent une prise de risque. La prédication reste le canal idéal pour répandre des idées nouvelles, en particulier celles de la réforme de l'Église, au risque parfois assumé de les voir taxées d'hérésie. Ainsi, l'hérésie hussite, ses succès parmi le peuple de Prague sont directement la conséquence des sermons de Jean Hus, qui se réapproprie le modèle parisien, biblico-moral, des XIIe et XIIIe siècles, associant la chaire et l'école[64]. Mais les clercs ne sont pas les seuls à investir le champ politique. Il est d'autres figures d'intellectuels à la voix forte. Nous prêterons une attention particulière à l'une d'entre elles, car elle a cette particularité d'être prolifique et de témoigner d'une sensibilité et de modulations remarquables.

Christine de Pizan, une intellectuelle dans la tourmente

Christine de Pizan, la première, identifie son besoin d'écriture à son destin de femme. D'origine italienne, elle est la fille de Thomas de Pizan, médecin et astrologue appelé à la cour de France par Charles V. Douée pour l'étude, elle passe une grande partie de son existence auprès des cours princières, témoin capital des tribulations d'une France déchirée. Elle est la première femme de lettres pour qui écrire, composer une œuvre est une ressource vitale pour nourrir sa famille et tenir son rang. Christine figure surtout comme une analyste politique de premier plan qui observe la crise en cours selon la raison et non selon l'opinion commune.

À plusieurs reprises, elle prend le risque de s'adresser directement à la reine et au dauphin Louis en tant qu'ultimes recours : en 1405, 1410, 1412-1413, 1429, alors que la crise devient paroxystique.

En 1405, c'est l'« enlèvement » du dauphin par Jean sans Peur qui met le feu aux poudres et déclenche une crispation des factions, ce qui explique que Christine écrive à Isabelle de Bavière (*Epistre à la reine de France*).

En 1410, c'est la ligue de Gien qui soude le parti orléanais face au duc de Bourgogne. Bien que Christine ne cache pas ses sympathies orléanaises, son appel prend la forme d'une lamentation (*Lamentacion Cristine*).

Le 1er septembre 1412, la paix d'Auxerre vient d'être signée. Christine entreprend *Le Livre de Paix* pour célébrer ce qu'elle croit être une réconciliation définitive des princes. Mais, en novembre 1412, elle pose sa plume : a-t-elle le pressentiment des catastrophes à venir, des conjurations en train de se tramer ? En septembre 1413, elle se remet à l'ouvrage : l'« orage et tempêtueux tourment » s'est éloigné[65]. Elle note la date, 3 septembre, deux jours après l'entrée des princes du parti Armagnac dans Paris, mettant fin à des mois d'occupation bourguignonne et de terreur cabochienne. Cet engagement s'inscrit dans les événements, prend pied dans la réalité. Cela est à relever, tant l'écriture médiévale est le plus souvent hors cadre temporel, impersonnelle.

Le Livre de Paix est dédié à Louis de Guyenne, le huitième enfant du couple royal, duc et dauphin. La raison mise en avant par Christine de Pizan en est l'« enortement » (l'exhortation) de ce dernier à la pratique des vertus. Sept vertus sont énoncées : prudence, justice, magnanimité (ou haut courage), force, vérité, clémence et libéralité. On reconnaît dans ce modèle conceptuel le septenaire habituel du « chapel des vertus » auquel nous ont habitués les traités médiévaux et les miroirs des princes dont la tradition séculaire se poursuit jusqu'au XVIIe siècle. Christine l'avait déjà adopté dans ses traités antérieurs, le *Livre des faits et bonnes mœurs du sage roi Charles V* (1405) et le *Livre du corps de policie* (1406). Cependant, à l'intérieur de ce cadre abstrait, la dynamique du raisonnement et la pression des événements lui offrent l'occasion de mettre l'accent sur les guerres civiles, d'élaborer une réflexion qui creuse au plus profond du chaos ambiant. Voilà la vraie nouveauté de Christine, sur laquelle nous souhaitons nous arrêter.

Pour elle, la guerre civile a deux visages. La guerre fratricide, celle des princes du sang qui s'entredéchirent[66], en est la manifestation la plus évidente ; mais il y a une autre façon de guerre civile quand le « menu peuple » s'en prend au chef, à la tête de la communauté politique. L'effet est le même : le corps de policie est atteint dans sa chair ; sa vigueur, son unité sont entamés. Mais comment illustrer le dessein de Christine, lui donner une perception sensible si ce n'est par le biais d'une contre-image qui fixe l'envers du malheur et du chaos ? De là le recours à une référence absolue, incontournable, celle de Charles V, le grand-père de Louis de Guyenne, « miroir et leçon » pour lui. Les termes utilisés renvoient à la « pontificalité », c'est-à-dire à la majesté, à l'aura d'un roi dont le comportement, les faits et gestes correspondent aux sept vertus. Enfant et jeune fille, Christine eut l'insigne honneur, le privilège d'observer le roi de près. L'icône, la trace mémorielle du roi, est un « pharmakon » bien plus puissant que tous les raisonnements : elle s'appuie sur l'expérience sensible[67].

L'idée d'ordre incarnée par Charles V, dont les apparitions dans le texte – une trentaine – rythment, scandent la narration, lui permet d'articuler une série d'oppositions avec l'idée contraire de désordre, le moment du poison, du venin de la discorde[68] qui coule dans les veines du corps politique. La félicité, c'est obtenir « autorité sans dissension[69] ». Loin de l'esprit de Christine de « fouler ou courir aux sujets ou peuple » et de prendre le parti des seigneurs, son rôle, son but est de prévenir[70].

Elle admet que la rébellion des uns résulte le plus souvent de la tyrannie des autres. Le souvenir des exactions commises par la frange la plus radicale du menu peuple, emmenés par un écorcheur, Caboche, occupe encore les esprits. Christine elle-même en frémit d'horreur[71]. Elle se souvient : ils ont le visage grimaçant et menaçant, avec leurs piques à la main, jurent laidement. L'un d'entre eux, le plus insensé, parle, une liste à la main où sont inscrits les noms des prétendus traîtres à pendre. N'étant pas formés à discourir, ils jouent un rôle comme dans les farces représentées sur tréteaux dans les rues. Ils y empruntent leurs mots, leurs gestes, de façon mécanique et dérisoire, « un pied devant, un pied derrière ». Comment dans ce tableau ne pas reconnaître les émeutes parisiennes de 1413, les rebelles envahissant l'hôtel Saint-Pol, leurs exigences, dont celle de tuer ceux qu'ils jugent défavorables à leur cause ? La question des violences verbales est un sujet sensible qui affecte particulièrement Christine. Elle consacre plusieurs chapitres à la rhétorique, à l'art de s'exprimer avec une éloquence persuasive : le maintien du corps et du visage doivent être en harmonie, en accord avec le contenu. Quoi de plus épouvantable, de plus inquiétant qu'un séditieux quand il prend la parole, le corps « esmeu » (agité), les membres désordonnés, pieds, mains et visage agités d'étranges saccades[72] ?

Christine reconnaît qu'il y a à l'étranger des gouvernements tenus par l'aile populaire de la cité, en Italie par exemple, à Bologne qui se gouverne par les « menus », mais « il n'en sort rien de bien dans la durée[73] ». À Venise, c'est différent : les bourgeois d'ancienne lignée appelés nobles forment une oligarchie régulée[74]. En France, la tradition d'un découpage en états très compartimentés limite les transgressions sociales, moins fréquentes et plus facilement condamnées.

La réflexion de Christine va au-delà des images habituelles de la tradition scolastique. Elle propose une sémiologie des rébellions populaire et princière. Elle prend la mesure des risques et périls. L'irrévérence du « diabolique menu peuple » a des effets incalculables à long terme, tant sur la majesté du roi que sur l'intégrité de la « gentillesse » (de la noblesse). Le résultat peut être que les ennemis exploitant les divisions internes s'en mêlent directement, mettant la France sous tutelle, à moins que le prince parvienne à discipliner les cœurs usant d'une bienveillante fermeté, gardant ses sujets de la sédition et sachant tirer un profit politique des enseignements. Le « preu », le profit politique, apparaît donc au fondement de l'exhortation au dauphin.

Étrangère, laïque, femme, Christine de Pizan revitalise le discours politique en l'ouvrant au monde sensible, à l'actualité, mais aussi à l'imaginaire, à la vision. Si le « joyeux chant, le chant de la joyeuse paix[75] » entamé, repris, recommencé, tient compte d'un pays mutilé, il porte aussi et surtout l'espérance d'un royaume reconstruit, un royaume qui rayonne comme une planète.

Ce souffle de l'effusion l'anime encore quinze années plus tard dans le *Ditié de Jehanne d'Arc* : le soleil brille de nouveau, il ramène un temps neuf, un temps que beaucoup, plongés dans l'affliction, n'ont pas vu depuis longtemps. Et je suis de ceux-là ! exulte Christine. C'est un vrai miracle, assurément, que célèbre l'éclosion poétique. À ce titre, son engagement littéraire, sans concession, vise à surmonter les clivages partisans, une logique de dépassement convoquant l'imaginaire, la mémoire, et posant les bases d'une reconstruction qui a valeur de pédagogie et de thérapie.

La vraie nature de l'amitié

Reste que le débat est loin d'être épuisé et qu'il emprunte à de multiples traditions tout ce qu'elles recèlent de sucs nourriciers. Comme en contre-chant des haines mortelles, des divisions et des déchirements du corps politique et social, la vraie nature de l'amitié alimente la réflexion sur la crise. Christine de Pizan, toujours elle, y consacre de longs et forts développements. Elle accorde dans *Le Livre de Paix* une très large place à Cicéron, citant souvent son *Traité des devoirs* (*De Officiis*) et son livre sur l'amitié (*Laelius de amicitia*). Dans *L'Avision,* une œuvre allégorique, elle met en scène une dame, dame Opinion, qui est source de confusion, et qui fait de l'à-peu-près une règle de vérité. Tromperie prend le pas sur Raison. Cette opinion de Christine rejoint par ailleurs l'importance qu'elle donnait dans son œuvre politique au thème de l'amitié.

Or, depuis les années 1246-1247, l'Occident latin dispose de l'*Éthique à Nicomaque* d'Aristote, traduite en latin, dont deux livres ou chapitres entiers sont consacrés à l'amitié. De là un nombre important de commentaires exposant ce qu'il faut entendre par cette réalité et comment l'interpréter. Dans une société du paraître où chacun vit sous le regard d'autrui, l'amitié, théorisée par Thomas d'Aquin, Walter Burley ou Jean Buridan, suppose la réciprocité, exigeant une totale transparence. « L'amitié, note Thomas d'Aquin, est une bienveillance mutuelle qui ne se cache pas[76]. » Elle se montre et se manifeste par de grandes démonstrations, si ce n'est que le plus souvent cette visibilité se heurte à la réalité, aux compromissions et aux retournements de situation. D'où, chez un Walter Burley par exemple, l'idée de substituer, à l'amitié naturelle entre hommes menacée par les revers de fortune, la charité, celle du Christ qui aima ses persécuteurs. Une position extrême, dictée par l'enseignement de l'Église, mais, à bien des égards, hors de portée.

Ces commentaires ne peuvent de toute évidence faire l'économie de la politique et de ses conséquences. De fait, l'amitié, pour un penseur du XIIe siècle comme Jean de Salisbury, en est le moteur, à condition, bien entendu, qu'elle tisse un lien indéfectible entre des hommes de bien mus par l'honnêteté et la recherche du bien commun[77]. Sauf – et c'est là le scandale d'une amitié détournée – qu'un parti ou une faction peuvent réunir des hommes sans aveu qui ne s'aiment pas forcément, mais qui partagent un même objectif. Le complot, la conspiration agrègent des individus engagés par des serments de fidélité, d'entraide et d'amitié réciproques, machinant des choses mauvaises et visant le pire. En des temps troublés où les démonstrations d'amitié signifiant la paix retrouvée, comme il y en eut tant entre Orléans et Bourgogne, sont démentis le lendemain, s'impose aux yeux de Christine de Pizan l'impératif de relire Cicéron, ce dernier confronté, pendant les guerres civiles de Rome, à des situations analogues. César et Pompée, les meilleurs amis du monde, liés par le mariage du second avec Julia, la fille du premier, n'ont-ils pas tourné ennemis, au point de se faire la guerre et de se vouer une haine mortelle ?

Dans le *Livre de la Vraye Amistié* (1416), une traduction française du *Laelius de amicitia* de Cicéron, profitant de l'occasion qui lui était offerte, Laurent de Premierfait dénonce, par le biais de cette traduction, la politique des partis liés par une fausse amitié fondée sur le mensonge et la flatterie, et donc, sans paraître y toucher, le pouvoir tyrannique d'un Jean sans Peur. En effet, le livre de Cicéron, peu avare de bons conseils en matière d'amitié, une amitié mise à l'épreuve d'événements qui opposent au bien public une loyauté dévoyée, permettait alors de penser l'époque et de la juger en espérant la redresser. Contrairement à ce qui a pu être dit, le renouveau de l'intérêt porté à l'œuvre de Cicéron au XVe siècle au prisme de son livre sur l'amitié, concerne autant la politique que la rhétorique et l'art oratoire.

TROISIÈME PARTIE

Anglais et Bourguignons : liaisons dangereuses

8
Les Anglais au royaume de France

La situation issue de la crise cabochienne est fragile, comme le sont toutes les sorties de crise douloureuses. Face à l'adversité, Jean sans Peur réagit de manière raisonnée, tente de reprendre l'initiative. Le 25 septembre 1413, il se justifie auprès de Charles VI des accusations portées contre lui dans une lettre à la fois « excusatoire » (qui développe une justification) et « accusatoire »[1]. Il objecte contre les mensonges avancés contre lui. Fin décembre, il revient à la charge pour contrer les calomnies dont il fait l'objet depuis la confirmation de la paix ; calomnies répandues par ceux-là mêmes qui, pour donner le change, parlent « par paraboles », alors que le sens en est « parfaitement intelligible pour les personnes éclairées[2] ».

Démentis

Le 4 janvier 1414, le duc de Bourgogne contre-attaque de nouveau dans un écrit adressé aux bonnes villes du royaume. Le dauphin, Louis de Guyenne, dit-il, est prisonnier au Louvre ; on lui rend la vie impossible ; il joue de l'épinette toute la journée, seule activité qui lui est permise. Il lui aurait donc envoyé un messager l'appelant à l'aide[3]. Le prétexte est tout trouvé pour venir à Paris. Comme toujours, dans les discours de Jean sans Peur, est exprimée la honte d'avoir été « diffamé en prédications et conversations publiques en plusieurs lieux ». La rhétorique qu'il utilise s'appuie sur deux motifs récurrents : celui de l'honneur bafoué et celui de la sauvegarde de la personne royale « tenue en servitude ».

Tant Charles VI que son fils le dauphin démentent vigoureusement. Démentir, démentir toujours et encore, tel est l'objet des lettres envoyées aux bonnes villes du royaume le 24 janvier 1414 par le prévôt des marchands. De tels procédés « mensongers, artificieux et inventés ont dans le passé séduit (trompé) le peuple », écrit ce dernier[4]. Rumeurs et démentis se propagent. Le duc de Bourgogne marche vers la capitale. À Compiègne, d'abord réticents, les habitants finissent par lui accorder le passage au vu de la copie des lettres (supposées) du dauphin appelant le duc au secours[5]. Le 7 février, Jean sans Peur, à la tête de deux mille « bassinets » (soldats portant un bassinet, soit une cuirasse) et de deux mille archers et arbalétriers, se trouve à Saint-Denis. La capitale, alertée, organise sa défense.

Aux actions militaires s'ajoute une vaste entreprise de « propagande » ; et ce des deux côtés. Jean sans Peur fait placarder en différents endroits de la capitale une lettre justifiant sa présence par les arguments habituels : il est venu délivrer le roi et son fils de l'état de servage dans lequel ils sont maintenus, rien ni personne ne le distraira de son entreprise[6] ! Le roi d'armes d'Artois se présente à la porte Saint-Antoine, on lui refuse l'entrée. Il s'empare d'un bâton fendu dans lequel il met ses lettres et qu'il plante en terre avant de repartir[7]. Le 12 février, une ordonnance royale réitère les accusations lancées contre le duc de Bourgogne, récapitulant tous ses méfaits depuis la mort de Louis d'Orléans jusqu'à maintenant. Son seul but est de « gouverner seul et notre personne et tout le royaume[8] ». Aux prétextes sans base réelle de Jean sans Peur, le dauphin oppose le droit, plus précisément la lèse-majesté dont il s'est rendu coupable avec ses familiers. Si le mot n'est pas utilisé explicitement contre le duc, il l'est contre ses conseillers, ce qui par ricochet touche sa personne. Cependant, ce dernier se refuse à désarmer. Rentré dans ses terres par le même chemin emprunté à l'aller, laissant à Compiègne, à Soissons des garnisons, il exhibe aux membres des trois états d'Artois qu'il a convoqués les lettres écrites et signées du dauphin le pressant de venir à Paris !

Vers une troisième paix « fourrée » ?

Le 2 mars 1414, un Conseil extraordinaire se réunit à l'hôtel Saint-Pol. Décision est prise de faire la guerre au duc de Bourgogne[9]. Compiègne est assiégée par les troupes royales. Au terme de longues et difficiles négociations, les assiégés se rendent. Le roi, par miséricorde, consent à ce qu'on ne poursuive que les criminels méritant la peine de mort[10]. La reddition de Soissons est plus difficile. Elle a lieu le 21 mai 1414. La ville est pillée, les exactions commises contre les habitants sont d'une violence inouïe, les pierres précieuses détachées des reliques dans lesquelles elles étaient serties. Enguerrand de Bournonville, capitaine bourguignon, paye de sa tête sa résistance opiniâtre. Fidèle au duc de Bourgogne, il a choisi d'être son ami plutôt que d'être fidèle au roi. Avant son départ, Charles VI ordonne de relever les murs de la « fameuse » cité, capitale d'un royaume sous Clovis et ses descendants[11] ; les os des reliques déchaussées par les pillards sont restitués[12].

Face à l'offensive des Armagnacs, d'autres princes – notamment le comte de Nevers –, craignant pour la sécurité de leur domaine, implorent la clémence du roi, ce qui leur est accordé. Pour d'autres, comme Waleran de Saint-Pol, Jacques de Chastillon, vassaux du duc comme du roi, l'option à prendre est rendue compliquée par cette double obédience[13]. Aux légats des Flamands, le dauphin déclare qu'en raison des offres faites par Jean sans Peur aux Anglais de leur livrer quatre principales places de son comté, le roi a l'intention de procéder par les armes. Quant aux domaines du duc de Bourgogne, ils seront confisqués au profit de la Couronne, telles sont les menaces proférées contre Jean sans Peur. Bapaume capitule. Le roi s'approche d'Arras le 20 juillet 1414. Jean sans Peur arme la ville y faisant entrer des troupes en masse sous la garde de Jean de Luxembourg. Fin juillet, le siège commence et piétine ; l'armée royale est en proie à une violente épidémie de dysenterie. D'après le bourgeois de Paris, on aurait dit que ceux qui en revenaient avaient passé en prison six ou huit mois au pain sec et à l'eau[14]. Des médiateurs s'interposent, tels la comtesse de Hainaut et le duc de Brabant. Nicolas d'Este, marquis de Ferrare, de retour d'un pèlerinage, présent à Arras lors du siège, tente lui aussi un rapprochement entre les deux camps.

Le 30 août 1414, des négociations sont engagées, une première convention de paix signée le 4 septembre, Arras déclarée ville ouverte au roi, à condition qu'il n'y entre pas avec son armée. Le duc de Bourgogne remettra à Charles VI ou à son fils, outre Arras, les châteaux du Crotoy et de Chinon, d'une façon générale toutes les forteresses qu'il occupe dans le royaume de France. Il devra jurer de ne conclure aucune paix avec les Anglais, il devra rompre avec tous les exilés et autres proscrits au nom du roi. Le roi lui accordera son pardon, s'il accepte la transaction. Ces préliminaires ne tranchent guère les questions de principe telles que la « réparation d'honneur », qui se réfère aux graves charges imputées au duc de Bourgogne dans les lettres adressées aux bonnes villes. Charles VI s'engage alors à faire rédiger, à son retour à l'hôtel Saint-Pol, des écrits réhabilitant son honneur. Le duc ne pourra se rendre à Paris qu'avec le consentement du roi. La question d'une annulation des bannissements prononcés contre les sujets du souverain partisans de Jean sans Peur est reportée à plus tard. Elle est pourtant capitale pour le duc, sans amnistie des proscrits son honneur est atteint. En effet, s'il lâche ses complices, sa popularité, fortement entamée auprès du peuple parisien, risque de sombrer complètement. Les négociations débutent sur cette base dès le mois de septembre. Des incidents comme toujours retardent la signature de la paix. À trois reprises, Charles d'Orléans refuse de prêter serment, puis s'y résout sous la pression de l'archevêque de Reims. C'est au tour de Bourbon, à celui de l'archevêque de Sens, le frère de feu Montaigu, d'émettre des réserves, de contester, de disputer. Louis de Guyenne coupe court et leur demande de jurer[15]. Le

23 février 1415 est signée à Saint-Denis la paix « fourrée » négociée à Arras. La troisième du genre.

Jean sans Peur sort-il fragilisé de cette crise ? Elle débouche sur des compromis incertains, des paix « fourrées ». C'est un cycle sans fin. Mais des facteurs étrangers aux combinaisons internes peuvent faire évoluer les choses, ou les compliquer, de manière dynamique. Comme souvent, la guerre civile interfère avec des décisions européennes qui se prennent en d'autres lieux.

Constance : le débat du tyrannicide exporté et non clos

Le débat entre les princes, entre les factions Armagnacs et Bourguignons, se déroule dans un autre périmètre, européen, et sur un plan doctrinal. L'écho de la crise, ses effets collatéraux imposent de mener une enquête parallèle et croisée dans un cadre spatial et temporel élargi.

Le 4 septembre 1413, profitant du départ de Jean sans Peur le 23 août, dans une longue harangue (*Rex in sempiternum vive*[16]), Gerson, ancien protégé de Philippe le Hardi, choqué par l'assassinat du duc d'Orléans dont il a fait l'éloge funèbre, ouvre le procès de la justification et des sept assertions produites par Jean Petit. Voyons les détails des étapes. Lors d'une réunion solennelle de l'Université à la Conciergerie, Gerson milite en faveur de la condamnation ferme du tyrannicide[17] : il se prononce pour la réformation du royaume, se réfère implicitement, sans nommer Jean Petit, à la justification « qui a été semence de rébellion et de sédition contre l'État » et dénonce, de manière assez vague, sept « assertions fausses » à rejeter[18]. Le 6 septembre, il reprend son argumentation à Saint-Bernard devant des docteurs de toutes les facultés. Celle de théologie conclut que les positions de Gerson sont « saintes et catholiques[19] » ; l'Université également, la faculté de droit, anciennement appelée faculté de décret, plus proche des thèses de Jean Petit, fait exception. Dans ce contexte, des lettres du roi enjoignent à l'évêque de Paris, Gérard de Montaigu, ou à son official d'informer au sujet des erreurs qui pullulent, « tendant à la subversion de l'État et offensives à la divine majesté[20] ». Du 30 novembre 1413 au 23 février 1414, un concile de la foi se réunit à Paris : il s'agit non pas un vrai concile au sens canonique, mais plutôt d'une consultation doctrinale, une étape nécessaire dans une procédure contentieuse. Les neuf assertions – deux supplémentaires ont été ajoutées aux sept initiales – selon lesquelles il est licite de tuer ou de faire tuer tout tyran, « erronées en foi et en morale, et grandement scandaleuses [...] attentatoires à la majesté royale », sont condamnées[21]. Les mots sont pesés au trébuchet. Le 23 février 1414, devant la foule assemblée, l'évêque et l'inquisiteur de la foi montent sur un échafaud, font proclamer à haute et intelligible voix l'« énormité » des propositions de Jean Petit, livrées aux flammes.

Voilà pour cette première chronologie. Si la justification est condamnée, souligne Corinne Leveleux-Texeira[22], la procédure comporte un certain flou qui n'a pas échappé aux contemporains. Ainsi le problème de la qualification reste-t-il entier : d'abord les délibérations n'ont pas porté sur l'ensemble de la justification, mais sur quelques assertions *ad hoc* censées la résumer. Par ailleurs, pouvait-on les attribuer à Jean sans Peur ? Le malaise est notable dès les premiers jours quand quelqu'un apporte un cahier de la justification et « appelle à s'y référer explicitement plutôt que de ne le désigner que par prétérition », au risque de ruiner la validité de la démarche.

Pour Jean sans Peur directement menacé de l'abîme infernal, la condamnation est de trop. Il interjette appel. Puisqu'il est maintenant question d'hérésie associée au crime de lèse-majesté, l'affaire du tyrannicide est alors confiée à une commission en charge de déterminer l'hérésie. En mars 1414, le procès est dépaysé hors de France, devant l'antipape Jean XXIII. Concernant la décision judiciaire du concile de la foi, Jean XXIII nomme trois cardinaux (Zabarella, Orsini, Panciera) pour examiner l'affaire. Ils citent devant eux l'évêque de Paris et l'inquisiteur de la foi[23].

Reste la controverse doctrinale. Sous la pression de Sigismond, roi des Romains et inspirateur du concile, pressé d'en finir avec le grand schisme, l'affaire est transmise à une commission conciliaire de la foi jugeant des cas d'hérésie, composée des cardinaux Orsini, d'Aquilée, Zabarella et Pierre d'Ailly, ainsi que de quatre autres membres appartenant chacun à une des nations du concile. Le concile de Constance voit donc la poursuite simultanée de l'action judiciaire (l'appel interjeté par Jean sans Peur de la sentence du 23 février 1414) et la controverse doctrinale.

Gerson met toute son ardeur dans la lutte. Dans la *Josephina*, œuvre écrite à Constance[24], il condamne la tyrannie ; dans plusieurs discours, il s'appuie sur le commandement de l'Exode, du Deutéronome, répété dans l'Évangile, confirmé en somme par la lettre des deux Testaments et inscrit au XIIe siècle dans le Décret de Gratien : « Tu ne tueras pas. » Gerson, c'est l'homme du collège de Navarre, un humaniste et un théologien affûté, jouissant d'une forme intellectuelle optimale. Il met dans l'affaire de Jean Petit une ardeur infatigable : le 11 avril 1415, il jure solennellement de soutenir jusqu'à la mort la sentence de l'évêque de Paris et confirme, haut et fort, qu'il considère comme hérétique quiconque s'élève contre cette décision. Il arrive à Constance le 21 juin 1415.

Ses adversaires, habiles tacticiens, ne sont pas moins redoutables. Martin Porée et Pierre Cochon, les soutiens du duc de Bourgogne, marquent des points dans ce conflit. Ils ne reculent devant aucun moyen pour gagner à leur cause les cardinaux, leur promettant de la vaisselle d'or et les arrosant de vins fins, tant et si bien qu'ils parviennent à écarter du tribunal l'ami et le maître de Gerson, Pierre d'Ailly, qui doit rendre son jugement sur l'affaire. D'Ailly en tint Gerson responsable. La souplesse, la science de l'intrigue et de la rhétorique de Porée et de Cochon portent leurs fruits, au point que, le 15 janvier 1416, la commission annule la condamnation de l'évêque de Paris et de l'inquisiteur au motif principal que l'évêque de Paris n'était pas compétent pour statuer, « mettant sa serpe dans une vigne qui n'était pas la sienne[25] ». La sentence porte sur la forme, pas sur le fond : ni l'évêque ni l'inquisiteur ne se sont présentés à Constance.

Sur le fond de la dispute, les pères conciliaires condamnent le 6 juillet 1415 la proposition *Quilibet tyrannus*, la première des sept assertions présentées par Gerson le 4 février 1413, ils n'arriveront jamais à arrêter une décision définitive ni sur les neuf erreurs dénoncées par le concile de la foi ni sur la justification. Le 11 avril 1416, ils émettent un avis négatif sur une possible condamnation[26], mais cet avis ne débouche sur aucun acte à caractère décisionnel. La qualification d'« hérétique » n'est pas retenue (malgré la saisine de l'Inquisition).

Comment expliquer l'incapacité du concile à clore le débat ? Est-ce la conjoncture politique qui y a mis un terme ? Sigismond a pris ses distances avec le camp des Armagnacs et s'est rapproché des Anglais et des Bourguignons, d'où une désaffection pour les affaires du concile. Ne faut-il pas plutôt y voir un « drame herméneutique[27] » qui s'est joué à Constance, entre le discours juridique et le discours théologique ? Le crime « atroce » reposait sur une qualification impossible. Pour les partisans de Jean Petit, l'affaire ne concerne pas la foi, elle n'est pas, à proprement parler, *materia fidei*. À l'inverse, Gerson met en avant le « Tu ne tueras pas ». L'avantage de ses adversaires sur Gerson tient à la conjonction efficace de la tyrannie et de la lèse-majesté, une notion extensive dans la construction du pouvoir royal. Face à cette logique politique implacable, les arguments théologiques semblent faibles, ce d'autant plus qu'à l'intérieur même du camp favorable à Gerson on observe des divisions.

On n'en est pas moins frappé par le contraste entre le non-engagement des pères conciliaires dans la *causa* de Jean Petit et leur investissement total dans la condamnation de Jean Hus. Une bouffée de haine saisit les cardinaux à l'encontre de ce dernier, précipité dans un cachot, condamné au bûcher et brûlé vif, alors même qu'il était venu à Constance pour s'expliquer, nanti d'un sauf-conduit impérial qui promettait « protection et sauvegarde[28] ».

Concluons. La guerre civile obéit à un mouvement de bascule que, dans son *Journal,* le bourgeois de Paris assimile à la Fortune[29]. Par cette allégorie si familière aux médiévaux, il faut comprendre la nature capricieuse d'une opinion prompte à se retourner, les désordres résiduels d'une tentative de dialogue avortée que les appels de brillantes figures d'intellectuel(le)s ne parviennent pas à résorber, le caractère fluctuant des relations entre les figures majeures du conflit. Plus marquant, plus impactant, le recours de plus en plus fréquent à des notions majeures de la théologie politique, comme la lèse-majesté. Mais si les ordonnances royales ne manquent pas de rappeler l'« énormité » du crime commis par le duc de Bourgogne, de stigmatiser sa perverse obstination, l'argumentaire est réversible, à telle enseigne que Jean sans Peur insiste avec un certain succès sur la déréliction du roi ou du dauphin mis « en servitude » par des fauteurs de trouble, des « séditieux » qui les enlèvent à l'amour de leurs sujets. À l'appui des preuves, des griefs accumulés des deux côtés viennent s'ajouter les arguments à charge élaborés dans d'autres sphères, dans d'autres lieux plus solennels, comme Constance, qui, s'ils apportent au duc de Bourgogne un surcroît de légitimité dans le débat, ne changent guère la donne, car les décisions conciliaires ne traitent pas le fond du problème. Aussi le conflit sans fin s'éternise-t-il, pris dans un cycle infernal que rien ne peut arrêter... Un événement va peut-être faire bouger les lignes. La menace d'une nouvelle incursion anglaise se précise. Depuis que Henri V a pris les rênes du pouvoir en 1413, le ton s'est durci, la guerre civile lui offre sur un plateau l'occasion de pousser ses pions et d'assurer ses avantages.

La descente anglaise. Le siège d'Harfleur

Les relations entre la France et l'Angleterre dans les années 1390 s'étaient améliorées. Le mariage de Richard II et d'Isabelle de France, un projet commun, la croisade, et une même approche vis-à-vis du schisme entretenaient une sorte de climat d'entente cordiale bien avant l'heure. La défaite de Nicopolis, le 28 septembre 1396, porta un coup sévère à la paix, l'alliance franco-anglaise se fondant sur la croisade. Après la mort de Richard II, la restitution de sa veuve, Isabelle de France, avec la politique agressive de Louis d'Orléans, on entre dans une période plus troublée et moins sereine. Les affrontements alternent avec les trêves rompues par des actes de piraterie.

Après une première implication de troupes anglaises auprès de Jean sans Peur dans le conflit franco-français en 1412, à la mort de Henri IV, le 20 mars 1413, le nouveau roi d'Angleterre, Henri V, intelligent et énergique, veut tirer profit de la guerre civile qui divise les Français.

La position des Anglais sur ce qui se passe en France n'est pas univoque ; les uns penchent pour Orléans, tels que les frères du roi (les ducs de Clarence et de Gloucester), les autres comme Bedford pour Bourgogne[30]. En fait, les relations avec Jean sans Peur sont cordiales. Les premiers contacts entre ce dernier et Henri V datent de mai 1413, quand, à peine devenu roi, celui-ci reçoit le gouverneur d'Arras, Guillaume de Bonnières, et le prévôt de Saint-Donat de Bruges, Raoul Lemaire, sans qu'on sache exactement quelle fut la teneur des conversations. Ces entretiens durent de septembre 1413 à janvier 1414. Dans un jeu complexe de rapprochements, de réserves et de sous-entendus, Henri V cherche à sonder les véritables intentions du grand feudataire dans le cas d'un conflit armé du roi d'Angleterre avec les Armagnacs. Jusqu'où irait la fidélité de Jean sans Peur à l'égard de la couronne de France ? Accepterait-il d'être cantonné dans son fief ? Sous quel angle manœuvrer, quelles garanties donner pour que Jean sans Peur ne bouge pas ?

Si, avec le duc, la partie est difficile à jouer, mais pas impossible, il en va autrement avec les Armagnacs. En juillet 1414, une mission anglaise conduite par les évêques de Norwich et de Durham arrive en France pour des préliminaires de paix. Reçue par le duc de Berry en l'absence de Charles VI retenu au siège d'Arras, elle a pour but d'engager des pourparlers en vue du mariage entre Henri V et Catherine de France, fille de Charles VI – les approches ont débuté en août 1413, mais traînent en longueur. À cette occasion, il faut discuter aussi des éléments territoriaux et, bien sûr, de la dot de Catherine. Henri V n'a rien abdiqué des prétentions de ses prédécesseurs : on doit lui restituer le royaume de la fleur de lys « qui lui appartenait depuis longtemps ». Berry rejette les prétentions de Henri V au trône, mais se dit prêt à écouter les propositions ouvrant sur une paix durable. Une nouvelle ambassade arrive en février 1415. Abandonnant les demandes liminaires – la prétention à la couronne de France, sorte de figure de style dans chaque conférence franco-anglaise –, les ambassadeurs jouent cartes sur table : à régler 1,6 million de francs d'arriérés de la rançon de Jean le Bon, une dot de 2 millions de francs pour Catherine. La Normandie, le Maine, l'Anjou, la Touraine, une partie de la Guyenne aux mains des Français, la Bretagne, la Flandre, la moitié de la Provence, héritage prétendu d'Éléonore de Provence, femme de Henri III Plantagenêt – tous ces territoires sont revendiqués par Henri V. Berry informe les délégués anglais que l'extrême limite des concessions territoriales ne saurait dépasser les frontières de l'Aquitaine. Les Français font traîner les débats en longueur. Entre-temps, la paix a été signée entre Jean sans Peur et Charles VI. Dans ce jeu à trois bandes, Henri V perd un allié précieux. En l'absence de réponse du roi de France, le 7 avril 1415, Henri V lui adresse une lettre. Étant donné les propositions du duc de Berry, il ne peut « se contenter de si peu », exigeant une compensation proportionnée à ses pertes.

Dans une nouvelle lettre datée du 15 avril, avec une hypocrisie mêlée d'impudence, il joint l'avertissement suivant : « Voilà pourquoi nous frappons en temps opportun et avec importunité à la porte de votre conscience, pour vous inviter à la paix, et nous espérons qu'à force de frapper nous nous ferons enfin ouvrir[31]. » Le 17 juin, une délégation composée de l'archevêque de Bourges, de l'évêque de Lisieux, du principal secrétaire du roi, Gontier Col, et d'une suite de six cents personnes, parmi lesquelles Jean Fusoris, fabricant d'astrolabes et d'horloges, se rend à Londres. Les débats portent toujours sur le mariage de Catherine, sur le montant de la dot (Henri V exige désormais 900 000 écus d'or), sur le douaire assigné à la reine, sur le nombre de villes et domaines prêts à être cédés au roi anglais. Les envoyés du roi de France disent ne pas avoir d'instructions au sujet des domaines accordés à Henri V. On l'interprète comme une fin de non-recevoir, c'en est une. Juvénal des Ursins va même plus loin en rapportant (ou l'imaginant) le dialogue suivant entre Henri V et l'archevêque de Bourges :

> Le roi d'Angleterre dit que c'était lui le vrai roi de France et qu'il allait entreprendre la conquête de son royaume. L'archevêque de Bourges lui dit alors :
>
> — Sire, sans vous déplaire, puis-je vous répondre ?
>
> — Bien sûr, dit le roi d'Angleterre, il n'y a rien à craindre.
>
> L'archevêque en déduit qu'il peut lui parler sans façon :
>
> — Sire, le roi de France, notre souverain seigneur, est le vrai roi de France, vous n'avez aucun des droits auxquels vous prétendez, vous n'avez aucune autorité, même pas dans le royaume d'Angleterre qui appartient [de droit] aux légitimes héritiers du défunt roi Richard et notre souverain seigneur ne devrait pas négocier avec vous[32].

Extrêmement courroucé par ces propos, Henri V congédie brutalement les ambassadeurs. Certains de ses membres en profitèrent pour se renseigner discrètement sur une possible alliance entre lui et Jean sans Peur, ils ne furent pas déçus : alliance il y avait bien, mais dissimulée. Le 24 juillet 1415, le roi d'Angleterre rédige son testament. Le 28, il adresse une dernière requête, au moment de [se] mettre en route pour aller demander raison de ce déni de justice, tout en rappelant, comme pour se justifier de vouloir la paix à tout prix, les propositions de conciliation avancées dernièrement par ses diplomates. Le 12 août, il confie son royaume à son frère Jean, duc de Bedford. Dans la nuit du 14 au 15, il s'embarque à Southampton avec six mille hommes d'armes, cinquante mille archers, la piétaille en plus[33]. Sa flotte aurait compté huit cents navires[34]. Le Rubicon est franchi.

Les Anglais abordent au Chef-de-Caux, près de la pointe de La Hève, dressent le camp sur le plateau de Sainte-Adresse, tous ces lieux se trouvant aujourd'hui au Havre. Leur but, prendre Harfleur et contrôler l'estuaire de la Seine. L'artillerie anglaise bombarde la ville sans relâche, mais la place est bien défendue par Lyonet de Braquemont, Estouteville et Gaucourt. Le siège dure du 17 août au 14 septembre. Les assiégés envoient à plusieurs reprises des émissaires au roi. En vain : faute de forces suffisantes, les Français ne peuvent entreprendre de lever le siège. Réduits à la dernière extrémité, les habitants de Harfleur demandent une trêve jusqu'au 18 septembre : si d'ici là ils ne sont pas secourus, ils acceptent de rendre les clés de la ville[35]. Le 22, ils les livrent aux Anglais, n'ayant pas reçu le moindre secours du connétable Charles d'Albret. Celui-ci, à la tête d'une forte armée arrivé non loin de la cité, aurait fait « sonner la retraite et se serait replié honteusement ». Juvénal rapporte les bruits affirmant que « Harfleur avait été trahie, vendue de même que le pays tout entier[36] ». Quant à Pintoin, il donne son sentiment sur l'inaction de la chevalerie française qu'il qualifie de « fable et [de] risée de tous les étrangers », tout en dédouanant le roi d'un tel déshonneur, du fait de la maladie[37].

Une absence controversée

Parallèlement à ces mouvements de troupes franco-anglaises, Jean sans Peur continue à maintenir la pression auprès du dauphin pour faire avancer certaines demandes négociées lors du traité d'Arras, comme de réduire le nombre des bannis de quarante-cinq à sept. Le 24 septembre, il dit renoncer à toutes les réserves. Le même jour, une autre lettre écrite au même lieu, Argilly, parvient au dauphin. Le duc de Bourgogne s'étonne que celui-ci ne l'ait pas sollicité, alors que la mobilisation contre l'envahisseur bat son plein. Louis de Guyenne répond que, pas plus que son cousin d'Orléans, il ne veut que lui, Jean sans Peur, se déplace en personne sur le front, « parce que la paix que vous nous avez fait conclure n'est pas encore bien solide[38] ». C'est à peine s'il lui a enjoint, par l'intermédiaire de Jean Pioche, chevalier et maître d'hôtel du dauphin, de lui envoyer cinq cents hommes d'armes et trois cents archers et arbalétriers. L'indignation du duc est à la mesure de l'affront. Nous la citons en entier :

> Ainsi modifie-t-on ma primauté de pair et diminue-t-on mon autorité. Ainsi, sous un futile prétexte, veut-on me priver du service que je dois et que je me dois de faire, sous peine de perdre mon honneur que je chéris plus que toute autre chose au monde. En outre, on a l'air

> de ne m'accorder aucune confiance, ce qui me déplaît, me blesse à cause des obligations déjà dites, mais aussi parce que, dans le passé, je me suis employé de mon mieux à vous servir en compagnie de nobles, chevaliers, écuyers qui ont connu et connaissent mes bonnes intentions. Je ne voudrais en aucun cas vous faire défaut [et vous assure que] grâce à Dieu, vous serez bien et loyalement servi en ma compagnie […] Étant donné la grande attaque entreprise contre vous, il ne faut pas craindre de me demander un apport important. Tout bien considéré, il est facile de comprendre que je dois empêcher la ruine de ce royaume et faire preuve de ma loyauté sans tenir compte de ceux qui pourraient dire le contraire. C'est pour cette raison, mon très redouté seigneur, que je vous écris en cet instant, vous suppliant en toute humilité de bien vouloir penser à cela et de prendre en considération le bien et l'honneur de vous et de votre royaume ainsi que mon offre de service, car je n'ai pas l'intention de laisser disparaître votre autorité tant que je pourrai loyalement m'employer à vous servir[39].

Le duc de Bourgogne s'y entend pour manier la langue de bois, serait-on tenté de dire. Tout en n'excluant nullement d'autres options tactiques (contre les Anglais par exemple), il fait état de son amour pour le roi et le royaume de France ! Interprétation séduisante qui repose toutefois sur une approche psychologisante moderne, éloignée des critères de l'époque. En fait, les motifs qui expliquent la démarche de Jean sans Peur ne changent pas : l'attachement à l'honneur d'abord, la loyauté au roi ensuite. N'insiste-t-il pas sur la « réparation » des calomnies lancées contre lui ? Ne rappelle-t-il pas qu'il est lié de différentes façons au sang royal (pair des pairs, sa fille mariée au dauphin, etc.) ? Pourquoi chercher de l'ambiguïté, de la duplicité là où sans doute s'affichent les convictions profondes du personnage ?

Si l'absence du duc de Bourgogne à Azincourt soulève des questions, même chez les contemporains, celle du duc de Bretagne pose également problème. S'il se défend en invoquant au dernier moment l'absence de Charles VI sur place (de là sa défection), n'oublions pas que le roi lui avait accordé 100 000 livres et la cité de Saint-Malo. Il était son débiteur. La vérité, c'est plutôt que Jean V suit une politique sinueuse entre les belligérants. Appartenant à la dynastie des Montfort, l'Angleterre l'avait aidé à devenir duc de Bretagne, d'où son attentisme. Basin résume son attitude en quelques mots : Jean V « préféra attendre l'issue de la guerre plutôt que de s'exposer de plus près à ses dangers[40] ».

Azincourt

Affaiblie par une épidémie de dysenterie, l'armée anglaise n'est pas en état de poursuivre la campagne, d'autant que les désertions augmentent. Dans ces conditions, Henri V, dépourvu de disponibilités suffisantes, décide de faire marche arrière et de retourner à Calais, d'où il compte regagner l'Angleterre. Mais rien ne se passe comme prévu. Il doit traverser la Somme, là même où jadis Édouard III franchit la rivière au gué de Blanquetaque (Blanche Tache, en picard), mais tous les passages sont gardés par les Français. Il la franchit malgré tout à Voyenne. Talonné par le maréchal Boucicaut, il arrive à Maisoncelle, non loin du château d'Azincourt.

Il ne peut aller plus loin : les troupes françaises, qui ont suivi une route parallèle à la sienne, l'ont dépassé et lui barrent la route.

Cette retraite, indice de faiblesse, incite les Français à attaquer un ennemi dont ils espèrent transformer le repli en déroute. Harcelés, serrés de près, les Anglais passent la nuit en pleine campagne. Henri V propose qu'on lui vende des vivres qui commencent à manquer, qu'on le laisse rejoindre Calais, en contrepartie il renoncera à ses prétentions sur la couronne de France. Il se contentera de la Guyenne et de Ponthieu avec Calais, de 100 000 écus de dot pour son union avec Catherine de France. Selon Juvénal, ces propositions font débat. Les uns estiment que de laisser la voie libre aux Anglais est la meilleure solution. Une bataille comporte toujours des risques, de plus il faudra compter sur l'appui des milices communales. C'est l'avis de Charles d'Albret et de Boucicaut. En revanche, Bourbon, Alençon et d'autres se prononcent pour l'attaque, accusant de lâcheté ceux qui ne partagent pas leur opinion[41]. Le Conseil décide donc de livrer bataille, sans l'appoint de troupes bourguignonnes. Les Français, quatre fois plus nombreux, plus frais, mieux nourris que leurs ennemis, doivent l'emporter.

La bataille d'Azincourt, le 25 octobre 1415, a donné lieu à de nombreuses relations de contemporains et noirci maintes pages. On se limitera à un bref récit. L'armée française barre aux Anglais la route vers Calais en avant du village de Ruisseauville. La bataille s'engage sur un étroit plateau limité à l'ouest par le bois d'Azincourt, à l'est par le bois de Tramecourt, au nord par la forêt de Canlers. Henri V aligne sa petite armée derrière des palissades de pieux empêchant toute charge de cavalerie.

Sur ce plateau s'avance, sur quarante rangs de profondeur, l'armée française divisée en trois corps. Dans le premier ont pris place les principaux seigneurs du royaume, notamment les ducs d'Orléans et de Bourbon, le connétable Charles d'Albret et huit mille hommes, tous désireux de montrer leur vaillance ; dans le second, un nombre égal de chevaliers et écuyers, avec Bar, Alençon, Nevers, Vaudémont ; en arrière-garde, le reste des combattants conduits par Dammartin et Fauqueberg ; sur les ailes, deux corps d'hommes d'armes à cheval, l'un commandé par le comte de Vendôme et l'autre par Clignet de Brabant. La disposition est hiérarchique : les plus importants à l'avant.

Plusieurs erreurs tactiques sont relevées par Pintoin ; l'étroitesse du terrain bride l'avant-garde française qui ne peut se déployer correctement ; un terrain, en outre, fraîchement labouré, inondé par la pluie. Les chevaliers s'enfoncent jusqu'aux chevilles dans un marais bourbeux. À cause de la pesanteur de leurs armes, ils ont de la boue jusqu'aux cuisses. Les Anglais leur font face, les archers placés devant, armés d'arcs et de petites hachettes, les uns pieds nus, les autres portant des coiffes de cuir bouilli et d'osier, une croisure de fer dessus[42]. Adroits et rapides, ils sont en mesure de décocher de vingt-cinq à trente mille flèches par minute[43].

Entre 9 et 10 heures du matin, Henri V fait avancer ses archers ; mille cavaliers français les mieux montés, situés aux ailes, les chargent, mais les chevaux blessés par les flèches deviennent incontrôlables. Les cavaliers rebroussent chemin et se replient sur l'avant-garde. À la faveur du désordre occasionné par la grêle des flèches, les fantassins anglais déposent leurs arcs et, armés de hachette, de maillets et de becs-de-faucon, s'élancent sur leurs adversaires empêtrés ; la cavalerie anglaise dissimulée dans les bois jette l'épouvante sur les deux corps d'armée qui restent. Henri V, suspectant un retour offensif sur ses arrières, ordonne le massacre des prisonniers, à l'exception de ceux dont la situation offre un intérêt de conservation, quinze cents hommes environ. Pour le reste, c'est un véritable carnage.

On a dressé une liste de six cents chevaliers et barons morts à Azincourt, dont sept princes du sang : le duc Jean Ier d'Alençon ; le duc Édouard de Bar ; son frère Jean ; son neveu Robert, comte de Marle ; le connétable Charles d'Albret ; les deux frères de Jean sans Peur : Antoine, duc de Brabant, et le comte Philippe de Nevers. Notons que plusieurs vassaux de Jean sans Peur, de leur propre initiative, s'étaient joints à l'armée royale. Sont faits prisonniers le duc Charles d'Orléans, le duc Jean de Bourbon, le maréchal Boucicaut, Arthur de Bretagne comte de Richemont, Charles d'Artois comte d'Eu. Les chiffres varient selon les sources, mais d'après les estimations couramment admises aujourd'hui, les Français perdirent mille cinq cents chevaliers et cinq mille fantassins, les Anglais beaucoup moins.

> Was ever known so great and little loss
> On one part and on th'other ?
> (« A-t-on jamais vu de si grandes pertes d'un côté, et si peu de l'autre ? »)
>
> Shakespeare, *Henri V*, IV, 8, vv 99-100

L'impact de la défaite

D'un point de vue stratégique, si Azincourt est un désastre pour la France, la victoire n'est qu'un succès limité pour Henri V. Certes, il acquiert une gloire incontestable, mais son retour à Calais et en Angleterre, sans avoir réussi à exploiter sa victoire, laisse un goût amer.

Sur le plan moral et psychologique, l'impact est évident sur l'opinion française. Pintoin s'en fait l'écho, il tente d'attribuer « la ruine du royaume aux désordres de la noblesse française, qui est, comme chacun le sait, toute plongée dans les délices ». L'interprétation religieuse de la défaite, lieu commun de la littérature du temps, prend ici un relief tout particulier. La discorde, les rivalités intestines ont inspiré aux ennemis l'audace d'envahir le royaume. La répercussion sur le plan politique est considérable[44]. La « malheureuse bataille » (Alain Chartier) n'offre pas seulement matière à raconter, elle devient une référence exemplaire, une source de réflexions sans fin sur le comportement de la chevalerie française – la réaction de Pintoin est à cet égard remarquable. D'autres – George Chastellain, Martial d'Auvergne, Thomas Basin – blâment l'orgueil des chevaliers, l'héroïsme suicidaire de certains, comme Antoine de Brabant qui participa au combat sans son armure ni sa cotte de maille, et réprouvent la condition misérable des prisonniers emmenés « en servage » en Angleterre, laissant les dames et les veuves démunies par la mort ou l'emprisonnement de leur mari. Marie de Berry par exemple, fille de Jean de Berry, perd son gendre, Philippe de Bourgogne. Charles, comte d'Eu, le fils né de son deuxième mari, Philippe d'Artois et Jean de Bourbon, son troisième mari, sont faits prisonniers. Jusqu'à présent, on considérait qu'il était juste de mourir pour le bien commun ; après le choc d'Azincourt, l'idée se répand dans toute la société que – selon l'adage d'Horace, « Il est doux et honorable de mourir pour sa patrie » – mourir pour son pays est un devoir et un honneur. Les fugitifs et les lâches sont âprement critiqués tout au long du *Livre des quatre dames*[45] écrit par Chartier au lendemain de la bataille. Des quatre dames qui débattent sur la défaite, qui est la plus malheureuse ? Celle dont l'ami est mort ou prisonnier ou, dans l'incertitude, capturé ou tué ? La quatrième, dont l'ami s'est enfui, ose à peine prendre la parole, ne pouvant assumer un acte honteux attestant de la déchéance morale de la chevalerie. Déchéance qui, de surcroît, porte préjudice au « bien publique », à la fleur de lys, autrement dit à la nation et au roi. En donnant la parole aux femmes, comme le fait Chartier, le message se charge d'une sensibilité plus forte, plus aiguë, un thème appelé à un grand succès dans la littérature morale et politique.

Pour nous, modernes, les considérations pécuniaires relativisent quelque peu cet élan moral caractérisé par le souci de l'honneur et de la patrie. Dans un discours à ses hommes pour saluer leur bravoure, Henri V leur accorde que tous les hommes qu'ils ont faits prisonniers leur appartiendront, c'est-à-dire que chacun pourra en tirer la rançon intégrale sans que lui-même en prenne sa part, à moins que les captifs ne soient ducs ou comtes. En outre, tous ceux parmi les combattants qui ne sont pas nobles le deviendront par des lettres scellées du sceau royal et jouiront dorénavant des mêmes franchises que les autres nobles d'Angleterre. Il les autorise à porter un collier orné de la lettre S de son ordre de chevalerie.

La rançon est la règle à la fin du Moyen Âge ; cette pratique va jusqu'à inspirer un jeu de course où les joueurs, divisés en deux camps, marqués l'un et l'autre par une barre tracée au sol, se poursuivent mutuellement. L'intérêt financier l'emporte sur toute autre dimension, même morale : les « pourpointiers » (ceux qui font les pourpoints) et les armuriers multiplient leurs prix par quatre[46].

Si la défaite a suscité pléthore de commentaires militaires ou moraux, elle ne résout en rien la guerre civile. Le nœud gordien n'est pas tranché, au contraire. Azincourt apporte plutôt de la complexité. Après cette défaite monumentale, le contentieux entre Armagnacs et Bourguignons reste entier, chacun prenant conscience d'une nécessaire et rapide réaction. Le cycle de la guerre civile va ainsi se poursuivre sur un rythme infernal.

9

Jean sans Peur, un froid politique

Au lieu de reprendre Harfleur, les principaux conseillers du roi se hâtent de ramener celui-ci à Rouen, tandis que le dauphin rentre à Paris. Entre-temps, Jean sans Peur a réuni des troupes.

> On craignit que le duc de Bourgogne, qui se trouvait à Dijon, lorsqu'il apprendrait la mort de ses frères, ne veuille venir voir le roi à la tête d'une troupe qu'on disait fort nombreuse. On racontait qu'afin de l'en dissuader, on s'était dit qu'on lui ferait savoir que le roi lui verserait une pension annuelle de 80 000 écus, que son fils, le comte de Charolais, deviendrait gouverneur de Picardie, que quatre de ses plus proches et meilleurs chevaliers seraient affectés auprès du roi, siégeraient en permanence au Conseil du roi afin d'empêcher toute mesure pouvant porter atteinte à son honneur. Ordre fut donné que le dauphin lui écrive de sa main une lettre pour lui demander de ne pas se vexer si on ne lui demandait pas de venir voir le roi jusqu'à Noël, mais qu'à Noël il serait prié de venir[1].

De multiples mesures sont prises pour conjurer la menace et la peur. Le 13 novembre est proclamé le pardon de tous les crimes commis par les partisans de

Jean sans Peur. Une amnistie « trompeuse », qui ne mentionne pas le nom de ceux qui en sont exclus. Chacun peut se dire qu'ils figurent sur la liste des non-absous. Toutes sortes de spéculations agitent les esprits[2]. Que va faire le duc de Bourgogne ? Investir Paris, négocier ou au contraire se retirer ?

Ces rumeurs menaçantes ne manquent pas de fondement : Jean sans Peur a en sa compagnie plusieurs des bannis hors de la ville de Paris. Cette question du retour des exilés taraude les Armagnacs et le dauphin. Les partisans du duc de Bourgogne auraient fait forger quatre mille haches aux fers vernis afin qu'elles ne brillent pas la nuit.

L'après-Azincourt. Un rapport de force fluctuant

Le 10 décembre, Jean sans Peur installe son quartier à Lagny entouré de vingt mille hommes montés, selon Monstrelet. Le dauphin refuse de le laisser approcher, sauf si le duc renvoie ses troupes. Jean sans Peur trouve la réponse injurieuse. Il ne se résout pas à ne pas être autorisé à entrer dans Paris sans y être mandé. Ses frères utérins, le duc de Brabant et le comte de Nevers, ne sont-ils pas morts récemment en combattant pour le roi ?

À Paris et ailleurs, on affuble Jean sans Peur du sobriquet de Jean le Long ou Jean de Lagny[3]. Il s'en indigne. Toujours, la susceptibilité, l'honneur du prince ! Il envoie des émissaires, Régnier Pot, Choussac, d'autres. On leur interdit d'entrer dans la capitale. Le duc en éprouve une extrême indignation : « J'obéirai, [dit-il,] si j'ai le sentiment et je constate que ce sera pour le bien, l'honneur, l'avantage du roi, du dauphin et du royaume. » L'affront se double du renvoi par Louis d'Anjou de la fille du duc de Bourgogne, Catherine, accordée depuis 1410 à son fils aîné Louis. Aussi, apprenant l'approche de Jean sans Peur, il préfère par prudence s'éloigner de la capitale. Nouvelle ambassade de Jean sans Peur. Elle est logée non à l'hôtel d'Artois, propriété du duc, mais rue de La Harpe, sur la rive gauche, en plein Quartier latin, moins acquis au parti bourguignon. Ils attendent une réponse. Le 18 décembre 1415, le dauphin Louis de Guyenne meurt à 18 ans d'une dysenterie mal soignée. L'opinion qu'a Pintoin sur l'adolescent, septième enfant d'Isabelle et de Charles VI, est sans complaisance[4] : il le juge peu fait pour les affaires de l'État, paresseux et d'une extrême susceptibilité. La vérité est que, écartelé entre les deux partis, faute de maturité, il n'a su prendre les bonnes initiatives. Le pouvait-il seulement ?

Du côté des Armagnacs, on craint un retour de Jean sans Peur. Le comte d'Armagnac arrive à Paris le 29 décembre. Le 30, le roi lui remet l'épée de connétable. Bernard d'Armagnac, un militaire déterminé, possède d'immenses domaines. C'est quelqu'un d'éloquent[5]. Le 3 janvier 1416, une délégation est envoyée à Lagny, elle porte toujours la même injonction : ne pas s'approcher de Paris et licencier ses troupes. Le 5, Jean sans Peur récupère sa fille, veuve de Louis de Guyenne. La pression des Armagnacs est de plus en plus forte : après avoir été libérés et assignés à résidence, des Parisiens sont de nouveau arrêtés. Les ambassadeurs du duc ne peuvent plus sortir de l'hôtel de La Harpe ; puis on leur enjoint de vider les lieux.

Les complots renforcent la psychose. La répression organisée par les Armagnacs s'abat tant sur des bourgeois que sur des membres de l'Université. Un gentilhomme, Montigny, ami de Juvénal des Ursins père, surprend par hasard trois hommes en armes, dont un riche bourgeois, Colin du Port, en train de conspirer. Orgemont dit « le Boiteux », chanoine de Paris, le fils de Philippe d'Orgemont, jadis chancelier de France, est l'inspirateur du projet[6]. Les intrigants veulent déclencher une insurrection, enfermer le roi et exécuter la reine, le roi de Sicile et le duc de Berry, après leur avoir rasé la tête et menés à travers la ville sur deux tombereaux pleins de fumier[7]. C'est une femme qui révèle à Michel de Lallier la terrible entreprise – une tradition misogyne multiséculaire attribue souvent aux femmes d'être mêlée aux complots. Les conjurés sont exécutés, sauf Orgemont qui, en tant qu'homme d'Église, est livré aux autorités ecclésiastiques qui le condamnent au mur perpétuel, au pain sec et à l'eau. Les fuyards sont bannis et proscrits. Dans la foulée, on enlève les chaînes qui barrent les rues, on saisit les armures et les équipements militaires sont transportés au Louvre[8]. Les bouchers de Paris ont-ils trempé dans la conjuration ? Toujours est-il que, le 14 mai 1416, sous prétexte de salubrité, est entamée la destruction de la Grande Boucherie. Provisoirement établis sur le pont Notre-Dame, les bouchers sont ensuite répartis dans cinq nouvelles boucheries dont les étaux sont vendus aux enchères, ce qui disloque et appauvrit la corporation à laquelle on interdit de se réunir.

Jean sans Peur, las de voir qu'il ne peut entrer dans la capitale, quitte Lagny et retourne en Flandre, des éléments des Armagnacs à ses trousses. Les arrestations et les exécutions de partisans bourguignons se multiplient. Mal et irrégulièrement payés, les soldats se livrent à des pillages, aussi bien à Paris que dans les campagnes environnantes, avec le consentement de leurs chefs. Les Parisiens n'osent plus sortir pour vendanger, à Chaillot ou à Argenteuil, de peur d'être rançonnés. Leur hostilité à l'égard des soldats s'explique en grande partie par leur ignorance de la langue de ces mercenaires, gascons ou bretons. Une surveillance s'exerce, le moindre murmure est sanctionné. L'ordre armagnac règne dans la ville, ce qui accroît le capital de sympathie du duc de Bourgogne[9].

Dans la continuité des efforts qu'il tente pour sceller la paix entre Anglais et Français, une nouvelle médiation est tentée au mois de juin par le roi des Romains, Sigismond de Luxembourg, qui, après une visite sans effet à Paris, se rend à Londres début mai 1416. Il obtient, de concert avec le comte de Hainaut, l'envoi de messagers conduits par le comte de Hongrie : la remise d'Harfleur entre les mains de Sigismond et du comte de Hainaut, la libération sous caution des prisonniers et la conclusion d'une trêve de trois ans font partie des solutions. Les débats dans les Conseils sont houleux. Bernard d'Armagnac s'y oppose fermement, argumente, rappelle les serments passés avec Richard II, restés sans suite. Il dénonce un subterfuge. Du coup, Sigismond se range définitivement du côté de l'Angleterre et entreprend une vaste campagne contre la France, au mépris des serments passés.

D'autres médiations sont envisagées. Le duc de Bretagne exerce une grande influence dans le Conseil du roi, de même que le comte de Hainaut, tous deux intermédiaires entre France et Angleterre. Qu'est-ce qui empêche ces médiations d'aboutir ? La réponse est donnée par Pintoin, rapportant les propos de certains membres du Conseil privé :

> Il y a certains personnages puissants qui auraient intérêt à s'unir entre eux pour opposer une vigoureuse résistance aux ennemis du royaume ; et ils travaillent incessamment à tenir le duc de Bourgogne éloigné du roi, parce qu'ils craignent d'être sacrifiés à ses ressentiments et mis à mort, si ce prince était rappelé à la Cour[10].

Or, le duc n'ignore pas les accusations dont on l'accable : traître, homicide, bâtard. On craint qu'il n'arme pour se venger.

Le 15 juin 1417, le duc de Berry meurt. Depuis que le parti des Armagnacs s'était trouvé un chef militaire en la personne de Bernard d'Armagnac, le vieux duc s'était effacé. Mécène vivant dans l'opulence, « un hôte fastueux » selon Juvénal[11], il se montra, selon Pintoin, « scrupuleux observateur des règles du savoir-vivre et de la courtoisie », un brillant orateur et un habile débatteur[12]. N'était son insatiable cupidité, le religieux n'eût eu que des lauriers à lui tresser. Selon le témoignage même de ses exécuteurs testamentaires, qui firent après sa mort la balance exacte de ses dettes et de son avoir, que l'on croyait immense, son trésor se trouva obéré de 200 000 écus d'or pour régler les fournisseurs !

La mort de Jean de Berry est suivie la même année de celle du nouveau dauphin, Jean de Touraine, deux ans après son frère aîné. Il habitait chez Guillaume de Hainaut, dont il avait épousé la fille, Jacqueline de Bavière, nièce de Jean sans Peur. Le 12 novembre 1416, Guillaume de Hainaut emmène le dauphin Jean de Touraine à Compiègne, avec l'intention de le rendre au roi. Venu à Paris, Guillaume se dit prêt à ramener le dauphin, à condition de mettre ensemble le dauphin et le duc de Bourgogne dans Paris. Il compte sur la volonté réelle du roi et de son Conseil pour assurer la « réparation et [la] paix du royaume ». Illusoire ! Il apprend qu'il est menacé d'être arrêté. Il repart pour Compiègne où le dauphin, malade, meurt le 4 avril 1417 à l'âge de 17 ans. Une lourde perte, selon Juvénal[13], car le jeune homme était intelligent et ami de la paix. Le bruit court, évidemment, qu'il aurait été empoisonné, une campagne orchestrée par Jean sans Peur, alors que, plus vraisemblablement, il succomba à un abcès de l'oreille[14]. Le duc de Touraine était effectivement proche de Jean sans Peur rencontré à Valenciennes, le 13 novembre 1416. Le nouveau dauphin, Charles, futur Charles VII, âgé de 14 ans, est, lui, sous l'influence de sa belle-mère, Yolande d'Aragon. La chaîne de dépendance avec Bourgogne est donc rompue.

Le rapport de force dépend non seulement de la guerre de mouvement, des villes prises par les uns, reprises par les autres, mais aussi de la propagande. L'opinion parisienne juge mal les Armagnacs. Il y a de quoi. Parmi les rumeurs que ces derniers exploitent circule l'idée d'un compromis entre le duc de Bourgogne et l'Angleterre.

Le duc « fait feu de tout bois »

Le duc de Bourgogne n'a jamais rompu ses relations avec l'Angleterre. En juillet 1416, il renouvelle un traité commercial assorti d'une abstinence de guerre qui protège la Flandre et l'Artois. Il promet d'empêcher ses sujets de s'armer à l'appel du roi de France. En octobre 1416, il a une entrevue avec Henri V à Calais. S'agit-il d'un pacte infernal et confidentiel ? Le projet non ratifié ne vaut pas alliance effective, liant Jean sans Peur aux exigences anglaises, ce qui n'est pas dans sa manière, même si l'adversaire insiste sur ce point, d'autant qu'au mois d'août, l'armée de Henri V débarque à l'embouchure de la Touques (là où sera créée la station balnéaire de Trouville au XIXe siècle). Caen, Argentan, Alençon : les villes tombent aux mains des Anglais les unes après les autres. Cherbourg met trois mois à se rendre. On soupçonne Jean sans Peur de négocier avec les Anglais. Reproduites par Monstrelet, les instructions du seigneur de Chauny, un agent du roi de France, datées du 2 août 1417, mentionnent qu'il doit demander au duc de Bourgogne « de faire partir et revenir chez eux tous les hommes d'armes qu'il a rassemblés. Car, vu le comportement qu'il a et a eu jusqu'ici, le roi croit fermement qu'il dispose de ces troupes et les a réunies afin d'apporter secours, faveur et aide aux Anglais et pour faire du mal au roi et à sa seigneurie[15] ». Le duc de Bourgogne proteste de sa bonne foi, nie toute complicité avec les Anglais. Sa loyauté à la cause royale est inaltérable, contrairement aux bruits semés par des malveillants ! Jean sans Peur vise Henri de Marle,

Tanguy du Chastel, Burel de Dampmartin, Estienne de Mauregard, maître Philippe de Corbie, des individus sans autorité légitime. Chaque terme est pesé au trébuchet.

Sa position a d'autant plus de prise sur l'opinion que le clerc du seigneur de Chauny, chargé de rapporter la réponse du duc de Bourgogne, en a montré la copie à ses amis, avant même que le Conseil du roi en ait eu connaissance ! La méfiance des Armagnacs en est redoublée par la diffusion intempestive d'un document qui réjouit Paris. À chaque étape de sa progression vers la capitale, Jean sans Peur demande un serment de fidélité au roi et à sa personne, en échange de quoi le duc fait remise des gabelles et autres subsides et confirme les franchises des villes qu'il traverse. À Pintoin qui s'étonne d'une adhésion si soudaine, on répond que les gens souffrent trop : « Vive, vive celui qui pourra gouverner, pourvu que l'État jouisse enfin des douceurs de la paix[16] ! » Beaumont, Pontoise, Meulan, Mantes ne résistent pas au vu de la puissante artillerie du duc. La stratégie de ce dernier est de se rendre maître de la Seine en amont et en aval, calculant qu'en contrôlant le transport des marchandises qui affluent en France par les côtes de Normandie, il augmenterait la terreur des Parisiens. Il arrive mi-septembre à Saint-Cloud. Il échoue à prendre la ville, campe dans les villages de Montrouge, Vaugirard, Meudon, Vanves, à proximité des portes Saint-Jacques, Saint-Michel et Bordelles. Juvénal des Ursins est un témoin de première main dans le récit. Il rapporte en détail ces escarmouches autour de la capitale, le rôle joué par le seigneur de Traînel, son père, la « vengeance mesquine » des Bourguignons qui incendient une maison de son père à Rueil, « un des lieux les plus agréables qu'on puisse imaginer[17] ».

Jean sans Peur se maintient aux abords de Paris huit jours, durant lesquels il envoie un héraut qui, en « l'absence » du roi, s'adresse au dauphin, dont la réponse ne varie pas : que Jean aille « bouter » les Anglais hors du royaume, il sera reçu par le roi ; qu'il s'abstienne aussi de dire que lui et son père sont en servitude : « Nous sommes tous deux en notre pleine liberté et franchise[18]. » En échec devant Paris, le duc se dirige vers Corbeil, bute contre la résistance des habitants, y perd un de ses plus brillants sujets, Jean de Luxembourg, tué par une décharge de pierrier[19]. Le duc fait route vers Montlhéry. L'idée est d'intercepter les marchandises expédiées par la Seine depuis la Haute-Bourgogne ou la Beauce vers la capitale. Dourdan, Palaiseau se rendent. L'entreprise ne se fait pas sans l'envoi de lettres du duc aux bonnes villes avec les leitmotiv habituels qui justifient sa campagne : l'honneur de la majesté royale est oblitéré, de lourds impôts sont levés, les nobles et les grands hommes éliminés par les anciens ennemis du royaume ; bref, la responsabilité entière des malheurs du royaume repose sur l'entourage du roi. C'est à lui que revient de mettre un terme à ces « inconvénients » (au sens fort de « malheurs ») : que la marchandise puisse enfin avoir son cours, que le royaume soit gouverné en justice ! Il adjoint dans une lettre adressée de Montlhéry le 8 octobre 1417 une cédule du concile – réelle ou truquée[20] –, dans laquelle il est dûment spécifié que « toute chrétienté est unie, excepté un grain de blé dans un boisseau : c'est le comte d'Armagnac ». Ce dernier est en effet suspect de schisme et d'hérésie parce qu'il soutient

Benoît XIII, qui, lui, est déclaré schismatique et hérétique, quelles que soient les « raisons frivoles » de maître Gerson. Jean sans Peur tire avantage des décisions du concile qui conviennent à sa cause. Au terme d'une procession, le 3 novembre, suivi du sermon d'un frère mineur à Notre-Dame, la condamnation que l'évêque de Paris avait faite contre la justification de Jean Petit est révoquée publiquement. Voilà réparé l'honneur du duc, vrai champion de la couronne de France, comparé à l'« estache » (le cep) soutenant la vigne[21].

Au sein même de la Cour, Jean sans Peur recherche un autre appui. Il se dirige vers Tours, où la reine Isabelle est pour ainsi dire en résidence surveillée. Elle a dû quitter Paris pour être à l'abri, loin des zones de guerre. La soupe y est amère, elle n'a plus la main sur ses finances, son train de vie est rogné. Ce rapprochement du duc de Bourgogne et d'Isabelle en étonne plus d'un. Après l'assassinat de Louis d'Orléans, nul n'ignore l'aversion d'Isabelle à son encontre. D'après Pintoin, Jean sans Peur aurait provoqué la rencontre.

Le 2 novembre, il s'incline devant la reine qu'Hector de Saveuse, capitaine bourguignon, à la tête de soixante hommes d'armes, a enlevée à ses gardiens. « Malgré leurs différends dans le passé à cause des ennuis que le duc lui avait causés, elle lui pardonna et ils firent la paix[22]. » De fait, elle lui assure l'assise légale dont il a besoin, instaurant de surcroît avec lui un gouvernement parallèle à celui dominé par Bernard d'Armagnac[23]. Par lettres patentes du 10 janvier 1418, elle reconnaît au duc le droit de gouverner la France. Comment expliquer le retournement de la reine ? Retour sur vingt ans de tribulations.

Isabelle de Bavière. La médiation active d'une reine

Mercenaire engagé dans l'armée du roi de France lors de la campagne de Flandre en août 1383, le Bavarois Frédéric de Wittelsbach est à l'origine, le 12 avril 1385, d'un triple mariage à Cambrai. Les Wittelsbach, famille puissante, possèdent la Bavière, le Haut et le Bas-Palatinat. Le comte de Nevers, Jean, plus tard dit Jean sans Peur, épouse Marguerite de Bavière, Marguerite de Bourgogne s'unit à Guillaume de Bavière – ou de Wittelsbach – et le roi Charles VI à Isabelle de Bavière. Ces mariages visent à renforcer la présence française aux Pays-Bas. Philippe le Hardi, duc de Bourgogne, est en quelque sorte un père de substitution pour le jeune roi qui accepte la femme qu'on lui propose. Pour initier la jeune Bavaroise (née en 1371) à la cour de France, Philippe la confie à Blanche de France, fille du dernier roi capétien, Charles IV, et duchesse d'Orléans.

Isabelle souffre d'une détestable réputation dès 1389, lors des trois jours de festivités à l'abbaye de Saint-Denis. Charles VI y arme chevaliers les deux fils du défunt duc d'Anjou, Louis et Charles. Pintoin consacre deux chapitres à ces réjouissances et conclut avec sévérité :

> J'engage donc la postérité à éviter de pareils désordres ; car, il faut le dire, les seigneurs, en faisant de la nuit le jour, en se livrant à tous les excès de la table, furent poussés par l'ivresse de tels dérèglements, que, sans respect pour la présence du roi, plusieurs d'entre eux souillèrent la sainte maison religieuse et s'abandonnèrent au libertinage et à l'adultère[24].

C'est sur le fondement de cette diatribe que Michelet aurait imaginé une liaison entre Isabelle et Louis d'Orléans. Remarquons que les prédicateurs, comme Jacques Legrand, critiquant les mœurs de la Cour, se manifestent dans les années 1405-1406. Cela peut s'expliquer par un contexte particulier qui exclut une condamnation directe de la reine. Tracy Adams a récemment réhabilité la reine Isabelle en montrant que les attaques concentrées dans deux sources – Pintoin et le *Songe véritable* (1406), un pamphlet probourguignon –, loin de la discréditer et de lui ôter sa légitimité, témoignaient au contraire de la sympathie et de l'estime dans laquelle la tenait une large frange de la société[25]. Ces attaques proviendraient essentiellement de la faction bourguignonne. Le *Songe véritable* critique l'entourage du roi, au premier chef Louis d'Orléans, le duc de Berry, la reine et surtout Montaigu. La thèse d'Adams, qui emporte l'adhésion, est de remarquer qu'Isabelle manque à l'appel dans les infernales punitions à la fin du rêve qui clôt le *Songe*. Dans son discours à la reine (1406), un discours de vérité, Jacques Legrand semble éviter de la mettre en cause, dirigeant sa mercuriale vers les « demoiselles », ces maudites et infernales suivantes « qui assiègent sans cesse votre Cour, corrompent les mœurs et énervent les cœurs[26] ».

Jacques Legrand est un fidèle de la cause orléanaise. Sa dénonciation n'en a que plus de prix et de répercussion. Dès lors, on peut s'interroger sur les rumeurs attisées par le clan bourguignon.

Voyons les ordonnances de régence décrétées par Charles VI, celle de janvier 1393, alors que la mort du roi paraît imminente. Dans cette ordonnance, Isabelle était chargée de la tutelle et de la garde du dauphin ; dans celle du 1er juillet 1402, ses pouvoirs sont étendus jusqu'à lui conférer le rôle d'une « quasi-lieutenance[27] », à un moment où la maladie du roi apparaît durable et définitive. Ordonnance prorogée par celle du 26 avril 1403, mettant l'accent sur la dimension collégiale du Conseil censé l'assister. Mais quelle qu'ait été la solution institutionnelle envisagée et actée, il y a distorsion entre la théorie et la réalité. L'exercice d'un pouvoir insuffisamment circonscrit et structuré conduit à la longue à un conflit avec ceux qui n'y ont pas accès et dont les ambitions ne trouvent pas à s'inscrire dans un cadre établi. La reine est placée par les ordonnances dans un rôle d'arbitre, dans une situation de neutralité, sans programme politique propre, de sorte que la régence collégiale échoua. Isabelle de Bavière n'est pas Isabelle de Castille !

Est-ce à dire qu'il faille lui récuser toute initiative personnelle ? Signalons par exemple le rôle de médiatrice que lui prête Tracy Adams en citant l'ordonnance du 12 octobre 1405, qui réitère celle de 1402[28]. Cette ordonnance renforce-t-elle vraiment l'autorité de la reine pour permettre un accord ? Si les chroniques la mentionnent rarement, cela ne signifie pas qu'Isabelle soit restée sans réaction durant la crise de 1405. Un texte remarquable est la lettre du 5 octobre adressée par Christine de Pizan. Elle cite le modèle de la Vierge comme *coruler with her son* – même chose dans *La Cité des dames*. La reine est-elle paresseuse, lassée des intrigues de la politique ? Se trouve-t-elle dans une position de faiblesse, au-dessus des partis, mais ligotée, dans la situation d'être seulement tourmentée par les retards de paiement des sommes qui lui sont allouées ? Bref, manque-t-elle de courage politique ? La lettre de Christine ne s'adresse pas à la reine seule, elle revêt un caractère public. Isabelle, une étrangère ? C'est d'abord une mère, placée dans une position liminaire, non partisane. Christine ne parle pas en son nom personnel, mais au nom de tous ceux qui prient pour que Pitié lui ouvre les yeux sur la désolation du royaume et qu'elle fasse en sorte de réconcilier les princes du sang. Elle convoque les modèles bibliques : Esther et Bethsabée. En sollicitant la reine, Christine, en fait, condamne les princes.

Les plaintes à l'encontre d'Isabelle portent sur la dilapidation des ressources royales et sur l'hédonisme. Au-delà des attaques personnelles, les critiques dépendent surtout d'une ambiance littéraire, un contexte de libelle et d'invective contre Nature, contre la sexualité et les dommages causés au mariage. L'arrière-plan théologique et culturel de ce courant hérite évidemment de la haute contemption de l'amour charnel transmise par Jérôme, Cassien, Augustin ; les prêcheurs certes maintenaient la pression sur cette question qui leur semblait centrale dans le cadre d'une vie authentiquement chrétienne, mais, dans les premières années du XVe siècle, le débat se laïcise et reprend des couleurs, s'intensifiant soudainement dans une querelle[29]. L'objet du litige : le *Roman de la Rose* et sa réception. La seconde partie, la plus longue, de ce texte, composée par Jean de Meung, fait l'éloge de Nature et de la procréation. Vénus y remplace Éros, la figure centrale de l'amour courtois ; la conquête de la Rose enfermée dans le château illustre sans ambiguïté la quête du plaisir et le triomphe de l'instinct naturel.

La querelle se politise. Jean de Montreuil, un des maîtres de l'humanisme, rédige un éloge de l'œuvre de Jean de Meung. Dès 1401, Christine de Pizan réagit vigoureusement et dénonce dans une lettre ouverte le mauvais goût et la pauvreté d'esprit de Jean de Meung. Elle lui reproche notamment sa haine des femmes, l'indécence de ses propos, la fin du récit qu'elle juge amorale et choquante, cette recherche éhontée de l'hédonisme. Jean de Montreuil ne lui répond pas directement, mais par le biais de deux de ses confrères, Pierre et Gontier Col. Gerson entre dans la lice et se mêle au débat, apportant son soutien à Christine ; laquelle bâtit, « ficelle » un dossier composé des lettres échangées et l'envoie personnellement à la reine Isabelle. Partie d'un débat d'intellectuels qui aurait dû rester confidentiel, la querelle devient une affaire politique. Gerson et Christine fustigent les faux-semblants et les dangers d'une approche amoureuse qui mine ou sape l'ordre social. La sexualité est alors un enjeu majeur du débat politique. Ni l'État ni la sexualité ne sont des entités autonomes ; les débats ardents, passionnés sont à l'image des engagements violents, facteurs de divisions profondes.

C'est donc sur un fond de polémiques, de rumeurs, voire de franche misogynie que s'installe durablement l'image d'une reine dans la tourmente, jouet des factions. À l'exemple d'autres reines, celle-ci compte plusieurs livres dans sa bibliothèque ; la plupart relèvent de la piété, sauf qu'en 1414, Christine lui envoie un grand recueil de ses œuvres – il s'agit apparemment d'une commande qu'Isabelle lui a faite. De plus, selon M. Gaude-Ferragu[30], elle aurait été une des instigatrices de la Cour d'amour, au même titre que le duc de Bourgogne, Philippe le Hardi et Louis de Bourbon. Les problèmes liés à l'amour courtois, l'honneur des dames, la poésie ne laissent pas Isabelle indifférente, cet intérêt en recoupant d'autres, plus politiques et forcément sociétaux.

Le 12 novembre, de Chartres, Isabelle écrit aux bonnes villes. La reine, dit-elle, a été tenue éloignée du roi et du dauphin, sans les moyens de tenir son rang ou de régler ses dépenses. Jean sans Peur est là pour la « mettre en franchise ». Elle signale au passage l'honnêteté du duc et sa tristesse occasionnée par le déshonneur subi malgré sa loyauté. Sur l'avers du sceau, qui scelle lettres et mandements, est gravé le portrait de la reine étendant les deux bras vers la terre, sur le côté droit les armes de France et sur le côté gauche les armes de France et de Bavière, entouré d'un écrit : « C'est le sceau des causes, souverainetés et appellations[31]. » Et Isabelle de rappeler aussi qu'en exécution des lettres patentes du roi et d'une ordonnance du 26 avril 1403, elle se trouve à la tête du gouvernement. Elle feint d'ignorer que des lettres de Charles VI, datées du 14 juin 1417, ont transféré au dauphin Charles, le futur Charles VII, l'exercice du pouvoir, autorité confirmée par une ordonnance du 6 novembre publiée après la réconciliation de la reine et du duc de Bourgogne.

Le 23 décembre 1417, Isabelle et Jean sans Peur entrent dans Troyes et y forment un gouvernement concurrent de celui du roi à Paris, dont les actes doivent porter la mention :

> Ysabel, par la grâce de Dieu reine de France, ayant, pour l'occupation de monseigneur le roi, le gouvernement et administration de ce royaume, par l'octroi irrévocable à nous sur ce fait par mon dit seigneur et son grand Conseil[32].

En lieu et place de Bernard d'Armagnac, la reine nomme un nouveau connétable, Charles II de Lorraine, tandis qu'elle remet la gestion des finances à Philippe de Morvilliers, premier président du Parlement, et à Jean Guérin, changeur.

Vaines négociations

Tandis que les controverses, les prises de parole, les manifestes se multiplient, le cours de l'action politique et militaire se poursuit inexorablement. La marche du duc de Bourgogne vers Paris, la reddition des villes s'accompagnent de toutes sortes d'excès visant les partisans des Armagnacs ou ceux que l'on désigne comme tels[33]. Dans l'autre camp, on n'est pas en reste. Quand on croyait savoir où se trouvait un partisan du duc de Bourgogne, on l'arrêtait et on saisissait ses biens. Les raids des « brigands » dans les forêts de Senlis, de Montmorency assombrissent un peu plus le climat déjà lourd et oppressant. Ils tuent tous ceux qui portent la « croix droite », la « croix droite royale » ou la bande armagnac, c'est-à-dire ceux qui ne s'affichent pas comme Bourguignons. Cette logique infernale de violence excite la muse tragique de Pintoin :

> La postérité ne pourra dire avec saint Jérôme : « La Gaule seule est exempte de monstres. » Car quoi de plus monstrueux que de voir les fils dégénérés de la France conspirer non seulement à ternir la gloire éclatante de leur tendre mère, mais encore à la déchirer en lambeaux[34] ?

Sous le masque de l'engagement pour ou contre une faction se cachent des mobiles plus terre à terre. Les troupes bourguignonnes profitent des biens de ceux qu'on disait Armagnacs, souvent plus riches. Sur fond d'une démagogie dont, on l'a vu, il est coutumier, Jean sans Peur réduit les taxes des villes qui se rendent, comme il l'a promis dans les courriers parvenus à ces dernières.

Parallèlement, des complots pour faire entrer les Bourguignons dans Paris sont éventés, les auteurs décapités ou jetés dans la Seine, cependant que Henri V poursuit son avance en Normandie, progresse jusqu'à Pont-de-l'Arche, contrôle toute la Basse-Normandie, à l'exception du Mont-Saint-Michel.

Comme on savait « que le roi d'Angleterre avait poussé la présomption jusqu'à dire qu'avant peu il visiterait la ville de Paris en dépit des Français », un ensemble de mesures restrictives et contraignantes accompagnent la mise en défense du territoire : prélèvements, dévaluations accroissant l'état déjà déplorable du royaume et consternant l'opinion.

La contre-attaque des Armagnacs a son lot de victimes. Renseignements pris en secret sur ceux qu'on soupçonne d'être des affidés de Jean sans Peur, environ deux cents bourgeois, quatre-vingts membres de l'Université, avocats et procureurs du Parlement sont chassés de la ville ; ceux qui restent doivent prêter serment d'être fidèles au roi, c'est-à-dire aux Armagnacs. Les lettres de Jean sans Peur sont déclarées « criminelles » et condamnées au bûcher[35].

Un fait surtout retient l'attention de Pintoin. La dissolution du lien social accélère la désagrégation du royaume :

> Les Français n'ont plus de rapports entre eux que pour se tromper et se trahir. Le voisin ne garde plus sa foi à son voisin, le frère à son frère, le fils à son père. Chacun semble comme inspiré par une haine implacable ou aveuglé par une excessive cupidité[36].

Le basculement de la reine exilée loin de Paris dans l'aire d'influence de Jean sans Peur est acté. Ce dernier déplace à Troyes le Parlement que Philippe de Morvilliers présidait à Amiens, instituant une Chambre des comptes. Par des lettres du 10 janvier 1418, elle institue le duc de Bourgogne « gouverneur du royaume et de tout ce qui en dépend[37] ».

Les succès bourguignons et l'irrésistible avance anglaise placent le gouvernement armagnac devant un choix : il lui faut concentrer ses efforts contre l'un de ses deux adversaires. Or, le connétable juge que le péril bourguignon est le plus grave. Il est urgent de desserrer l'étau des garnisons placées par Jean sans Peur autour de Paris. Beaumont, Chevreuse, Montlhéry, Marcoussis reviennent dans son giron. Le roi à leurs côtés, les Armagnacs assiègent Senlis qui résiste de janvier à avril 1418. Jean sans Peur détache des troupes pour aider les habitants. Le siège de Senlis levé, le roi et le connétable retournent dans Paris[38]. Après cette aventure, Bernard d'Armagnac apparaît de moins en moins fiable, il est même la risée des Parisiens. Les nuages s'amoncellent dans le ciel des Armagnacs.

Cependant, la diplomatie reprend ses droits. Martin V, le pape élu à Constance, délègue les archevêques Giordano Orsini et Guillaume Fillastre, en vue de réactiver les négociations entre les princes. Les propositions de paix de la reine et du duc de Bourgogne sont publiées le 27 mai. Une amnistie sera proclamée de part et d'autre, concernant tant les injures verbales que les attaques personnelles, les confiscations seront révoquées, les condamnations des clercs comme des laïcs abolies. Chacun rentrera dans ses biens. La reine et Jean sans Peur verront Charles VI quand il leur plaira. Les offices royaux resteront dans la main du roi, qu'il en dispose selon son bon plaisir, après avoir pris conseil auprès de la reine et du duc. Enfin, toutes les résolutions de cette dernière, adoptées en vertu de l'autorité royale qui lui a été conférée, ne seront pas entravées. Du côté armagnac, les propositions sont naturellement autres. Jean sans Peur remettra entre les mains du roi et du dauphin toutes les places fortes retenues par lui. Toutes les initiatives prises par lui au détriment du roi seront annulées. Il désavouera toutes les alliances réalisées avec le roi des Romains (Sigismond, l'empereur d'Allemagne) ou avec le roi d'Angleterre. Sur deux points au moins, le dialogue est impossible. Une première pierre d'achoppement concerne le libre accès de Jean sans Peur et des autres princes au roi, une autre les pouvoirs de la reine habilitée à former un Parlement, une cour ou une juridiction quelconque, à établir des officiers nouveaux. Les pourparlers s'étirent sur deux mois.

Les arguments des Bourguignons témoignent d'une stratégie verbale habile, parfois étonnante, mais efficace. Jean sans Peur n'a pas éloigné de la main du roi les villes qu'il a conquises. Bien au contraire, il y a pourvu pour « conserver l'héritage du roi et du dauphin » (*sic*). Quant aux « nouveautés » (terme fort négatif au Moyen Âge), le duc n'en a pas introduit : ce qui a été fait l'a été pour « la conservation et la sûreté du royaume[39] ». Cette rhétorique éprouvée fait mouche dans l'opinion parisienne. Prenons par exemple la clause de renonciation « à tous les pactes, trêves et alliances qu'il a faits ou pu faire avec le roi des Romains, le roi d'Angleterre ou autres », condition imposée par les Armagnacs. Pourquoi y souscrire ? demande le duc de Bourgogne. N'a-t-il pas toujours œuvré pour le royaume ? N'est-il pas *de jure* et *de facto* le meilleur garant de la majesté royale ? Cette clause de renonciation que veulent les Armagnacs devient donc caduque. L'argumentation implacable, mélange de cynisme, d'opportunisme et de conviction convainc de nombreux Parisiens.

Les deux prélats romains, le cardinal de Saint-Marc et le cardinal Orsini, envoyés pour servir de médiateurs, participent aux conversations de la Tombe, entre Bray et Montereau[40]. Leurs efforts ne sont pas vains au point de faire aboutir un espoir de paix possible. Mais Bernard d'Armagnac rompt la négociation rejetant la formule élaborée.

Terreur sur la ville

À Paris, la propagande bourguignonne fait son chemin. Juvénal analyse le retournement de l'opinion en faveur du duc : les excès d'une guerre inexpiable entre Bourguignons et Armagnacs, les prélèvements nombreux imposés aux bourgeois, en particulier les plus riches, expliquent pourquoi la balance penche de son côté. Jean sans Peur dispose dans la capitale d'un indéniable capital de sympathie et de nombreux supporters, par exemple des amis des bannis qu'ils souhaitent voir revenir. De plus, la défaite de Bernard d'Armagnac à Senlis a bien sûr marqué les esprits et jeté le discrédit sur sa capacité à gouverner. En outre, les difficultés matérielles qui affectent les Parisiens n'arrangent pas les affaires des Armagnacs. Tout concourt à grossir les rangs de ceux qui attendent le salut d'un retour du duc. Il suffit d'une circonstance exceptionnelle ou d'une trahison pour que la situation bascule.

Durant la nuit du 28 au 29 mai, les Bourguignons pénètrent dans Paris grâce à des complicités, en particulier celle de Perrinet Leclerc, fils d'un cinquantenier, marchand de fer au Petit-Pont, ayant eu à subir les affronts des Armagnacs.

À l'aurore, le seigneur de L'Isle-Adam, Claude de Beauvoir, sire de Chastellux, et Guy de Bar entrent dans la capitale par la porte Saint-Germain-des-Prés, à la tête de cinq cents hommes, qui poussent leurs chevaux dans les rues à ces cris : « La paix, la paix, Bourgogne[41] ! » ; ou, d'après Pintoin : « Aux armes ! Vive le roi et le duc de Bourgogne ! Que ceux qui veulent la paix se joignent à nous au plus vite ! » ; ou encore, selon le bourgeois de Paris : « Notre-Dame ! La paix ! Vive le roi et le dauphin et la paix[42] ! »

Les cris, rapportés de manière différente, soulignent la solidarité revendiquée avec la Couronne, surtout chez Pintoin et chez le bourgeois de Paris. Devant le Petit Châtelet, une troupe de Parisiens se joint à eux et donne la chasse aux Armagnacs. Bernard d'Armagnac, déguisé, quitte son hôtel en catastrophe et se réfugie chez un maçon, qui, deux jours plus tard, le dénonce. Lorsque le prévôt de Paris, Tanguy du Chastel, entend le vacarme, il se hâte vers l'hôtel du dauphin qui dort dans son lit, le prend à demi-nu dans ses bras, l'enveloppe dans sa robe de chambre et le porte à la Bastille Saint-Antoine, le fait habiller et l'emmène à Melun[43]. Robert Le Maçon, chancelier du dauphin, Jean Louvet, président de la Cour des comptes de Provence, et Martin Gouge se réfugient à la Bastille Saint-Antoine. Le 1er juin, des Armagnacs et des Gascons tentent une contre-attaque, sortant de la Bastille par la porte donnant dans la ville. Quinze cents soldats déferlent par la rue Saint-Antoine[44]. Ils sont repoussés vigoureusement par des compagnies de dizeniers (milices urbaines composées de dix hommes) emmenés par le nouveau prévôt, le sire de L'Isle-Adam. L'affrontement laisse sur place de nombreuses victimes. La foule, surexcitée, se déchaîne contre les Armagnacs. Juvénal dresse un tableau apocalyptique :

> Le peuple, très remonté contre les Armagnacs, fouilla toutes les hôtelleries de Paris, les y cherchant. Quand on en trouvait, qu'ils fussent ou non prisonniers, on les

> menait dans la rue où on les tuait sans pitié à coups de grosses haches et d'autres armes ; tout le monde était armé et frappait ces Armagnacs étendus morts à terre ; les femmes, les enfants, les gens désarmés qui ne pouvaient rien faire contre eux les maudissaient en passant près des cadavres : « Traîtres chiens, vous êtes mieux que vous ne devriez l'être ; puisse Dieu faire que tous subissent le même sort. » Vous n'auriez rien trouvé à Paris de rue de quelque importance où il n'y avait pas eu de meurtre ; on dépouillait les cadavres en moins de temps qu'il n'en faut pour faire cent pas, ne leur laissant que leur culotte et ils restaient ainsi en tas, comme des porcs, dans la boue, spectacle pitoyable, car il avait beaucoup plu tous les jours de la semaine. Cette journée, à Paris, furent tués à coups d'épée ou d'autres armes et laissés gisant dans la rue cinq cent vingt-deux hommes, sans compter les morts à l'intérieur des maisons. Il plut si fort cette nuit qu'on ne sentit aucune puanteur, car les plaies furent lavées par la pluie si bien qu'au matin il n'y avait ni sang, ni bête, ni ordure sur leurs plaies[45].

Le désordre s'étend dangereusement. Les fausses nouvelles alimentent l'agitation. Inquiets des exactions commises par les émeutiers, qui rappellent à s'y méprendre celles des cabochiens, les bourgeois se terrent dans l'attente d'un retour à l'ordre, à tel point que l'on en voit certains solliciter une place dans les prisons du roi où, au moins, ils seront, pensent-ils, en sécurité, le temps que passe la tourmente[46]. Mauvais calcul !

Le 12 juin, nouvelles alarmes. Afin de priver les éventuels assaillants armagnacs d'un soutien, la populace envahit les prisons, le Grand et le Petit Châtelet, le palais de l'île de la Cité, et y massacre les prisonniers, afin de s'assurer qu'ils ne seront pas libérés. Seule la prison du château du Louvre est épargnée ; et pour cause, le roi y résidant, elle est fortement défendue. Les prisonniers du Grand Châtelet sont armés ; on les enfume ; ils se jettent du haut des tours pour échapper aux flammes et sont reçus sur les piques des Parisiens[47]. Ces violences ont lieu sous les yeux de Jean de Luxembourg, le seigneur de L'Isle-Adam et d'autres combattants, qui les approuvent. Le bourgeois de Paris dénombre mille cinq cent dix-huit morts, hommes et femmes, en une seule journée[48]. On extrait de la Conciergerie du palais le comte d'Armagnac, Henri de Marle, chancelier de France ; on leur ôte leurs habits à l'exception de la chemise avant de les tuer dans la cour ; on s'acharne sur les corps en découpant des lanières de peau[49], comme pour laisser sur leur cadavre l'empreinte de la bande blanche, l'emblème armagnac, désormais rouge. Plusieurs évêques, notamment ceux de Coutances, d'Évreux, de Lisieux, de Senlis, sont également massacrés, de même que les secrétaires Gontier Col, Jean de Montreuil, les premiers humanistes français, protagonistes de la querelle du *Roman de la Rose*, réputés pour être du parti des Orléanais. Leur disparition laisse un vide immense dans le paysage culturel du pays. Les chiffres de victimes avancés plus haut par le bourgeois de Paris sont plausibles après vingt-quatre heures de folie meurtrière, n'exceptant ni femmes ni enfants. Parmi les victimes figurent deux membres du Conseil du roi, Guillaume de Cantiers, évêque de Senlis, et Jean de Marle, évêque de Coutances et fils du chancelier ; trois prélats, Benoît Gentien, moine à Saint-Denis, qui avait prononcé le premier discours au nom de l'Université à la réunion des

États généraux de 1413, Pierre de l'Esclat, maître des requêtes de l'hôtel, et André Giffart, trésorier de France.

Comment raconter l'inacceptable ? Le bourgeois de Paris, épouvanté par une insurrection qui échappe à tout contrôle, abandonne le style descriptif et donne à son récit un tour allégorique, volontairement théâtral. Discorde dans la Tour de Mauvais Conseil (Paris ravagé par les émeutiers) éveille Ire la forcenée. Convoitise, Enragerie, Vengeance prennent les armes, éloignant Raison, Justice, Mémoire de Dieu et Tempérance. Forcenerie, Meurtre, Occision pour Ire, Rapine, Larcin pour Convoitise y mettent la main.

Les autorités bourguignonnes ne maîtrisent plus rien. Jean de Villiers, seigneur de L'Isle-Adam, essaie d'empêcher que les atrocités ne prennent un tour par trop tragique, courant au collège de Navarre, au prieuré de Saint-Éloi, où il réussit à sauver l'abbé de Saint-Denis[50]. Mais, dépassé par la rage populaire, il finit par laisser faire ; ce d'autant plus qu'il tire des rançons et des pillages, ainsi que le seigneur de Chastellux, Guy de Bar, prévôt d'Auxois, de quoi remplir largement ses coffres. Le 23 juin, les rues de Paris retrouvent leurs chaînes.

Paris, urbs homicida Dei *(« ville qui tua Dieu »)*

Il existe très peu de textes littéraires consacrés aux massacres de juin 1418. L'un d'eux, découvert et attribué à Gerson par Gilbert Ouy, figure dans l'un des recueils de textes pieux rassemblé par Charles d'Orléans lors de son exil en Angleterre. À l'exemple de Jérémie pleurant sur les ruines de Jérusalem, Gerson se lamente sur le triste sort de Paris, en proie au tumulte et au vertige d'une lutte fratricide. Gerson est un véritable humaniste. La *deploratio* a connu, en Italie, une large faveur depuis la seconde moitié du XIVe siècle, l'art de l'*amplificatio* devenant une seconde nature. La mort d'un frère ou d'un ami très cher, les malheurs de l'Église déchirée par le schisme, la peste qui dépeuple une ville, un bourg, un village, une défaite militaire sont autant de prétextes pour composer en vers ou en prose quelque *planctus, carmen elegiacum, epistola consolatoria* ou *declamatio*. Le désir de donner une belle forme à des événements dramatiques suppose-t-il l'absence de sincérité ? Non, dit Gilbert Ouy : les artifices rhétoriques, le réseau serré de citations d'Isaïe et d'Ézéchiel ne masquent pas la douleur. Gerson a-t-il été témoin des émeutes sanglantes de Paris ? Vraisemblablement non, il était à Rattenberg, dans le Tyrol, quand il apprend les nouvelles. Pour écrire son texte, il a, semble-t-il, puisé à la même source que Juvénal des Ursins, évoquant cette femme enceinte assassinée alors qu'on voyait l'enfant bouger dans son ventre. « Voyez ce petit chien qui remue ! », disaient en riant ses meurtriers.

Gerson n'a que mépris pour la « vile populace » (*ignobile vulgus, cruente, seve, ferox popule*) ; il rejoint les fulminations d'un Blondel, d'une Christine de Pizan, d'un Chartier. Paris, lieu de la rébellion populaire, est devenue la « ville toxique » (*noxiam civitatem*), entachée de désobéissance et se prostituant à un autre seigneur que le roi Charles. Là s'est interrompu le cours du transfert majestueux de l'empire, la *translatio imperii* qui conduit d'Athènes à Rome, puis de Rome à Paris, la cité éblouissante des lettres et des arts.

Le discours politique à la fin du Moyen Âge, d'une richesse infinie, convoque différents registres, les incantations bibliques, les effets oratoires, les mouvements pathétiques, les déclamations, les envolées des tragédies antiques, les images empruntées à la mythologie. Gerson n'y manque pas, citant aussi les amis massacrés. Suprême consolation : ceux qui ont péri connaissent la gloire réservée aux martyrs.

Fidèle à la Couronne, il n'a pas compris l'insurrection qui menaçait directement la dynastie des Valois. Son discours est différent de celui d'un Juvénal qui relate les faits sans s'y attarder. Pour le chancelier, c'est tout une tradition qui a tremblé sur ses bases, c'est l'image même d'une cité franche et courtoise qui s'efface à jamais. Après les événements de 1413, l'entrée dans Paris des Bourguignons et le massacre des Armagnacs confirment une impression générale de désolation. Il appartient aux grands prédicateurs de dire le vrai et de préparer l'avenir. En d'autres circonstances, ni Gerson, ni Jacques Legrand, ni Courtecuisse n'y ont manqué. Mais les événements de 1418 ont créé une telle brèche que l'humaniste Gerson ne peut en rendre compte que sur le modèle de la *deploratio*, au risque de ne pas voir ce qu'il y avait de légitime, par exemple, dans la révolte des cabochiens. Il a choisi son camp ; le moment d'une réflexion plus apaisée n'est pas encore venu.

Sous le joug bourguignon

Jean sans Peur, qui a rejoint la reine à Troyes, apprend la chute de Paris et la mort de Bernard d'Armagnac, ce qui le contrarie, car l'arrestation du comte devait servir de monnaie d'échange pour mettre la main sur le dauphin.

La reine et le duc de Bourgogne décident de venir à Paris, celle-ci charge le cardinal de Saint-Marc de convaincre son fils de l'accompagner. Le dauphin lui répond que, tout conscient qu'il soit qu'un bon fils doit toujours obéir à sa mère, il ne peut se résoudre à revenir dans une ville émeutière, coupable de tant d'atrocités[51]. Sont-ce les premiers signes d'une animosité entre la reine et son fils ? La vérité est plutôt que le futur Charles VII, s'il subit l'influence des anciens conseillers – Tanguy du Chastel, le président Louvet –, commence à faire preuve d'indépendance et d'intelligence politique.

Le 14 juillet 1418, le duc de Bourgogne et la reine Isabelle font leur entrée dans la capitale. Aussitôt, des hommes de Jean sans Peur sont nommés aux charges d'officiers. Une ordonnance d'août rétablit la communauté des bouchers, qui retrouve ses droits et privilèges. Un sermon est prononcé à Notre-Dame par un cordelier, docteur en théologie, maître Pierre-aux-Bœufs, devant les conseillers du roi, les membres de l'Université et plusieurs seigneurs ; il évoque et stigmatise la sentence d'excommunication autrefois prononcée à l'encontre de la justification de Jean Petit, comparant Jean sans Peur dans son sermon « à l'échalas soutenant la vigne, amenant les membres du chapitre à rapporter la sentence[52] ».

Le climat est toujours tendu à Paris. Le risque pour Jean sans Peur est d'être débordé par les éléments les plus extrêmes des « communes » – le terme « communes » utilisé par Monstrelet fait référence aux gens du commun, du peuple – s'en prenant aux « gens de petit estat[53] ».

Dans la soirée du samedi 20 août et jusqu'au soir du dimanche 21, des émeutiers, alarmés par les rumeurs d'un complot qui ramènerait les Armagnacs au pouvoir, se précipitent à la Bastille Saint-Antoine. Jean sans Peur veut reprendre les choses en main. Il intervient pour empêcher le massacre de quelques-uns des principaux officiers du roi. Il accourt en toute hâte, prend sous sa garde Morellet de Montmaur et deux autres, enjoint au nom du roi à leur chef Capeluche, le bourreau, allié des bouchers, de reconduire les autres prisonniers sains et saufs au Châtelet. Capeluche jure d'obéir, puis finit par violer son serment[54]. Jean sans Peur, instruit des dérapages d'une révolte populaire en 1413, est bien décidé cette fois à l'étouffer dans l'œuf. Au prétexte de renforcer un corps de troupes assiégeant la ville, il réussit à diriger vers Montlhéry une grande partie des combattants « desdites communes ». Quant aux chefs des communes, il les fait arrêter, décapiter, pendre ou jeter à la Seine[55]. À l'encontre de Capeluche, l'exaspération de Jean sans Peur est à son comble ; le bourreau a parjuré et fait preuve à son égard d'une familiarité de mauvais aloi, lui parlant d'égal à égal et allant jusqu'à lui serrer la main[56]. Or, on ne serre pas la main de l'exécuteur des hautes œuvres qui donne la mort. Jean sans Peur ignorait son état. On arrête le bourreau Capeluche qui, sûr de lui et de sa popularité, buvait aux Halles à la taverne de l'enseigne de La Râpe, et on lui coupe aussitôt la tête. Ultime crânerie du personnage : en homme du métier, il explique à son aide, devenu son bourreau, comment opérer[57].

Remettons-nous dans le contexte de l'époque. Les chroniqueurs rivalisent dans le registre de l'horreur, comme le bourgeois de Paris : ils « rôtirent hommes et femmes au feu quand ils ne pouvaient payer leur rançon[58] ». L'explication est d'abord religieuse. Selon Juvénal, les débordements populaires suivis de massacres amenèrent la colère de Dieu sous la forme d'une variole qui les tua jusqu'au dernier ou presque. Il y en eut qui moururent subitement sans le secours des sacrements.

Pour un homme de son temps, le traumatisme ne parvient à être surmonté que par l'expiation et le châtiment des coupables, si ce n'est par la damnation éternelle, la deuxième mort, auquel la mort « subite » sans confession condamne meurtriers et victimes.

Pour nous modernes, avec le recul, l'interprétation des faits est plus complexe, plus subtile. Qu'y avait-il de spontané dans ces émeutes ? Dans quelle mesure les bourgeois parisiens ont-ils lâché la bride aux éléments les plus extrêmes et pourquoi ? La crispation contre les Armagnacs, les accents réformistes des libelles et des manifestes de Jean sans Peur trouvant une écoute attentive auprès des milieux les plus modérés suffisent-ils à assouvir notre soif de compréhension ? La conjonction de ces facteurs expliquerait le silence sur les premiers excès commis, puis la répression des répliques séditieuses des éléments les plus marginaux.

On s'est souvent plu à voir dans ces soulèvements qui surgissent dans des grandes villes comme Paris, Florence, Londres, Barcelone, les prémices d'une révolution, sinon d'une grande réforme tournée vers l'avenir, alors que ces révoltes ne sont motivées que par le retour du passé, le rétablissement des franchises, l'abolition des impôts.

Les clercs au service de l'État royal, comme Pintoin, parlent volontiers de séditieux, de rebelles, de ribauds, de brigands bousculant une société d'ordres et bravant la majesté royale, un vocabulaire étudié pour justifier la répression. Un fait nous semble assuré. Qu'ils soient bouchers, tanneurs, tisserands ou boutiquiers, qu'ils s'appellent Caboche, Jacqueville ou Capeluche à Paris, Wat Tyler en Angleterre, Michele di Lando à Florence, Berenguer Oller à Barcelone, les rebelles et leurs chefs ne sont jamais que des pions, pour reprendre une expression de Pierre Monnet, d'une partie qui continue de se jouer entre grands feudataires, princes et rois[59].

10
D'un meurtre l'autre

Le « tumulte du peuple » s'inscrit dans la guerre intestine qui déchire les princes du sang. Reste à connaître la situation de figures majeures : la reine, nous l'avons vue ; laissons de côté Charles VI, dont les épisodes de lucidité sont de plus en plus rares. Quant au dauphin, le futur Charles VII, dont la position est plus que singulière, il a jusqu'alors fort peu fait parler de lui. Ses conseillers, des Armagnacs patentés, peuvent à tout instant réduire à néant les tentatives de rapprochement : Robert Le Maçon, Jean Louvet, Tanguy du Chastel qui l'a soustrait aux émeutiers de 1418, Regnault de Chartres, archevêque de Reims, Arnaud Guilhem de Barbazan, Pierre de Beauvau, Jean de Torçay. Ce contexte d'instabilité chronique se prête mal à des ouvertures de paix.

Le « fils rebelle »

En août 1418, une réunion de prélats et de seigneurs se tient à Chinon à l'initiative de la reine de Sicile. Le duc de Bretagne, Alençon et Anjou y participent. On élabore des propositions de paix avec, au final, une convention (traité de Saint-Maur), signée le

16 septembre 1418 entre les partis[1]. Une amnistie générale sera proclamée ; chacun rentrera dans ses possessions ; les confiscations, exils, procès seront annulés ; décision prise de ne faire la guerre qu'aux Anglais ; le dauphin conservera la Touraine, Berry le comté de Poitou, Jean sans Peur ses terres d'avant le conflit ; les nominations aux offices dépendront du roi sur avis du dauphin et de Jean sans Peur. À rebours de la liesse populaire saluant le traité, Pintoin se montre sceptique sur ces négociations, son pronostic celui d'un inévitable et « honteux » déclin du royaume lié à un état endémique de discordes et de haines implacables : « Il n'y a pas d'exemple que le royaume eût jamais éprouvé de pareilles agitations, si ce n'est dans les changements de règne[2]. » La réaction des éléments les plus radicaux dans le parti des Armagnacs, hostiles au traité, lui donne raison.

L'échec tient aussi bien aux prises de position intransigeantes des Armagnacs qu'aux atermoiements de Jean sans Peur, soucieux avant tout de ne s'engager qu'avec prudence et au mieux de ses intérêts. Parallèlement à ces négociations, sur le terrain, la situation évolue peu. Le dauphin se rend en Touraine, assiège le château d'Azay acquis à Jean sans Peur, sous les quolibets de la garnison bourguignonne : « C'est ce qu'il reste des petits pâtés de Paris ! » lancent-ils du haut des tours, allusion à la légende « bouchère » des petits pâtés de chair humaine de la rue Chanoinesse (à proximité de la cathédrale Notre-Dame). Vers les années 1380, un barbier complice d'un charcutier assassinait ses clients réduits discrètement en petits pâtés vendus ensuite aux Parisiens ! Azay pris d'assaut, le dauphin agit de même devant

Tours le 26 novembre. La ville tombe en décembre, le gentilhomme qui la défendait se rallie à Charles[3].

L'année 1418 voit naître et s'affirmer chez le dauphin une personnalité de fils « rebelle » dont le roi, la reine et Jean sans Peur attribuent la responsabilité aux « courtisans » qui l'entourent et l'égarent : Robert Le Maçon, Jean Louvet, Raymond Raguier, perçus comme des « sédicieux et perturbateurs de toute paix[4] ». On peut penser, contrairement à Pintoin, que, dans ces années difficiles, l'adversité accélère la maturation et l'émancipation du jeune homme, alors âgé de 15 ans. De fait, l'intéressé commence à faire preuve d'une intelligence politique qui n'échappe pas à Juvénal. On s'en tenait jusque-là à l'image d'un jeune homme au caractère plutôt doux et sans aspérités, doté d'un tempérament débonnaire et timide, accaparé par un parti, celui des Armagnacs, dès le jour où il devint l'héritier désigné du trône – jugement à nuancer. Le 21 septembre 1418, une ordonnance du dauphin Charles crée un parlement à Poitiers. On y retrouve de nombreux magistrats révoqués par Jean sans Peur[5]. « On y procédait à une justice de qualité et rapide », commente Juvénal[6]. Et pour cause : Jean Juvénal père est le maître des requêtes, avant de présider le parlement de Poitiers en 1420 ! Sur le plan militaire, le dauphin réussit peu à peu à délimiter une implantation géopolitique en contrôlant trois villes d'importance : Bourges, Poitiers et Tours, ce qui l'amène à se proclamer officiellement régent le 26 décembre 1418[7]. Après la capitulation de Parthenay, dont le seigneur se range à son côté, la totalité des comtés de Poitou, de Berry et d'Aunis passent sous l'autorité du dauphin régent qui met toutes ses forces dans la conclusion de la paix, en cela assisté par le duc d'Anjou et le comte de Vertus. Sauf qu'un drame se joue ailleurs, en Normandie.

Rouen ville martyre

Exploitant le vide politique creusé par le déchirement des factions, les Anglais, très actifs, ont mis le siège devant Rouen ; siège qui va durer de la fin du mois de juillet à tout le second semestre de 1418. Les envoyés des Rouennais au roi sont tenus de « crier le grand harau », interjection qui marque la détresse[8], l'appel au secours, à l'assistance, au vu de l'urgence accentuée par des conditions du siège effroyables. La famine menace. Des négociations s'engagent à Pont-de-l'Arche fin novembre. Les exigences « extraordinaires » du roi d'Angleterre (la fille du roi de France – les ambassadeurs avaient apporté un portrait –, la duché de Normandie, dont il avait conquis une partie, l'Aquitaine, le comté de Ponthieu et d'autres seigneuries, sans les tenir en ressort du roi) sont rejetées. Pour bien comprendre ce qui se joue, il faut se replacer dans la perspective du temps, celle d'une conception du morcellement féodal des territoires et non pas d'une idée de nation. Tous ces territoires sont-ils cédés au roi d'Angleterre en pleine souveraineté ou avec simple ressort ? La négociation achoppe sur cette question[9].

La forte personnalité de Henri V n'est pas pour rien dans le déséquilibre des rapports de force, convaincu et le clamant bien haut que Charles VI n'est pas en état de sceller le traité, le dauphin pas encore roi, Jean sans Peur sans réelle légitimité pour « traiter des héritages du roi de France ». Le 24 novembre, le duc et le roi quittent Paris, en principe pour secourir la population de Rouen. De nouveaux émissaires arrivent de la ville pour témoigner de la détresse extrême des assiégés. Le duc de Bourgogne leur fait de vaines promesses. Nous sommes à la mi-décembre 1418. Selon Monstrelet, la faim tue cinquante mille personnes[10] : « Dès l'entrée d'octobre, les assiégés étaient contraints de manger chevaux, chiens, chats, souris, rats et autres choses non appartenant à créature humaine. » Douze mille hommes, femmes et enfants, chassés de la ville, meurent pour la plupart dans les fossés.

Jacques de Harcourt et le seigneur de Moreuil tentent des manœuvres de diversion autour de Rouen pour soulager les habitants. En vain. Cela n'empêche pas que, durant le siège, une joute a lieu selon les règles les plus strictes du rituel chevaleresque entre Lahen, bâtard d'Ally, un des capitaines de Rouen, et Jehan le Blancq : ils rompent trois lances. Étonnant contraste pour nous, modernes, de ces aventures de guerre qui installe au cœur même de la grande guerre le décor soigné de joutes chevaleresques, comme si deux mondes s'entremêlaient[11].

Rouen finit par capituler dans des conditions éprouvantes. Le roi, la reine et Jean sans Peur ont quitté Beauvais pour Provins, ce dernier ayant conseillé en secret aux assiégés de s'arranger avec le roi d'Angleterre du mieux qu'ils peuvent. Stupéfaction, tristesse et colère des habitants ! Six hommes, deux hommes d'Église, deux gentilshommes, deux bourgeois se rendent à la tente du roi, sans résultat. Henri V exige une reddition sans condition. La réaction des Rouennais est héroïque : les uns parlent de mourir plutôt que de se mettre en la servitude d'un roi étranger, d'autres de laisser la ville après y avoir mis le feu. Finalement, un traité est signé le 6 janvier 1419 : 360 000 écus d'or seront versés, trois hommes livrés au roi d'Angleterre qui agira avec eux comme il l'entend, les habitants jureront foi et loyauté. Les chaînes tendues dans les rues sont enlevées. Des trois notables livrés, un seul, Alain Blanchard, capitaine, est décapité. Il faut noter le réalisme du roi d'Angleterre : la ville n'est pas livrée au pillage ; les pénalités financières sont lourdes, mais en contrepartie le roi donne aux Rouennais l'assurance d'être protégés, à condition évidemment qu'ils prêtent serment ; leurs privilèges – franchises et libertés obtenues sous Saint Louis – seront confirmés. L'armée anglaise les ravitaillera en vivres[12]. Rien à voir avec les désastreuses redditions que l'on connaît ailleurs, au point que certains, comme Gui Le Boutillier, le capitaine de Rouen, « se rendit Anglais[13] ».

La reddition de Rouen entraîne celle d'autres villes « sans coup férir ». Selon le bourgeois de Paris, « aucun gentilhomme ne participait à leur défense, ou fort peu, à cause de la haine entre Bourguignons et Armagnacs[14] ». Vernon, Mantes, Meulan tombent. Certains vont jusqu'à porter la croix vermeille ou combattent aux côtés des Anglais. Monstrelet note le fait et souligne que l'information sur les ralliements de seigneurs et d'autres nobles hommes au parti anglais circula peu[15], alors que leur nombre n'est pas négligeable. L'héroïsme de la dame du château de La Roche-Guyon, veuve de Guy de La Roche-Guyon mort à Azincourt, atteste d'une rare résistance à l'envahisseur. Elle refuse d'épouser Guy Le Bouteiller, que le comte de Warwick lui destine au cas où il réussirait à réduire la forteresse. Pour elle, Guy Le Bouteiller est un traître, quelqu'un de déloyal. De plus, argue-t-elle non sans raison, « s'il naissait un enfant mâle de ce mariage, les deux fils qu'elle avait eus de son premier mari seraient privés de leur patrimoine[16] ». L'exemple de ces veuves héroïques n'est pas isolé au Moyen Âge.

Exigences anglaises, mariage et enjeux territoriaux

Fort de son avancée et de ses conquêtes, le 28 mars 1419, Henri V envoie ses ambassadeurs discuter d'une nouvelle trêve, ainsi que du projet déjà ancien de mariage de Catherine, fille de Charles VI, avec le roi d'Angleterre. Le 7 avril est signée à Vernon une convention : Henri V rencontrera Charles VI, Isabelle et leur fille Catherine le 15 mai entre Mantes et Pontoise, une trêve courant durant ce temps. Le 30 mai, avec deux semaines de retard, la réunion se tient dans un parc près de Meulan, environné de fossés et de planches hautes et solides, doté de trois entrées, les deux parties étant logées à Mantes et à Pontoise. Henri V, le roi, la reine, Jean sans Peur se retrouvent dans la « tente du Conseil » qui se dresse au milieu du parc. Juvénal décrit en détail les dispositifs adoptés pour cette négociation. Le passage mérite d'être cité *in extenso*, car il sert de cas d'école pour de nombreuses réunions diplomatiques futures, tant la crainte d'une trahison est grande :

Près de la porte de Meulan, vers Pontoise, se trouvait un pré encadré par la Seine d'un côté, un étang de l'autre côté, avec entre eux, au milieu, un chemin. Le pré avait été divisé en trois parties : la première, du côté de Meulan, abritait les tentes du roi, de la reine, du duc de Bourgogne, qui étaient très nombreuses ; à l'opposé, en aval de la Seine, se dressaient les tentes du roi d'Angleterre ; la troisième partie, au milieu, entre les tentes des rois de France et d'Angleterre, consistait en un champ de superficie moyenne, fermé, protégé par des fossés et des palissades, si bien qu'on n'y pouvait entrer que par trois endroits. À chaque entrée de solides barrières, chacune gardée par cinquante hommes fortement armés ; le côté du roi et de la reine face aux Anglais était pourvu de pieux joints entre eux constituant une fermeture totale, si bien que personne ne pouvait l'atteindre avec javelot ou flèche. Cette barrière de pieux se prolongeait jusqu'à la Seine et, en outre, il y en avait d'enfoncés dans le cours du fleuve afin d'empêcher les bateaux de remonter la Seine. Ainsi les deux parties ne pouvaient se rencontrer qu'au milieu du champ. Le camp anglais était aussi pourvu de fossés et de palissades, mais moins fortifié. Face aux barrières installées devant les tentes des rois de France et d'Angleterre, par lesquelles entraient dans le champ la reine et les siens, le roi d'Angleterre et les siens, s'élevait le pieu ou pal haut d'un pied seulement, où se rencontrèrent la reine et le roi d'Angleterre, pieu distant d'à peu près six toises des tentes de chaque camp. Le pavillon où se tenait la réunion avait été donné par la reine au roi d'Angleterre. À ce pavillon étaient reliés deux autres pavillons à ses deux extrémités, où se retiraient, quand bon leur semblait, la reine et le roi d'Angleterre.

Les maréchaux des deux camps proclamèrent à haute voix l'interdiction sous peine de mort de proférer la moindre insulte, d'arrêter ou d'emprisonner qui que ce soit sous prétexte de promesse non tenue ou de dette non payée, de lancer des pierres, de lutter, bref l'interdiction d'entreprendre quoi que ce soit susceptible de semer le trouble ; interdiction également de pénétrer dans le champ à l'exception de ceux qui en auraient reçu l'ordre ou qui y seraient appelés. Il y eut un Anglais qui, se croyant plus hardi que les autres, sauta au-dessus de la barrière et pénétra dans le champ : le maréchal d'Angleterre le fit saisir et ordonna sa pendaison qui fut aussitôt exécutée[17].

C'est un échec, encore un, tout comme le 10 novembre 1418 entre le dauphin et Henri V, toujours en raison des résolutions « extraordinaires » du roi d'Angleterre : à ce qui avait été donné à Brétigny, voici qu'il adjoint la Normandie, le tout dispensé d'hommage et de ressort judiciaire. Et d'ajouter comme exigence la remise de Catherine comme épouse. La difficulté provient de ce que plusieurs places fortes mentionnées dans le traité de Brétigny sont désormais aux mains du dauphin. Pour certains observateurs, comme Jean Rapiout, cela signifie une aliénation évidente de la Couronne[18]. Pour que l'opération aboutisse, tous les vassaux devraient dans un premier temps y consentir, ce qui est loin d'être acquis. De toute façon, Henri V n'a aucun droit sur le royaume de France depuis le meurtre commis sur Richard II. D'autres, comme Nicolas Rolin, penchent pour un accord avec l'Anglais, soutenant que le roi peut bien abandonner une part de son domaine avec la satisfaction d'avoir ramené la paix, un bienfait inestimable. Des délégués du dauphin – Tanguy du Chastel et Barbazan – tentent de faire « capoter » la négociation en suggérant une alliance séparée avec le dauphin, plus avantageuse qu'avec les Anglais. Lorsque, le 30 juin 1419, les pourparlers entre Henri V et Jean sans Peur avortent, le premier en tient responsable le second, n'ignorant pas que, dans les circonstances présentes, c'est bien Jean sans Peur qui détient la clé du royaume[19]. Très sûr de lui, le roi d'Angleterre s'adresse ainsi au duc de Bourgogne :

> « Beau cousin, nous voulons que vous sachiez que nous aurons la fille de votre roi et tout ce que nous avons demandé avec elle, ou nous le chasserons, et vous aussi, hors de son royaume. » Jean sans Peur rétorque que parler de cette manière n'engage que lui et qu'avant de parvenir à ses plans, chasser monseigneur le roi de France et le duc de Bourgogne, il sera bien fatigué de ses efforts[20].

Aussitôt après l'échec de la diplomatie anglo-bourguignonne, les échanges se multiplient entre les deux partis français. Jean sans Peur quitte Pontoise pour s'installer dès le 7 juillet 1419 à Corbeil, non loin du dauphin établi à Melun. Ils se retrouvent le lendemain à Pouilly-le-Fort, chacun se tenant à un bout d'une étroite et longue levée de terre, le ponceau Saint-Denis. Puis, avançant seuls à la rencontre l'un de l'autre, ils se rejoignent au milieu de la chaussée, dans une cabane de branchages verts et de ramures feuillées, garnie intérieurement de tapis de laine et de soie pour intercepter le soleil autant que la pluie. L'entretien dure depuis 6 heures environ jusqu'à 11 heures du soir. D'après Pintoin, on négocie âprement, les altercations sont nombreuses, la tristesse gagne le dauphin. La médiation de la « vénérable et prudente dame de Giac » envoyée par la reine sauve la conférence : elle reprend le 11 juillet[21]. Dans l'intervalle, une tempête éclate, un funeste avertissement pour beaucoup. Les deux hommes finissent par se mettre d'accord, jurant sur les Évangiles « amitié, concorde et union », promettant d'oublier les offenses et de se porter secours mutuellement, de s'engager à l'expulsion des Anglais, à renoncer à toute alliance ancienne contraire à l'intérêt de l'une des deux parties. Si l'un des alliés contrevient aux articles du traité, ses gens se trouveront immédiatement déliés de leur serment de fidélité. Jean sans Peur arrache l'abandon de toute idée d'expiation pour le meurtre de Louis d'Orléans, l'une des demandes obstinées des Armagnacs dans la guerre civile ! Le traité de Pouilly reprend les dispositions des projets de La Tombe et de Saint-Maur laissés en déshérence. Le 20 juillet 1419, le traité est confirmé, les lettres lues au Parlement augmentées d'un mandement du roi portant « absolution générale de tous les crimes et cas perpétrés en son royaume à l'occasion des divisions avant passées[22] ». Fêtes et processions célèbrent la paix à Paris.

Ce début de réconciliation entre Jean sans Peur et le dauphin déplaît à Henri V, qui considère avec bon sens qu'unis, le duc et Charles VI seront plus dangereux que divisés[23]. Il prend l'offensive, s'empare de Gisors, puis de Pontoise par surprise le 31 juillet, peut-être avec la complicité des gens de Jean sans Peur d'après des témoins cités par Juvénal. L'avancée anglaise semble irrésistible, personne n'osant lui tenir tête, selon Pintoin[24].

La signature du traité entre le duc de Bourgogne et le dauphin a suscité bien des espoirs, sauf que les gens avisés font remarquer le peu de sincérité qui grève les promesses, non tenues en réalité[25]. Rien n'est réglé. Les hommes d'armes des deux partis, abandonnés à eux-mêmes, pillent le pays de plus bel. L'incapacité de pouvoir acheminer sous bonne garde les approvisionnements vers Paris entretient l'inflation, les prix s'envolent. « Mille bottes de foin un peu plus gros qu'une poignée coûtaient plus de 20 francs d'or[26]. » Pintoin, âgé de 70 ans quand il écrit ces lignes, ne se souvient pas d'avoir vu les objets de consommation courante aussi chers[27]. La haine entre Bourguignons et Armagnacs ne peut que s'accroître, « plus mordante encore que par le passé[28] », témoigne Monstrelet.

Les affrontements entre Anglais et Français s'enchaînent : prise d'Avranches et de Pontorson par les gens du dauphin, prise de Pontoise par les Anglais, exode des habitants vers Paris le 31 juillet. Saint-Denis est pillé par les Anglais, les cellules des moines sont transformées en bordels[29].

Le drame de Montereau

Face à la menace d'un siège de Paris par les Anglais, le duc de Bourgogne fait venir le roi et la reine à Troyes où s'établit le gouvernement. Les tractations entre le dauphin régent (il se fait appeler ainsi depuis qu'il s'est autoproclamé régent le 21 août 1419 ; par commodité, nous dirons plutôt ici « le dauphin ») et Jean sans Peur n'ont jamais cessé. Les articles de la paix avaient été rédigés, promis, jurés. Le 10 août, les ambassadeurs du dauphin se rendent à Troyes. Ils invitent le duc de Bourgogne à tenir sa promesse et à voir le dauphin. En guise de réponse, le duc convie ce dernier à se joindre à eux à Troyes. Des deux côtés, la prudence est de mise. Mais, vivement sollicité par les envoyés du dauphin, Tanguy du Chastel en particulier, pressé par la dame de Giac et Philippe Jossequin dans son propre camp, le duc finit par accepter le 28 août à retrouver le dauphin, qui demeure à Montereau depuis le 24. Un manifeste daté du 5 septembre adressé aux bonnes villes par le dauphin et Jean sans Peur à destination de l'opinion publique rend compte des pratiques consensuelles des deux côtés. Ils annoncent « labourer » chaque jour d'un commun accord à l'exécution des résolutions jurées, à chasser par exemple les Anglais hors du royaume. Le duc, de caractère sombre et taciturne, est la défiance même. En proie au doute, malgré la forte troupe qui l'accompagne, il s'arrête à Bray-sur-Seine. Parmi les émissaires qui viennent à Troyes le 14 août, à Bray le 1er septembre, on retrouve Tanguy du Chastel, un jouteur expérimenté, partisan zélé des Armagnacs. Sa participation à la commission bipartite chargée de régler les problèmes de sécurité « devient le gage de la régularité[30] » de la rencontre, mais sa responsabilité morale dans les événements qui vont suivre est malgré tout engagée. Le 10 septembre, Jean sans Peur quitte Bray-sur-Seine pour Montereau, entouré des gentilshommes de son hôtel, de cinq cents hommes d'armes et de deux cents archers et arbalétriers.

Arrivé à Montereau le 10 septembre, il s'installe dans le château évacué par les gens du dauphin qui habitent depuis le matin dans une hôtellerie près du pont au confluent de la Seine et de l'Yonne. La Seine partage le château de Montereau de la ville, un pont de pierre reliant les deux rives. L'entrevue est prévue sur le pont aménagé à cet effet. Méfiants, le duc et ses conseillers hésitent encore.

> Il crut remarquer dans la disposition étrange des lieux l'indice de quelque projet de trahison, parce qu'il fallait d'abord passer sous une herse et qu'ensuite, au lieu d'aller droit, il fallait prendre des passages obliques et tortueux semblables à un labyrinthe, pour arriver au lieu de l'entrevue où le dauphin attendait en personne le duc qu'il avait mandé. Les barons de sa suite, agités de funestes pressentiments, lui conseillaient de ne pas entrer. Il alla néanmoins jusqu'au bout[31].

Le dispositif pour l'entrevue sur le pont se présente ainsi : chaque extrémité du pont sur l'Yonne est pourvue de chicanes et de barrières de chaque côté, le duc doit rencontrer le dauphin au milieu. Au milieu du pont, des palissades forment un enclos, un « parc », avec une ouverture des deux côtés. Une porte a été aménagée à chaque entrée pour permettre le passage des deux hommes et de dix seigneurs légèrement armés qui les escortent de part et d'autre. Jusqu'au dernier moment, l'entourage de Jean sans Peur le met en garde contre les dangers d'une entrevue aussi périlleuse, au vu de l'étrange agencement des lieux. Ceux qui accompagnent le dauphin ne peuvent être que des amis de ceux gravement lésés par les Parisiens, pour ne rien dire des vassaux dont le seigneur a été assassiné, comme Louis d'Orléans[32]. Juvénal signale aux côtés de Jean sans Peur la présence d'un juif, maître Mousque, qui lui conseille de ne pas y aller[33] ; d'autres au contraire l'incitent à le faire. Jean sans Peur déclare clairement qu'il ira, même s'il doit « mettre sa personne en danger pour un bien aussi grand que la paix ». On relève les mêmes embarras du côté du dauphin. Peut-on se fier à un homme qui, la veille de l'assassinat du duc d'Orléans, avait prêté serment sur l'hostie consacrée d'être « pour le duc un vrai, un loyal parent » ? Combien de paix « fourrées » depuis ce temps, de traités non respectés, de promesses non tenues ?

Dans le château où se trouve Jean sans Peur, il est procédé à l'échange des noms de dix personnes autorisées, de part et d'autre, à accompagner leurs maîtres jusqu'au lieu même de l'entrevue. Du côté de Bourgogne, on remarque Charles de Bourbon, Jean de Vergy, Antoine de Vergy, Jean de Fribourg, Guy de Pontailler, Archambaud de Foix, Guillaume de Vienne, Jean de Neufchâtel, Charles de Lens et Pierre de Giac. Le dauphin emmène avec lui Tanguy du Chastel, Guillaume de Narbonne, Pierre de Beauvau, Huguet de Noyers, Pierre Frotier, Guillaume d'Avaugour, Louis de Scorailles, Robert de Lairé, Olivier Layet et Guillaume Bataille ; son chancelier Robert Le Maçon et le président Jean Louvet continueront à l'assister de leurs conseils. À l'entrée sur le pont, on s'assure qu'ils n'ont sur eux que de petits hauberts et des épées. Juvénal seul atteste qu'ils furent fouillés[34]. On prête les serments. Une fois sur le pont, chacun poste ses gens à la garde des deux portes, le dauphin à celle donnant sur la ville, le duc de Bourgogne à celle ouvrant vers le château. Ni Jean sans

Peur ni Charles ne sont privés de communication avec les leurs. Accompagné de dix des siens – les autres sont restés au-dehors –, Jean sans Peur pénètre dans le parc réservé par le guichet dont la porte est fermée à clé après leur passage[35]. Dans le « parc », déjà présent et adossé à une des palissades, le dauphin l'attend.

Laissons la parole à Juvénal, qui a cette particularité de livrer plusieurs versions de l'événement plutôt que de se prêter à une reconstruction *a posteriori* des faits en une synthèse forcément lacunaire. Il prend ses précautions avant de raconter cette entrevue, dont le déroulement fut très controversé en son temps. Il s'est renseigné à la source même de l'événement :

> Après leur entrée, les récits divergent totalement sur les événements qui se déroulèrent. Voici la relation des partisans du duc de Bourgogne. Lorsqu'il vit le dauphin, le duc de Bourgogne s'agenouilla, lui présenta ses respectueuses salutations comme il convenait, en disant : « Monseigneur, je suis venu à votre demande. Vous connaissez l'état de désolation de ce royaume, votre futur domaine. Occupez-vous à son redressement. Pour ma part, je suis prêt, disposé à m'y risquer ainsi que mes vassaux, sujets et alliés. » Alors le dauphin ôta son chapeau, le remercia et lui dit de se lever et alors que le duc se levait, le dauphin fit signe à ceux qui l'accompagnaient. C'est alors que s'approcha de lui Tanguy du Chastel qui le poussa par les épaules en lui disant : « Avancez », et le frappa sur la tête avec une hache, le tuant. Il y en eut un autre, le seigneur de Noailles, qui fut mortellement blessé et mourut trois jours plus tard.
>
> Mais il existe aussi un récit très différent, le voici. À leur arrivée, c'est le dauphin qui parla en premier et dit

au duc de Bourgogne : « Mon cher cousin, vous savez qu'au traité de paix récemment conclu à Melun, nous sommes convenus de nous rencontrer dans un délai de un mois pour nous entretenir des affaires de ce royaume et pour trouver le moyen de résister aux Anglais, vieux ennemis de ce royaume, ce que vous nous avez promis et juré de faire. Le lieu où nous sommes a été choisi et nous nous sommes empressés d'y venir et nous vous y avons attendu pendant quinze jours, durant lesquels nos gens et les vôtres ont commis beaucoup de méfaits au détriment de la population tandis que nos ennemis poursuivent la conquête de la France. Aussi, je vous en prie, demandons-nous ce qu'on pourra faire. Je considère qu'entre nous la paix est déjà faite ainsi que nous l'avons promis et juré ; par conséquent, cherchons comment résister aux Anglais. » Le duc lui répondit qu'il serait impossible de prendre une décision ou d'entreprendre une action en l'absence du roi son père, qu'il fallait qu'il vienne. À quoi, sur un ton très calme, le dauphin répliqua qu'il se rendrait auprès de son père quand bon lui semblerait, non pas sur ordre du duc de Bourgogne, que tout le monde savait que ce qu'ils entreprendraient tous deux, le roi l'approuverait. Ils continuèrent à parler, puis Noailles s'approcha du duc, rouge de colère, qui dit : « Monseigneur, que vous le vouliez ou non, vous viendrez voir maintenant votre père », porta sa main gauche sur le dauphin, tirant à moitié son épée du fourreau de l'autre.

Mais Tanguy du Chastel prit alors le dauphin dans ses bras et le fit sortir de l'enclos de la rencontre. Il y eut des hommes qui frappèrent le duc de Bourgogne et le seigneur de Noailles qui périrent. Les gens du château de garde à la porte de l'enclos ne s'en soucièrent pas, car ils croyaient que c'était le dauphin qui avait été tué. Charles de Bourbon était présent du côté du duc de Bourgogne et fut très content de passer dans le camp du dauphin. Le dauphin avait-il ou non l'intention de faire tuer le duc de Bourgogne ? On ne le saura jamais : quant à Tanguy du Chastel, son unique but était de sauver le dauphin son maître. La mort du duc déplut énormément au dauphin ainsi qu'à beaucoup de gens de son parti. En revanche, les extrémistes du parti d'Orléans disaient qu'il s'agissait d'une punition divine et tenaient divers autres propos à peu près dépourvus de valeur et qu'il ne convient pas de rapporter. D'autres attribuaient la faute à l'entourage du duc de Bourgogne, car personne ne prit la peine de défendre son maître, sauf le seigneur de Noailles qui fut blessé au point de mourir. Ils étaient dix du côté du duc et il ne restait que quatre hommes du dauphin, car les autres étaient partis avec leur maître que Tanguy du Chastel emportait. Le bruit courut dans la ville et le château que c'était le dauphin qui avait trouvé la mort. C'est pour cette raison qu'il monta à cheval et se montra à ses hommes. Les seigneurs de Saint-Georges, de Toulongeon et d'autres furent capturés et ceux qui se trouvaient au château s'en allèrent. Néanmoins un certain Philippe Jossequin, un des intimes du duc de Bourgogne, passa dans le camp du dauphin, et c'est par lui qu'on apprit les intentions du duc[36].

Culpabilité du dauphin ?

La relation de Juvénal laisse en suspens la question suivante : le dauphin a-t-il prémédité le meurtre de Jean sans Peur ? À le lire, en effet, on relève certaines invraisemblances. Comment Tanguy du Chastel a-t-il pu pénétrer dans l'enceinte avec une hache ? Si les contemporains, dont Juvénal, sont d'accord pour considérer que le duc de Bourgogne a été attiré dans un guet-apens, aucun des chroniqueurs qui ont rapporté le crime n'était présent à Montereau. Par ailleurs, l'entourage du dauphin avait nourri et développé en lui, dès son plus jeune âge, un sentiment de défiance et d'hostilité à l'encontre de Jean sans Peur. De là à proposer l'élimination physique du duc, il y a un abîme, c'est du moins l'avis de Juvénal. Il semble au contraire que ce dernier, bien informé, ait exploité au maximum les éléments d'information dont il disposait pour dédouaner Charles de toute culpabilité. « Personne n'a accusé le dauphin d'y avoir consenti [...] il est établi que le dauphin éprouva le plus grand mécontentement de ce meurtre[37]. » Cette noble affirmation ne résout pas la question de savoir la part de responsabilité personnelle du dauphin dans le complot. Le meurtre a-t-il été le fait de son entourage ? Et si oui, a-t-il donné son consentement ? Nous avons vu le jugement de Juvénal. Voyons celui des autres narrateurs.

Monstrelet est le plus disert. Il met en évidence les craintes de l'entourage du duc de Bourgogne, les nouvelles et les rapports d'éclaireurs qui couraient d'heure en heure sur les intentions du dauphin et les dispositifs mis en place. Il insiste sur la détermination du duc : s'il reculait et que la guerre reprenne, « la charge et le déshonneur retomberaient sur lui ». Monstrelet façonne les premiers traits d'une image forte de bouc-émissaire et de martyr. Jean sans Peur passe la première, puis la seconde barrière du pont, on la referme derrière lui, il s'approche du dauphin, le salue en s'agenouillant. Le dauphin lui répond « sans montrer quelque semblant d'amour » et lui reproche son retard. Pourquoi avoir tant tardé avant de prendre sa décision ? Le ton monte. Charles poursuit ses récriminations et argumente : Jean sans Peur ne tient pas ses promesses, refuse de faire la guerre aux Anglais, de licencier ses hommes d'armes conformément aux engagements pris. Robert de Loire lui intime de se relever et le duc, voyant son épée ceinte qui avait glissé vers l'arrière, va pour la remettre en place en se relevant. Messire Robert de Loire l'interpelle : « Mettez-vous main à l'épée en présence de monseigneur[38] ? » Le signal est donné : les coups pleuvent. Le dauphin, appuyé sur la barrière, témoin de « cette merveille » (au sens ancien du terme : « cet acte terrifiant »), se retire, comme effrayé. Jean Louvet (et non plus Tanguy du Chastel, comme chez Juvénal) le ramène immédiatement vers son hôtel. Monstrelet n'a aucun doute sur la responsabilité des assaillants : Louvet, Narbonne, Guillaume Bataille, Tanguy du Chastel, François de Grimailles, Robert de Loire, Pierre Frotier, Olivier Layet, Ponçon de Nemach et quelques autres. Ils ont machiné – Monstrelet l'affirme sans fard – l'assassinat de Jean sans Peur ; et ce avant même Montereau, lors de l'entrevue de Pouilly-le-Fort. Monstrelet pointe du doigt la responsabilité de l'entourage du dauphin :

> Il y avait en ce moment dans la compagnie dudit dauphin plusieurs personnes bien connues qui n'étaient pas au courant du secret de cette affaire et auxquelles elle déplut vivement, car elles considéraient les désordres, reproches, infortunes pouvant en découler aussi bien pour le royaume de France que pour la personne de leur

> seigneur et maître, le duc de Touraine, le dauphin. Il y avait entre autres Jean d'Harcourt, comte d'Aumale, et le seigneur de Barbazan. Ledit Barbazan en fut fort scandalisé et reprocha à plusieurs reprises ce crime à ceux qui l'avaient organisé. Il déclara qu'ils avaient anéanti l'honneur et la réputation de leur maître, ajoutant qu'il aurait préféré avoir été mort plutôt que d'avoir assisté à cet événement, bien qu'il en fût innocent[39].

Un peu plus loin, Monstrelet reproduit les lettres du dauphin adressées aux bonnes villes du royaume : pendant l'entrevue, « ledit de Bourgogne nous répondit de façon insensée et sortit son épée pour attaquer et faire du tort à notre personne dont, nous l'avons appris plus tard, il tentait de s'emparer pour la soumettre à son pouvoir. Grâce à Dieu et à l'aide de nos loyaux serviteurs nous y avons échappé et, par sa folie, il mourut à cet endroit[40] ».

Quittons Monstrelet et venons-en au témoignage de Pintoin qui, lui aussi, fait les mêmes réserves sur sa propre relation des événements, puis, dans un récit écourté, n'écarte pas la thèse du complot incriminant l'entourage du dauphin, ce dernier compris. Il rappelle qu'à l'arrivée du duc, le dauphin protesta vivement contre son action :

> Il finit en lui disant qu'il [Jean sans Peur] avait jusqu'alors dirigé les affaires du royaume avec une insolence extrême. Après quelques autres reproches suivis de récriminations, le duc, voyant qu'on ne tenait aucun compte de toutes ses excuses, et ne pouvant obtenir qu'on remît la conférence à un autre jour, demanda humblement la permission de se retirer. Alors, si l'on en

croit les déclarations que les conseillers du roi firent plus tard afficher publiquement aux portes des églises, le dauphin donna le signal en fronçant le sourcil et en portant la main à son front comme pour s'essuyer. Ô aveuglement et imprévoyance des mortels ! Aussitôt les perfides chevaliers ci-dessus nommés se jetèrent sur le duc, avant qu'il eût atteint la porte de cet exécrable repaire et l'assassinèrent traîtreusement. Le brave sire de Noailles, qui avait voulu faire au duc un rempart de son corps, tomba également sous leurs coups[41].

Comment se faire un avis plus précis de la responsabilité du dauphin ? Comme Juvénal le signale, des enquêtes furent diligentées sur l'assassinat de Jean sans Peur, notamment dans le camp bourguignon : plusieurs rapports et procès-verbaux ont été rédigés. Le *vidimus* de quatre documents de 1425 et 1426 accréditent la thèse de la conjuration machinée par le dauphin. Dans l'un, une lettre de Tanguy du Chastel, on trouve une scène étonnante. Un Conseil se tient, au cours duquel est discuté le projet de meurtre de monseigneur de Bourgogne, en l'absence du chancelier, Robert Le Maçon, seigneur de Trêves. Le dauphin le convoque à trois reprises, il refuse, on finit par le découvrir prostré, affalé à plat ventre sur son lit dans sa chambre ; on l'interroge et il répond :

> Plût à Dieu, monseigneur de Valence, que je fusse à Jérusalem, sans denier ni maille, et que jamais je n'eusse vu ce seigneur ici, car j'ai grand peur qu'il ne soit mauvaisement conseillé et qu'il ne fasse aujourd'hui chose de quoi ce royaume et lui soient perdus[42].

Ces dernières déclarations peuvent-elles avoir été inventées ? Il ne semble pas. En tout cas, elles montrent bien que la folle décision a été disputée, soupesée, un temps ajournée, puis reconsidérée par le dauphin et ses conseillers les plus radicaux, ceux impatients de venger Louis d'Orléans et le connétable Bernard d'Armagnac. Ces rapports, ces témoignages corrigent sur certains points la présentation de Juvénal, favorable, elle, au dauphin. On peut donc conclure, à l'inverse des apologistes de la royauté, que le meurtre de Montereau a été prémédité et perpétré avec l'accord du dauphin régent, le futur Charles VII. Si ce dernier s'en est toujours défendu, les Parisiens, pas dupes, considèrent que le duc a succombé lors d'un cruel assassinat planifié par le dauphin et ses affidés.

Les assassins n'étaient pas des légistes, leur action ne s'inscrivait pas dans une logique politique, mais rituelle. Quel était donc l'intérêt ou l'utilité d'une telle action ? Proches des Orléanais et des Armagnacs, membres pour la plupart de cette « famille » au sens large de « clan », celles de Louis d'Orléans et du connétable, ils ont voulu venger la mort de Louis d'Orléans et le massacre du comte d'Armagnac dans sa prison, sans mesurer les conséquences de leur acte. Œil pour œil, dent pour dent ! Si Jean Petit a trouvé quelques motifs justifiant l'homicide de Louis d'Orléans, l'issue de Montereau fatale au duc de Bourgogne n'avait d'autre raison que la loi du talion récusée par l'Évangile (Matthieu 5, 38-39, Luc 6, 29). Les meurtriers s'en sont-ils aperçus ? Probablement pas. Michelet conclut : « Quelque peu regrettable que fût le duc de Bourgogne, sa mort fit un mal immense au dauphin[43]. » Le fils du roi, présent sur les lieux du crime, avait lui-même donné le signal de l'assassinat de son cousin[44].

Montereau eut un impact considérable, sur les plans politique et psychologique. Soixante ans plus tard, l'irréparable obsède encore Louis XI avec une acuité insolite. L'attentat de Montereau est toujours présent à son esprit. Hanté par la crainte que ne se renouvelât une histoire aussi tragique, il en rappelle le souvenir à Commynes : « Aussi jamais division ne commença dans un pays qu'elle n'eût à la fin des conséquences fâcheuses et ne fût difficile à terminer[45]. »

La poésie dit le vrai : Le Pastoralet

Nous avons cité jusqu'à présent les témoignages des chroniques et des traités. La « maudite guerre » des Armagnacs et des Bourguignons a laissé d'autres traces. La littérature s'en est emparée.

Un texte remarquable, *Le Pastoralet,* long poème de neuf mille cent quarante-deux vers, daté entre 1422 et 1425, peu de temps après la signature du traité de Troyes, pour être plus précis peu avant la mort du roi d'Angleterre Henri V qui y est annoncée, raconte sous le voile de la pastorale le récit des événements allant de la mort de Louis d'Orléans (*alias* Tristifer) à celle de Jean sans Peur (*alias* Léonet), scrute les antagonismes destructeurs des Léonois, les fidèles de Jean sans Peur, et des Lupalois, ceux de Bernard d'Armagnac. Le poème s'ouvre sur un décor champêtre. Son narrateur se déplace à travers la campagne, conformément à un schéma habituel dans la poésie du temps. Il assiste aux ébats des bergers partageant des amours légères dans un lieu de loisir et de jouissance qui ravit l'œil. Soudain le ciel champêtre se couvre de nuages. La raison de ce changement s'explique par les amours de Tristifer et d'Isabelle, *alias* Belligère. On connaît la suite : vingt chapitres rapportent les désordres et les affrontements entre partis, jusqu'à la mort de Léonet sous les coups des Lupalois.

L'auteur de cette fiction n'est connu que par un pseudonyme, Bucarius, dont le nom apparaît en acrostiche à la fin du texte. Il est impossible d'aller plus loin dans l'identification. Bucarius dit avoir écrit son poème en s'inspirant de deux sources historiques, la chronique latine de l'abbaye de Cercamp et les *Grandes Chroniques de France*. Notre auteur, picard, est probablement originaire de la région de Saint-Pol, où se trouve l'abbaye de Cercamp, ce que tend à prouver la place importante accordée dans le poème à Waleran de Luxembourg (*alias* Philomars), comte de Saint-Pol, enterré dans l'abbaye de Cercamp, fondée par les Luxembourg, et à Enguerrand de Bournonville (*alias* Bellagus), vassal du comte de Saint-Pol.

Dans le poème, Léonet a le beau rôle. Dans cet équilibre instable causé par les amours de Tristifer et Belligère, par le conflit des Bosquois (Bourguignons) et des Forestiers (Armagnacs), l'intervention de Léonet ramène la paix. À lui seul, il incarne l'Arcadie heureuse, l'unanimité retrouvée des bergers. Sa mort fait l'objet d'une mise en scène particulière, empreinte de réminiscences messianiques. Il apparaît sous les traits du bon pasteur, rassembleur de troupeaux. La « leece » (la joie) qui irradie le lieu clos – soulignée par le rapprochement « Léonet-leece [joie] » – fait du berger une figure exemplaire, dont le meurtre à la fin du poème, lourd de sens, renvoie au modèle christique : la mort de Léonet ressemble fort à une passion. Vu comme « martyr » (vers 8573), figure du Christ, figure quasi féminine introduite par l'image du bon pasteur qui « couve » ses brebis[46], Léonet est trahi par un des artisans du guet-apens, tel Jésus par Judas, un des Douze qui plongea la main dans le même plat (Mc 14, 20), c'est-à-dire Jossequin, *alias* Fassoy (« Léonet était un bon père pour lui, lui qui hâtait sa mort », vers 8317-8318).

Dans l'Évangile de Jean 10, le bon berger est opposé au brigand qui vient pour égorger et au mercenaire fuyant quand surgit le loup. Léonet est non seulement le défenseur des brebis, mais aussi le gardien de l'enclos ou jardin entouré d'une clôture (« pourpris »). Par le biais de la parabole du bon pasteur, Bucarius tente une expérimentation étonnante, unique dans le champ littéraire. Transformer l'image idyllique du *locus amoenus* en un lieu dévasté par des affrontements sanglants, faire de l'histoire du héros un « *remake* de la Passion », transfigurer le rôle d'un des acteurs en ambition messianique, face à des ennemis qui ne le comprennent pas. Léonet dépasse, par l'aura christique que lui confère Bucarius, la simple évidence que pourraient lui donner les chroniques partisanes d'inspiration bourguignonne. Il incarne une image puissante, percutante, de légitimité religieuse et politique, une expression du sacré à laquelle est attachée la majesté surinvestie par les référents évangéliques : Léonet donne sa vie pour ses brebis, ignore la trahison et la délation, il est trahi par un de ses proches. Que lui reprocher, sinon d'avoir trop bien aimé Florentin, son roi ? Ceux des Bourguignons qui restent en vie se trouvent disculpés d'un passé compromettant, capables de forger une paix durable sur de nouveaux fondements politiques.

Dans cette opération, dans cette transmutation poétique d'un récit en un autre, il y a pertes et profits. Bucarius passe l'estompe sur un certain nombre de faits qui ne rentrent pas dans son modèle. Tel n'est pas son but. Un clerc, dit-il, « qui aimerait écrire un roman et qui voudrait le mettre en récit aurait bien la matière de quoi écrire longtemps en secret ». Il écrit « par pastourie », « par voie couverte ». « Qui y voudra, qu'il glose » (vers 9124-9126). C'est pleinement la fonction de la pastorale de traduire les émotions collectives, de transcrire les sentiments et les passions « tristes ». Elle permet de voir le monde hors du cadre habituel ou conventionnel (celui de la courtoisie, ou des miroirs, ou même des chroniques). C'est donc bien un support, un média original, le plus approprié à l'expression immédiate d'une sensibilité politique. Ne parlons pas de propagande pour éviter tout risque d'anachronisme, mais il y a une volonté, dans et grâce à la poésie, d'extérioriser les attentes, voire les angoisses, de l'opinion. La cour de Bourgogne offre un environnement culturel propice à ces expérimentations fictionnelles, décalées, audacieuses. Il n'y manque même pas Gerson, sous la figure d'un berger à long « jupel » (casaque étroite et courte serrée à la ceinture par les bergers) qui, en chaire, admoneste les bergers allumant des mèches qui évoquent le meurtre de Tristifer (vers 5763-5883). À propos du *Pastoralet*, Johan Huizinga parlait d'un « monstre littéraire ». En fait, la pastorale, donc *Le Pastoralet*, fixe un point de vue à un moment donné. Le poème a toutes les allures d'une justification politique dans un cadre poétique.

QUATRIÈME PARTIE

Vers la paix

11
Les trois France

Le corps de Jean sans Peur est dépouillé de ses vêtements ; on lui enlève ses bijoux ; son cadavre reste sur place jusqu'à minuit, puis il est transporté sur une table dans un moulin ; le lendemain mis en terre en l'église Notre-Dame « avec son pourpoint, ses houseaux, sa barrette tirée sur son visage et lui fit-on prestement douze messes[1] ». Alors que dans son propre camp quelques voix s'élèvent contre le meurtre de Jean sans Peur, dont celles de Barbazan arrivé trop tard, et que l'événement risque d'entraîner des conséquences incalculables pour le dauphin, ce dernier ne reste pas inactif. Après avoir obtenu la reddition du château de Montereau, il envoie une lettre aux « bonnes villes » du royaume le 11 décembre 1419, dans laquelle il donne sa version du meurtre. Aux récriminations et demandes d'explication du dauphin, dit-il, Jean sans Peur a répondu par « aucunes folles paroles, et tira son épée, afin de nous assaillir et mettre à mal notre personne, laquelle, comme nous l'avons su après, il tendait à prendre et mettre en son pouvoir[2] ». C'est donc un acte de légitime défense. D'autres lettres du même registre sont envoyées du 10 au 27 septembre pour appuyer la même thèse. Il en adresse une autre à Philippe, le fils de Jean sans Peur, le suppliant de « prendre en patience » les choses, sans céder aux « inductions » (instigations, incitations) des gens de son entourage, de maintenir la paix et de tenir les engagements signés entre le dauphin et Jean sans Peur avant Montereau. Le même ton d'apaisement se retrouve dans la lettre à Michelle de France, sa sœur, l'épouse de Philippe. Les manifestes s'accompagnent d'un appel à la résistance des villes et au ralliement à sa personne.

Du côté bourguignon, les dispositions sont naturellement tout à fait différentes. Comme au temps des pires crises, une active propagande va cristalliser les volontés pour disqualifier le dauphin, étouffer ses initiatives et ruiner le peu de légitimité dont il dispose encore.

Déchéance du dauphin

Les villes sont les premières visées. Le seigneur de Montaigu leur envoie des lettres pour les mettre en garde contre les « paroles et mensonges » du dauphin. Comment réagit Paris ? À l'annonce de la mort de Jean sans Peur, dit Pintoin, la population est saisie « d'une sorte de fureur frénétique[3] » ; elle veut se venger en égorgeant tous les Armagnacs. Les bourgeois les plus notables ont alors interdit le port d'armes et les actes de justice expéditive ; en revanche, ils ont demandé aux Parisiens de porter sur leurs tuniques et leurs chaperons la croix de saint André, comme du vivant du duc, et de ne pas rejoindre le camps des Armagnacs, sous peine de mort. Les Parisiens prêtent serment au comte de Saint-Pol de leur attachement total à la cause bourguignonne, s'engagent à ne pas livrer la capitale et à poursuivre les « conspirateurs coupables » du meurtre. On fait plus : on convient de traiter avec les Anglais, conscients, pourtant, qu'ils restent les plus mortels ennemis du royaume[4].

Le maréchal de Chastellux et le sire de Tonlongeon sont missionnés pour ce faire. Henri V réagit aussitôt (vers le 27 septembre), chargeant le comte de Warwick, député à Paris, de rassurer la population qui redoute au plus haut point « la tyrannie des gens du dauphin[5] ». L'initiative prise dans la capitale est-elle combinée avec le Conseil, dirigé par la reine qui siège à Troyes ? Une lettre d'Isabelle au roi d'Angleterre le 20 septembre ne laisse planer aucun doute sur ses intentions : elle condamne l'« énormité » du crime commis par le dauphin à l'encontre de Jean sans Peur, violant les engagements jurés à la paix de Corbeil. Elle veut traiter avec les Anglais, demande un sauf-conduit valable pour quarante personnes dans l'intention de négocier. Y a-t-il un débat à la cour de Bourgogne sur le choix à prendre ? La duchesse envoie plusieurs messages à son fils pour « lui exposer le grant droit qu'il avait eu la poursuite de la vengeance de la mort de monseigneur le duc Jean sans père[6] ». Une alliance avec le roi d'Angleterre s'impose, même si plusieurs feudataires ne le souhaitent pas, tel Charles de Bourbon (le fils aîné de Louis de Bourbon, prisonnier en Angleterre depuis Azincourt). Bien qu'il fît partie des dix seigneurs qui se trouvaient auprès de Jean sans Peur à Montereau, il rejoint le camp du dauphin. Jeanne du Peschin, la dame Giac et Jossequin, le traître du *Pastoralet* sous le nom de Fassoy, agissent de même. Des « conversions », qui, si elles sont rares, dénotent la volatilité des affiliations.

Loin de profiter au dauphin, la mort de Jean sans Peur ligue tout le monde contre lui. Les négociations commencent en vue d'un traité de paix entre Henri V, Bourguignons et Charles VI ; elles vont prendre du temps, impliquant de très longues discussions. Le roi d'Angleterre prétend à disposer de toutes les terres conquises sans condition d'hommage, à la main de la fille du roi et au titre de régent du royaume.

Sa personnalité impressionne. Voici un homme, d'après Pintoin, qui ne s'encombre pas de mots inutiles, allant toujours droit au but et se bornant à dire : « C'est impossible », ou au contraire : « Il faudra que cela soit. » Henri V se montre affable, d'une grande courtoisie avec les ambassadeurs français, scrupuleux observateur de la justice, néanmoins sans relâchement dans la discipline militaire[7]. Pintoin ajoute qu'à la différence des Français, plus laxistes sur ce point, il interdisait l'introduction de prostituées dans son camp[8]. Une trêve est finalement signée le 31 décembre 1419 en attendant la paix définitive. Les Anglais détiennent Pontoise et le pont de Beaumont, contrôlant ainsi le commerce de marchandises vers Paris. Les troupes conjointes des Anglais et des Français tentent de récupérer, avec plus ou moins de succès, les places fortes occupées par les Armagnacs : Tremblay, Dammartin, Roye et Crespy-en-Laonnois sont reprises par les troupes du duc de Bourgogne.

Ébauchée le 7 décembre, la diplomatie n'a pour résultat que des trêves finissant en mars 1420 ; trêves signées à Rouen par les représentants des rois de France et d'Angleterre, ainsi que par ceux du duc de Bourgogne. Le jour de Noël, Henri V et Philippe le Bon, qui a succédé à son père à la tête de la Bourgogne, scellent à Rouen un véritable traité d'alliance : les deux hommes jurent de punir le dauphin et ses complices coupables d'homicide sur la personne de Jean sans Peur. Des mariages doivent concrétiser leur accord : le roi d'Angleterre épousera Catherine de France, fille de Charles VI, tandis qu'un de ses frères s'unira à une sœur du duc de Bourgogne. Une fois sur le trône de France, Henri V maintiendra les droits et prérogatives de Philippe de Bourgogne en accroissant même ses terres afin de le dédommager des frais de leur guerre commune. Dans ses lettres d'Arras, le 5 janvier 1420, Philippe le Bon s'engage de son côté à soutenir le roi d'Angleterre contre tous, excepté le roi de France ; enfin, si Henri V devient roi de France, le duc de Bourgogne promet de lui faire hommage.

La campagne pour rallier l'opinion contre le dauphin prend un tour encore plus dramatique et plus solennel. On l'accuse ouvertement d'avoir perpétré un crime de lèse-majesté ; l'idée était déjà en germe dans l'usage du mot « énormité » utilisé par la reine de France ; les conseillers du dauphin sont traités de « perturbateurs pleins de toute iniquité et sans loi ». Dans une lettre du 17 janvier 1420[9], Charles VI réitère ses accusations contre le régent dauphin, qualifié de parricide, de criminel de lèse-majesté, d'ennemi de la chose publique, de Dieu et de la justice. Le grief précis retenu dans le texte de l'ordonnance tient dans le fait que Charles s'est parjuré en transgressant les serments du traité de Corbeil le 11 juillet 1419. À Corbeil, le dauphin et Jean sans

Peur avaient juré sur les Évangiles « dans les mains de l'évêque de Léon envoyé par le pape, paix et amitié ». Charles VI exalte Jean sans Peur : « Champion, de nous et de notre Couronne, défenseur de la chose publique et celui qui voulait abattre toute puissance tyrannique. » L'ordonnance fait écho au débat sur la tyrannie dans la justification de Jean Petit du meurtre de Louis d'Orléans. La tyrannie qui structurait le discours politique du temps et qui servit à justifier Jean sans Peur est ici réemployée pour stigmatiser la conduite du dauphin et de ses conseillers. Étonnante réversibilité de ces discours en miroirs qui rappellent, en dépit des absences du roi, l'inébranlable principe de la majesté royale. L'ordonnance du 17 janvier reprend un des thèmes du *Pastoralet*, Jean sans Peur entendu comme bouc-émissaire : « Notre cousin [Jean sans Peur] a reçu la mort pour vouloir racheter notre bon peuple des peines et des misères qu'il a eues et souffertes longtemps. » Dans cette ordonnance, Charles VI déchoit son fils, le privant de toute dignité, interdisant qu'on l'appelle dauphin, duc ou comte, et ne lui laissant d'autre dénomination que celle de Charles « mal avisé, soi-disant fils de France[10] ». Relevons l'expression disqualifiante « soi-disant ». La question de la légitimité est décidément au centre de tous les débats en cette fin du Moyen Âge.

Le dauphin n'est pas en reste. Parmi les voix nombreuses qui montent pour clamer sa légitimité face aux attaques incendiaires de ses adversaires, on retiendra la démarche originale et singulière d'un juriste du sud de la France.

La riposte des juristes

Avec le pragmatisme qui leur est propre, les juristes ont le désir de participer aux événements, un désir entretenu par la conviction que leur formation les qualifie pour résoudre les problèmes concrets.

En 1419, un an avant le traité de Troyes, un juriste languedocien rédige des *tractatus*[11]. Le seul titre de l'*editio princeps* parue longtemps après sa rédaction, *Tractatus contra rebelles*, a le mérite d'indiquer l'orientation première des traités. Donner une assise idéologique au dauphin, le conforter dans un moment de crise, conjurer les forces de dispersion, tel est le but de Jean de Terrevermeille, Nîmois d'origine, le juriste en question. Supprimons, argue-t-il, l'unité, créons un compétiteur à la tête du corps politique, et voilà les membres qui s'opposent, le bien commun et la paix déchirés. La dualité a toujours mauvaise presse dans la mentalité médiévale ; la dualité, c'est le schisme, elle accouche d'un monstre. Or, dans le cas présent, la dualité s'est incarnée en la personne du duc de Bourgogne, l'Antéchrist, la Bête de l'Apocalypse qui, sous couvert de réforme, ruine l'unité du royaume. La sédition ne s'arrête jamais qu'à l'apparence de l'ordre. La réforme générale réclamée à cor et à cri par le pouvoir ducal, prétendument pour le bien commun, se fait le fourrier du désordre et de la trahison : l'Angleterre se taille la part du lion, Bourgogne démembre un peu plus le royaume qui se mue en un monstrueux corps bicéphale, voire tricéphale.

Rétablir les droits du dauphin sur le royaume est la criante nécessité de l'heure. Jean de Terrevermeille en vient à élaborer une construction systématique de la succession royale. Pour éviter une absence d'héritage avec pour conséquence un royaume sans roi, il faut proclamer la fiction gouvernementale du roi mineur et faire en sorte que le « mort saisit le vif ». Jean de Terrevermeille élabore ce que Jacques Krynen dénomme une « argumentation à la fois théologique, juridique et biogénétique ». Aristote et les conceptions augustiniennes d'une transmission du péché de génération en génération sont corrélés à une mystique du sang, à un déterminisme biologique, qui fait du père et du fils une même espèce ; de là vient qu'à cette raison d'identité de nature, la coutume transfère le royaume au *primogenitus*. Voilà réfutée toute éviction du dauphin comme héritier, légitimée la régence conçue comme un droit de régner du fils et d'administrer le royaume pendant les « absences » du père. Le principe fondamental du corps mystique, de l'unité, de ce qui est indivisible, trouve son application avec le royaume de France : il ne peut y avoir un corps sans une tête. L'aversion du Nîmois pour la division, pour la rébellion, pour l'infidélité associée à la notion de tyrannie explique la démarche du juriste soucieux de résoudre un problème juridique ponctuel. En revanche, Jean de Terrevermeille se montre peu inquiet des conditions morales de sa solution : le pragmatisme et l'efficacité prennent le pas sur le reste.

Des textes antérieurs (le *Songe du verger*, les traités des secrétaires du roi, celui de Jean de Montreuil) avaient préparé le terrain. Il faut que cela provienne des marges du royaume et non du cercle restreint de l'entourage royal ; il faut que, comme le salut moral dû à la geste de Jeanne d'Arc est sorti d'une enclave française en terre lorraine, surgisse un examen impérieux et approfondi de l'office royal et du *regnum*.

Les *Tractatus* anticipent les effets désastreux de la collusion entre Bourguignons et Anglais. De manière visionnaire et pragmatique, ils tentent de conjurer la perspective inquiète d'une double monarchie, d'un schisme royal, alors même que d'autres voient dans cette alliance, jugée contre nature par Terrevermeille, l'occasion d'un vaste ensemble territorial au nord de l'Europe, une utopie pacificatrice qui clorait un cycle de violences séculaires en Europe. Tentative vaine du juriste ? Peut-être pas, car il pose les fondements, l'assise d'un sursaut plus tardif.

Le traité de Troyes

Le 21 mars 1420 arrive à Troyes le duc de Bourgogne, accompagné d'ambassadeurs anglais. Invité dès le lendemain à siéger au Conseil du roi, il y présente le projet de traité avec Henri V, plutôt mal accueilli. Au terme de plusieurs réunions et de tractations, les conseillers se résignent à approuver le texte en présence d'un Charles VI amoindri, satisfait de traiter autant à son préjudice qu'autrement. Monstrelet résume ainsi ce texte :

> Finalement, après plusieurs discussions tenues avec ces ambassadeurs [du roi d'Angleterre], il fut conclu et accordé en faveur du duc de Bourgogne et de ceux de son parti que Charles, roi de France, donne à Henri, roi d'Angleterre, Catherine, sa fille cadette, en mariage, le faisant aussi véritable héritier et successeur, après sa

> mort, pour lui et ses héritiers, de tout son royaume, en déboutant son propre fils et héritier, Charles, duc de Touraine, dauphin de Viennois, en annulant aussi la constitution faite jadis par les pairs et rois de France, en grande délibération, c'est-à-dire qu'une femme ne pouvait succéder ou accéder à ce noble royaume. S'il arrivait même que le roi Henri n'ait pas d'héritier vivant de ce mariage, grâce à ce traité et accord, il demeurerait héritier de la couronne de France au préjudice de tous les membres de la famille royale et apparentés qui, à l'avenir, pourraient ou devraient succéder en droite lignée[12].

La question est longuement débattue. Le caractère légal de l'exhérédation du dauphin pose problème, étant donné que la Couronne est inaliénable, d'après le serment du sacre. Dans quelle mesure Charles VI peut-il déroger à cette coutume ? De plus, la question de savoir sous quelles conditions se fera cette succession n'est pas précisée. Si la Normandie et les autres conquêtes faites par Henri V dans le royaume restent sous la juridiction de la couronne de France, qu'en est-il du statut de la Guyenne ? Autant de difficultés juridiques loin d'être levées.

Le 8 avril, le roi donne procuration à la reine Isabelle et au duc de Bourgogne pour conclure la paix et le mariage de sa fille Catherine avec le roi d'Angleterre. Se déroulent encore de nombreuses discussions jusqu'à l'arrivée à Troyes, le 20 mai 1420, de Henri V, entouré d'une brillante compagnie de princes anglais et flanqué d'une imposante armée[13]. Durant le voyage qui l'amène à Troyes, il prend soin de camper plutôt que d'occuper de somptueuses demeures dans les villes qu'il traverse,

« détermination qu'on regarda généralement comme une preuve de sa magnanimité[14] ».

Le mardi 21 mai est jurée la paix dans la cathédrale de Troyes. Le 2 juin, le mariage de Catherine et du roi d'Angleterre est célébré dans l'église Saint-Jean de cette ville, selon l'usage en France. C'était la volonté de Henri V, qui se montre très généreux avec ladite église[15].

Reproduit par Pintoin[16], le traité stipule :

> Notredit fils, Henri, avec le conseil de notre très-cher fils le duc de Bourgogne et des autres nobles du royaume qui seront appelés à cet effet, pourvoira au gouvernement de notre personne sûrement, convenablement et honorablement, selon l'exigence de notre état et de la dignité royale[17].

Henri V sera désigné comme « notre fils » depuis son mariage avec Catherine, fille du roi et de la reine ; tant qu'il vivra, il conservera au roi Charles la « couronne de France et la dignité royale », et à la reine « l'état et dignité de reine ». Catherine, épousée sans dot, se verra promettre un double douaire en Angleterre (20 000 nobles, soit l'équivalent de 40 000 écus de revenu annuel) et en France (20 000 francs de revenu annuel) ; Henri V gouvernera le royaume en sa qualité de régent, étant donné la maladie du roi ; il maintiendra les privilèges et franchises, dans le respect du Parlement ; les États du royaume prêteront serment de lui obéir et de se soumettre aux décisions prises en commun par lui, Charles VI et la reine. Il ne s'agit donc pas d'intégrer un royaume dans un autre ni d'une « double monarchie », mais, selon les mots de Philippe Contamine, de « l'union personnelle de deux Couronnes[18] ». De l'avis et du consentement des trois États des deux royaumes, les couronnes de France et d'Angleterre demeureront à jamais ensemble, sous Henri comme sous ses héritiers, mais chacune conservera ses droits, lois, coutume et usages. La France garde, dans le traité, sa propre identité, le roi d'Angleterre doit en tenir compte. Tant que Charles VI vivra, il lui écrira en français : « Notre très cher fils Henri, roi d'Angleterre, héritier de France. »

L'entente, fondée sur une communauté d'intérêt, ne tient que si les deux royaumes demeurent strictement accolés, sinon la « discorde ne manquerait pas de renaître des compensations attendues pour les terres conquises par le roi d'Angleterre, d'un règlement rendu problématique par la conquête[19] ».

Pintoin, tout en approuvant le traité, ne manque pas de signaler la fragilité d'un principe d'autorité unique avec deux pays jaloux de leur indépendance. À qui fera-t-on croire qu'entre deux pays si différents, la paix dure longtemps ? Ainsi, dit-il, raisonne le menu peuple, pourtant composé d'hommes sans éducation et sans lumières[20]. Quatre-vingts ans plus tard, Commynes s'exprime ainsi :

> Ce que l'on tolérerait d'un prince d'un pays étranger qui serait accompagné d'une petite troupe disciplinée qu'il commanderait avec sagesse, on ne peut l'accepter d'une troupe nombreuse [...], parce que ces étrangers ne portent pas le même amour du pays que ceux qui en sont natifs[21].

Une parole adaptée à un autre contexte – l'expédition italienne –, mais les arguments ne changent guère ; dans un cas comme dans l'autre, on avance l'irréductible sentiment naturel d'appartenance à une terre, à des façons de vivre et de penser.

Quant au dauphin, Monstrelet relate :

> Vu les horribles et énormes délits commis dans ledit royaume de France par Charles, soi-disant dauphin de Viennois, il est entendu que ni nous, ni notredit fils Henri, ni notre très cher fils le duc de Bourgogne, ne traiterons aucunement de paix et d'alliance avec ledit Charles, et ne ferons de traités que de l'avis et du consentement de chacun de nous trois ainsi que des trois États des royaumes susdits[22].

Pour justifier l'exclusion du dauphin de l'héritage de son père sont habilement distillées des rumeurs sur sa présumée bâtardise. Les Armagnacs ont tenté de couper court à ce bruit.

La liquidation du contentieux ?

Le jour du mariage de Henri V et de Catherine, réjouissances et festivités sont ordonnées. Selon Pintoin, aussitôt après le mariage, le roi Henri fait crier partout et publier dans des lettres authentiques qu'il est désormais le régent du royaume, ne doutant pas d'avoir à exercer le pouvoir à la place de Charles VI placé sous sa tutelle[23]. Dès le lendemain, il se met en route à la tête d'une forte armée, accompagné du roi de France, du roi d'Écosse, son prisonnier, d'Arthur, comte de Richemont, son prisonnier également depuis Azincourt, mais racheté et libéré au terme d'une convention. Saint-Florentin et Sens se soumettent. Les Armagnacs, que Monstrelet appelle « Dauphinois », manquent de mobiliser des habitants lassés par leur « barbare cruauté[24] ». Ils dévastent le pays environnant, opposant une vive résistance aux troupes anglo-bourguignonnes. Melun est défendue par Arnaud Guilhem de Barbazan qui commande la ville au nom de Charles, « fils de Charles VI, que ceux de son parti appelaient régent du royaume de France[25] », c'est-à-dire de celui qui deviendra Charles VII. Melun tient neuf mois, puis se résout à traiter avec le roi d'Angleterre et se rend le 17 novembre 1420.

Dès la capitulation, Philippe de Bourgogne fait rechercher ceux qui ont pu être les complices du meurtre de son père – l'heure de la vengeance est venue – et les fait enfermer à la Conciergerie, Barbazan en tête, pourtant opposé au complot. Meaux doit aussi capituler après un siège de sept mois (6 octobre 1421-2 mai 1422), malgré des renforts envoyés par le dauphin Charles. Dans les clauses de la reddition, il est prévu que ceux reconnus « consentants » de la mort de Jean sans Peur seront punis[26]. Henri V fait preuve de rigueur. On expédie à Paris les prisonniers des différents points du royaume, tous des Armagnacs, pour y être jugés, exécutés ou frappés de contributions financières. Pierre Cochon fait détenir trois moines de Saint-Denis, compromis avec Guillaume de Gamaches dans la résistance de Compiègne. Pintoin s'en offusque : « Il est permis à tout homme, de quelque état ou rang qu'il soit, de repousser la force par la force, et la loi naturelle, qui est immuable, prescrit à tous de combattre pour la patrie[27]. » Ils sont finalement libérés.

Le 1er décembre, les rois de France et d'Angleterre entrent dans Paris par la porte Saint-Denis, « les deux rois de front, l'un près de l'autre[28] », Charles VI au côté droit, les deux suivis par Philippe le Bon, légèrement en retrait, seul sur le côté gauche, en habit de deuil. Le lendemain, c'est au tour des deux reines d'arriver par la porte Saint-Antoine. Quelques jours plus tard, le 23 décembre, à l'hôtel Saint-Pol, une mise en scène rituelle – un lit de justice ? – est réalisée pour la « grant clameur et grant complainte » de la mort de Jean sans Peur. Dans la salle basse, le roi d'Angleterre et le roi de France sont assis sur le même banc ; aux pieds du roi de France se tiennent maître Jean Leclerc, chancelier de France, et Philippe de Morvilliers, premier président du Parlement ; sur un autre banc, au milieu de la salle, le duc de Bourgogne, les ducs de Bedford et de Clarence. Là, Nicolas Rolin, avocat au Parlement, fidèle serviteur des ducs, évoque le « félon homicide », l'imputant à Charles « soi-disant dauphin de Vienne », avec le concours du vicomte de Narbonne, du seigneur Barbazan, de Tanguy du Chastel, de Guillaume Batiller, de Jean Louvet, de Robert de Loire, d'Olivier Laie. On décrète que ces derniers seront promenés dans Paris dans des tombereaux, la tête nue, un cierge ardent dans la main, avouant à voix haute qu'ils ont occis le duc de Bourgogne « mauvaisement, traîtreusement, damnablement et par envie ». On les amènera à Montereau-Fault-Yonne, ils répéteront solennellement lesdites paroles, une église y sera édifiée[29]. En somme, et toujours, une demande de réparation d'honneur ! Pierre de Marigny,

Jean Larcher plaident dans le même sens. Le roi fait répondre par la bouche de son chancelier qu'il en « fera bon accomplissement avec l'aide de son fils, roi d'Angleterre, régent de France et héritier ».

Une opinion hésitante

Quel était l'état d'esprit des Parisiens ? Lors de l'entrée du roi, ils n'ont manifesté qu'un enthousiasme modéré, malgré les chants et les tapisseries exposées aux fenêtres. Le chapitre de la cathédrale Notre-Dame s'est clairement montré réservé : les chanoines ont accueilli les deux rois au niveau de l'Hôtel-Dieu, dans l'île de la Cité, et non à la porte Saint-Denis comme attendu. Certes, la population parisienne ne manifeste pas ouvertement son opposition, mais elle apprend avec joie le départ du roi anglais en janvier 1421. Dès décembre 1420, l'élection du remplaçant à l'archevêché de Paris est l'occasion d'un premier conflit symbolique : l'évêque Gérard de Montaigu décédé, Henri V soutient Jean de La Roche-Taillée, sauf que le chapitre élit Jean Courtecuisse contre sa volonté. Henri V obtiendra du pape son transfert à l'évêché de Genève et son remplacement par son candidat. L'animosité des Parisiens ne concerne pas tant les Bourguignons que les Anglais, à commencer par la soldatesque en garnison qui paie mal ses achats et n'hésite pas à voler. Assistons-nous aux premières démonstrations d'un sentiment nationaliste ? On peut en douter. Les fréquentes bagarres et querelles sont plutôt liées à la délinquance des soldats et non à leur nationalité[30]. À cela s'ajoutent, pour la population, des conditions de vie dégradées décrites par le bourgeois de Paris et Juvénal : l'approvisionnement des vivres est largement insuffisant et rare, le pain manque, les queues s'allongent à la porte des boulangers. Grève ou pénurie ? « Sur les fumiers parmi Paris [...] vous pouviez trouver ci dix, ci vingt ou trente enfants, fils et filles, qui mouraient de faim ou de froid[31]. » Les monnaies sont dévaluées, d'où non seulement une hausse des prix, mais aussi un manque à gagner pour les possesseurs de rentes, en conséquence des procès en cascade[32].

Autre sujet de mécontentement des Parisiens, plus étonnant, lié aussi à la présence anglaise : l'« état » – le train de maison – du roi de France matérialisé par la pauvreté, un service délabré en regard de celui des nobles seigneurs[33]. À l'inverse, le roi d'Angleterre et la reine Isabelle mènent grand train.

Les mesures et procédures se multiplient contre le dauphin. Avant de quitter Paris pour Londres – nous sommes en janvier 1421 –, Henri V l'a convoqué à la table de marbre du [Parlement]. Il ne s'y rend pas, ce qui a pour conséquences son bannissement du royaume et le fait qu'il soit jugé « indigne de succéder à toutes les seigneuries venues et à venir, et surtout indigne de succéder à la couronne de France, même si c'est lui le vrai héritier selon les coutumes anciennes du royaume[34] ». Pour autant, son parti, le parti delphinal ou armagnac, n'est pas anéanti, note fort justement Philippe Contamine. Le départ d'Henri V laisse une impression d'inachevé. La progression vers la paix de Charles VI, Henri V et Philippe le Bon fut « lente et usante[35] ». Le traité de Troyes ouvrait au roi d'Angleterre beaucoup d'opportunités qu'il n'a pas vraiment saisies. Le seul fait d'armes est la prise de Melun. Le front se stabilise sur la Loire (Gien, Jargeau, Meung-sur-Loire), de septembre 1420 à début 1421.

Henri V est accueilli à Londres « comme l'ange de Dieu[36] ». Il y fait couronner la reine en grande pompe, une fête, dit-on, digne de celles données par le roi Arthur, un roi de légende[37]. Pour « subjuguer » son adversaire le dauphin de Vienne (le dauphin), il a besoin d'argent et d'hommes, ce que lui accorde le Parlement anglais. Il n'en sera pas toujours ainsi. Malheureusement, en son absence et bien que, depuis Troyes, les Lancastre aient assis leur domination sur la fleur de lys, les opérations militaires ne sont pas à la hauteur de succès comme Azincourt. À la bataille de Baugé, le 22 mars 1421 en Anjou, le duc de Clarence, son frère, est battu par les troupes de Charles emmenées par le maréchal de La Fayette et renforcées par un fort contingent écossais commandé par Archibald, comte de Douglas, et par Jean Stuart, comte de Buchan. Le duc de Clarence, le comte de Kent et de nombreux chevaliers sont tués. Étienne de Vignolles, dit La Hire, capture la même année Antoine, comte de Vaudémont, un fidèle du duc de Bourgogne. Les défenseurs de la cause du dauphin n'ont donc pas baissé les bras. Assuré par sa victoire de Baugé, le futur Charles VII s'avance vers Paris : le 22 juin 1421, il menace Chartres et prend Gallardon le 25. Averti de la menace, Henri V se hâte de revenir en France. Il y débarque le 10 juin, rejoint par le duc de Bourgogne. Ils se rendent de concert à Abbeville, puis passant par Beauvais, Gisors, le souverain anglais arrive au bois de Vincennes, où se trouvent Charles VI et la reine Isabelle.

1421 est une année de guerre : les affrontements se déroulent sur deux fronts. On observe les flux et reflux des Armagnacs qui, après s'être emparés de quelques forteresses, perdent, pendant l'été 1421, Dreux, Bonneval, Épernon, Nogent-le-Roi. Meaux résiste jusqu'à mai 1422. Du côté bourguignon, le duc de Bourgogne remporte un succès avec la victoire de Mons-en-Vimeu le 30 août 1421, si ce n'est que les Armagnacs ou Dauphinois exercent une menace permanente sur les frontières du duché de Bourgogne. Les nouvelles alarmantes fournissent au duc une bonne raison d'abandonner le siège de Meaux pour aller prendre possession de ses États de Bourgogne. Il arrive à Dijon le 19 février 1422, reçoit le serment de ses sujets, promet de maintenir les privilèges. En avril 1422, les forteresses d'Araines, tenues par des Armagnacs, se livrent. Début mai 1422, le marché de Meaux dans lequel s'étaient réfugiés les assiégés de la ville se soumet aux Anglais. Des actes de résistance sont remarquables, comme celui de Guichard de Chissay qui, après la chute du marché de Meaux[38], refuse les « grands biens » que lui promet Henri V s'il prend son parti : il reste Armagnac[39] ! L'exemple n'est pas isolé. Plusieurs centaines de prisonniers sont envoyés à Paris pour y être jugés et exécutés, tous Dauphinois. De nombreuses villes, voyant les succès du roi d'Angleterre, se rendent, après remise d'otages et sous condition de n'être pas secourus par le dauphin dans les dix-huit jours : Crépy, Pierrefonds, Meulan, Offémont, Compiègne. Dans d'autres villes, les Armagnacs décampent après les avoir incendiées.

La reine d'Angleterre, Catherine, revient en France, où elle est accueillie à Meaux par Henri V et, de là, se rend à Paris où elle fait son entrée le 30 mai 1422 : devant sa litière, dit le bourgeois de Paris, deux manteaux d'hermine, « dont le peuple ne savait que penser[40] », emblèmes un peu énigmatiques de sa double royauté. Monstrelet souligne à cette occasion l'amertume du peuple : naguère, cela se passait autrement ; ils étaient servis « de vins et de viandes, très largement ». Maintenant, le roi Charles VI, lui si généreux et courtois autrefois, réside avec la reine dans son hôtel de Saint-Pol, oublié des grands seigneurs de son royaume et des autres[41]. « Plusieurs Français, bons et loyaux, avaient au cœur tristesse, et non pas sans cause » de voir le souverain ainsi abandonné. C'est le Bourguignon Monstrelet qui parle, mais le constat est partagé par Pintoin et Juvénal – nous le verrons plus loin – à la mort de Charles VI.

Le sentiment des Parisiens à son égard reste empreint de peine fortement teintée de rancœur envers les envahisseurs anglais, inaugurant ou accentuant un préjugé contre eux[42]. Peut-être le point de départ d'un patriotisme naissant, sinon d'une fidélité retrouvée aux Valois ?

Exception faite du « printemps de Baugé », le bilan pour les partisans du dauphin est plus que mitigé. S'il tient le sud du royaume, toutes les places fortes que les « Dauphinois » occupaient de Paris jusqu'à Boulogne retournent sous l'autorité des deux rois, sauf Le Crotoy et la terre de Guise[43]. Dans les villes qui se sont rendues, les serments sont reçus au nom des deux rois[44]. Le dauphin regagne les paysages paisibles d'Amboise, de Tours, de Bourges qui lui sont familiers. Mais un événement imprévu va en changer le cours.

Mortelle apothéose

Le 31 août 1422, Henri V meurt au château du bois de Vincennes du mal des ardents, ou peut-être du mal de saint Fiacre (dysenterie) – les avis des médecins à son chevet sont partagés. De son union avec Catherine de France est né prématurément (moins de neuf mois), le 6 décembre 1421, un fils prénommé Henri, futur Henri VI. Monstrelet raconte les derniers instants de Henri V. Avant de mourir, le souverain s'est adressé à son frère le duc de Bedford, le duc d'Exeter (son oncle) et Warwick. Au premier, il a confié plus spécialement la France ; au duc d'Exeter, le gouvernement de l'Angleterre ; réserve importante, il a admis qu'en cas de mauvaise fortune, une convention de paix puisse être signée avec le dauphin, à condition toutefois que la Normandie n'échappe jamais à la pleine souveraineté anglaise. Il demande de ne pas délivrer Charles d'Orléans, ni le comte d'Eu, ni le seigneur de Gaucourt, ni Guichart de Chissay « jusqu'à ce que beau fils Henri [ait] âge compétent[45] ». Il prie Bedford de maintenir le lien avec Philippe le Bon et de le supplier d'accepter de gouverner, pendant la minorité de Henri VI, le royaume de France. À défaut de quoi, Bedford devra l'assurer.

Le corps de Henri V est conduit en procession menée par Bedford à l'abbaye de Saint-Denis. Pintoin dresse son portrait :

> Le prince de son temps ne paraissait plus capable que lui de soumettre et de conquérir un pays, par la sagesse de son gouvernement, par sa prudence et par les autres qualités dont il était doué, bien que les divisions et les

> discordes qui régnaient entre les princes français l'eussent aidé puissamment à réaliser ses projets de conquête[46].

Il reconnaît cependant que les raisons de ceindre un jour sa tête de la couronne des lys étaient peu fondées.

Philippe le Bon, absent aux funérailles, refuse la régence qui lui est offerte et rejoint la Flandre. Cette indifférence ostensible n'est-elle pas à mettre sur le compte des premiers signes de dissentiment entre l'Angleterre et le duc de Bourgogne ? On sait que jusque dans le camp bourguignon, l'adhésion aux termes du traité de Troyes ne fait pas l'unanimité. Sous la pression de Philippe le Bon, les représentants de la ville de Dijon le ratifient, mais le cœur n'y est pas. Ils exigent que soit mentionné qu'ils ont juré les clauses du traité à la demande du duc.

Dès avant la disparition de Henri V, les incidents se multiplient entre Anglais et Bourguignons, comme l'inculpation du maréchal de L'Isle-Adam, accusé de paroles injurieuses à l'encontre de ce dernier. Il est arrêté malgré les protestations de Philippe le Bon ; son transfert à la Bastille donne lieu à des affrontements : la foule manifeste et cherche à le dégager, obligeant Exeter à aligner cent vingt archers pour la contenir. Le seigneur de L'Isle-Adam reste en prison jusqu'à la mort de Henri V, et il eût connu un sort fatal, « n'eût été la requête du duc de Bourgogne[47] ».

Charles VI suit Henri V dans la tombe le 21 octobre. On a retardé l'enterrement exprès pour que le duc de Bourgogne y assiste, il ne vient pas. En revanche, le duc de Bedford, frère de Henri V, est là, seul chargé du deuil à l'offrande de la messe, écrit Juvénal des Ursins qui ajoute :

> Cela terminé, les Français anglais [relevons l'association remarquable des deux termes qui est volontaire – Pintoin parle des partisans des Anglais] se mirent à crier : « Vive le roi Henri de France et d'Angleterre ! » Ils criaient « Noël » comme si Dieu était descendu du ciel. Mais il y en avait beaucoup plus qui pleuraient et se lamentaient[48].

Comme pour Henri V, Pintoin brosse le portrait de Charles VI, un « prince infortuné » au milieu de cruelles souffrances : « Il montra toujours beaucoup de patience et de résignation » ; un « bon roi, doux et pieux, dévoué et affectueux pour le peuple[49] ». Charles VI, le roi fou, inspire le plus souvent de la compassion et de la sympathie et ce, semble-t-il, d'autant plus que son affection empire et que la vacance du pouvoir crée une béance de plus en plus large. Sur le plan domestique et privé, Pintoin ne manque pas de relever le « caractère étrange » d'une séparation physique à laquelle la reine consentit en « songeant aux maux qui la menaçaient ainsi qu'aux violences et mauvais traitements qu'elle avait déjà endurés avec le roi ». Elle accepta qu'on lui donnât une concubine, Odette de Champdivers, la fille d'un maquignon, désignée communément et publiquement comme la « petite reine ». Pintoin termine sa chronique en reprenant les regrets exprimés plus haut :

> Non seulement les hommes adultes et les femmes, mais même les enfants [qui] considéraient et envisageaient avec douleur la suite des événements, les injures, les oppressions, les maux énormes que les Anglais, ces ennemis mortels de la France, avaient causés au royaume [...] l'abaissement auquel étaient réduits ce prince et son épouse tous deux placés sous la tutelle des Anglais et tellement infortunés (*infortunati*) qu'ils n'avaient pas de quoi tenir le plus simple état[50].

Déréliction du peuple, abandon du roi par les plus proches, ses « parents » qui ne pouvaient ou ne voulaient l'aider dans sa détresse, alors qu'il les avait comblés d'honneurs, eux qui avaient pactisé avec les Anglais. Pintoin clôt son livre sur cette image d'un roi regretté par tous, dont le règne fut un des plus longs et la vie personnelle des plus tourmentées, entouré « jour et nuit des soins les plus attentifs[51] ». Il achève son portrait par une attention particulière pour le dauphin, Charles, son fils unique « et son successeur légitime ». Juvénal est plus précis encore, stigmatisant avec force l'absence du duc de Bourgogne lors des funérailles :

> Et vous, duc de Bourgogne, qui de son vivant l'avez livré à ses ennemis, vous avez été avisé de sa maladie mortelle, vous avez été averti de sa mort et on retarda le convoi funèbre jusqu'à votre arrivée [...] Néanmoins vous n'y êtes pas venu ; ainsi, en sa vie comme en sa mort, vous l'avez abandonné[52].

La mort de Henri V est-elle un événement aux conséquences considérables ? Les historiens ont récemment réévalué le traité de Troyes dans un sens plus politique :

l'utopie pacificatrice qu'elle consacrait par l'union des deux royaumes peut être lue dans un sens positif, comme l'établissement, après une longue guerre séculaire[53], d'un vaste ensemble géopolitique au nord de l'Europe. Elle répond à une attente. Le maître d'œuvre de cette pacification est Henri V, une personnalité exceptionnelle, susceptible d'assurer la pérennité du système. Les conditions mêmes du traité permettent une suffisante souplesse institutionnelle. Ne risque-t-on pas de surestimer cette attente au point d'effacer les courants portés par les juristes du parti orléanais, les doutes, les scrupules qui agitent une opinion hésitante ?

La France tripartite

La disparition quasi simultanée des deux souverains crée une situation particulière : le roi reconnu par les Anglais, la reine Isabelle, le duc de Bourgogne, est un nourrisson de dix mois, tandis qu'à Bourges, le 30 octobre, le dauphin déshérité âgé de 19 ans se proclame roi, désormais nommé Charles VII. Il y a donc une France anglaise, avec Rouen pour capitale ; une France bourguignonne, bien implantée à Paris ; et plus au sud, une France delphinale.

Charles VII, dont le gouvernement et la Cour se tiennent à Bourges, règne sur les pays au sud de la Loire, sur le centre de la France, Berry, Marche, Bourbonnais, Auvergne, Velay, Forez, sur la plus grande partie de la Touraine et de l'Anjou, sur le Poitou, sur presque toute l'Aquitaine, sur le Languedoc, le Dauphiné. Les Anglais sont chez eux en Normandie et dans les zones limitrophes du Maine, dans une partie de la Guyenne (nom déformé par eux de l'Aquitaine), à Calais et dans les « pays de conquête » qui leur ont été concédés, les régions de Chartres, Île-de-France, Brie, Champagne. Quant au duc de Bourgogne, son autorité légitime s'exerce au nord sur les comtés de Flandre, d'Artois, de Rethel ; au centre-est sur les comtés de Nevers, de Charolais, de Mâcon, mais aussi hors du royaume, avec le comté de Bourgogne, dit Franche-Comté ; à l'est, sur les comtés de Namur, de Hainaut, de Zélande, de Hollande, une partie de la Flandre au nord, en terre d'Empire ; sans compter la Picardie et la Champagne, dont l'administration lui a été confiée au nom du jeune Henri VI.

La réalité est bien plus complexe, fluctuant d'une ville à l'autre, de château en château suivant des fidélités souvent changeantes, dont celle du duc de Bretagne, la plus remarquable. Au lendemain du traité de Troyes, aucun camp n'est capable de l'emporter ; le conflit s'émiette en d'innombrables combats, sièges et embuscades, le tout sur fond de pillage généralisé des campagnes. « Rapporter tout cela par le détail n'est pas nécessaire et rendrait cette histoire fastidieuse aux lecteurs par sa trop grande complexité[54] », écrit Thomas Basin, qui ajoute au sujet de sa Normandie chérie :

> Anglais et Bourguignons n'eurent de cesse qu'ils n'eussent gagné à force de persévérance les terres et les forteresses françaises, quelques-unes les armes à la main, les autres en usant de ruses ou en franchissant les murs la nuit au moyen d'échelles. Les Français, du reste, n'agissaient pas différemment à l'égard des places

> fortes anglaises [...], chacun des deux partis ravageant tantôt son propre territoire, tantôt celui de l'ennemi, et réduisant la province à l'état de désert. Et de cette façon, la guerre se poursuivit pendant plusieurs années[55].

Pour échapper à l'insécurité, les populations sont obligées de « s'appatir » envers les garnisons locales anglaises comme françaises, c'est-à-dire d'acheter la paix grâce à des contributions régulières, en nature comme en espèces (soit une forme de racket).

Il faut néanmoins mentionner quelques combats importants, en commençant par la « détrousse » de Cravant, le 31 juillet 1423. Cette place forte, à une quinzaine de kilomètres au sud d'Auxerre, s'était ralliée au dauphin, avant d'être réinvestie par les Bourguignons. Charles VII envoie Jean Stuart et ses Écossais reprendre la ville et le château. La garnison bourguignonne tente une sortie alors que la bataille vient d'être déclenchée, de sorte que les Franco-Écossais, pris entre les Anglais et les Bourguignons, subissent une lourde défaite. Trois mille hommes sont tués et autant faits prisonniers, alors que les Anglo-Bourguignons ne déplorent la perte que d'une trentaine d'hommes. Le 17 août 1424, nouveau désastre à Verneuil-sur-Avre, en Normandie, au sud d'Évreux :

> On disait que trois mille Armagnacs ou plus furent tués, deux mille capturés et environ mille cinq cents noyés durant leur fuite pour échapper à la cruelle mort que leur promettaient ceux qui les poursuivaient[56].

Les victoires anglaises s'enchaînent sous le commandement de Bedford qui s'est intitulé duc d'Anjou : Le Mans lui ouvre ses portes le 10 août 1425. À l'inverse, Montargis résiste, bien qu'il en ait confié le siège à Richard Beauchamp, comte de Warwick, et à William de La Pole, comte de Suffolk, deux chefs de guerre chevronnés. Le bâtard Jean d'Orléans, futur Dunois, inflige une lourde défaite aux assiégeants, au cours de laquelle se distingue un des meilleurs soldats de l'armée du dauphin, promis à un brillant avenir, Étienne de Vignolles, dit La Hire. En 1430, Charles VII écrit que la délivrance de Montargis fut « le premier et principal bonheur » et le « commencement de la récupération »[57] de son royaume. L'événement eut un retentissement considérable, dont le bourgeois de Paris se fait l'écho[58].

Pour conclure sur cette confuse période de combats entre 1422 et 1427, si l'on observe des échecs militaires (Cravant, Verneuil), on remarque aussi quelques beaux succès, comme la levée du siège de Montargis. De manière générale, Charles VII reste sur la défensive, en raison d'une infériorité qualitative, doublée d'une absence de financement. Comme l'a montré Philippe Contamine, il est en butte à un problème budgétaire grave. La perte des provinces riches comme la Normandie, de tradition fiscale fructueuse, fait que l'argent rentre moins aisément, en dépit des octrois des États de langue d'oc et de langue d'oïl réunis plusieurs fois. De plus, la faiblesse de sa monnaie dessert sa politique, avec des conséquences immédiates sur les ressources militaires. Il est obligé de recruter à l'étranger, en Écosse surtout, des forces vives capables d'assurer sa sécurité. Son mérite principal est de limiter les dégâts et de maintenir une certaine combativité, à l'initiative de capitaines de gens d'armes et de trait avec lesquels il entretient des rapports plutôt épisodiques et sur lesquels il n'a guère de prise. Aussi tente-t-il d'asseoir sa légitimité à l'étranger, auprès du pape Martin V fraîchement élu à Constance, auprès du roi des Romains Sigismond, l'empereur d'Allemagne, et du duc de Milan[59]. Mais l'appui le plus efficace, et de très loin, concrétisé par une aide militaire massive, vient d'Écosse[60].

Le support le plus actif provient des prises de position des intellectuels et des écrivains aptes à mobiliser une opinion versatile ou indécise, voire des gouvernants s'interrogeant sur leur propre légitimité. L'espace public résonne d'une voix puissante dans le premier tiers du XVe siècle. C'est le temps des orateurs dont les registres et les styles varient en fonction des circonstances et des publics. Ils attestent de la diversité et de la richesse des engagements. La diffusion des manuscrits, les relais nombreux au sein du monde curial amplifient leurs effets.

Ignorance, indignation, ingratitude

En 1424, Alain Chartier compose le *Quadrilogue invectif*, un texte majeur appelé à connaître un grand succès. Son auteur est reconnu par ses pairs comme le créateur de la prose oratoire. Il met en scène la prolongation de la guerre civile, donnant à voir les factions sous une autre forme. Dans la présentation, le débat joue un rôle primordial, décliné en dialogue, trialogue, quadrilogue, un outil performant, efficace pour fustiger et alerter.

L'aube vient de se lever : l'acteur – terme médiéval désignant aussi bien l'auteur (historique) que le personnage qui le représente – rumine (« pense et contrepense »). Assailli de pensées contradictoires, il finit par se rendormir. Lui apparaît en rêve une dame « dolente et éplorée », France, les cheveux dénoués, en désordre, habillée d'un manteau à trois étages, les fleurs de lys en haut, des « signes de diverses sciences » au milieu, des bêtes, des fruits, des semences. Fortune, comme par envie, a frappé : le manteau est froissé, les fleurs de lys sont caviardées, le bas est usé (« en gast »). À côté de la dame se trouve un palais chancelant dont elle essaie d'empêcher la chute avec son bras dénudé. Épuisée, elle se tourne vers ses trois enfants, les interpelle. Il s'agit d'une invective destinée à tympaniser, à flageller et à corriger. Ses trois enfants – le chevalier, le peuple, le clerc – prennent à tour de rôle la parole pour se disculper, se décharger l'un sur l'autre des reproches qui leur sont faits ; un thème revient, fil rouge du *Quadrilogue* : l'ingratitude, fruit de la méconnaissance des grâces et des bienfaits dont Dieu a pourvu le royaume, synonyme d'aveuglement, de folie, de honte et d'infamie (« diffame »).

Chacun des fils de France récrimine à l'encontre de l'autre, mais le « tu » se résorbe dans un « nous » qui souligne la responsabilité collective. Les griefs ? Le peuple déborde du rang auquel il est assigné, et pour cause : il est capricieux, inconstant, muable, mauvais par essence ; le chevalier oublie la discipline militaire, comme l'escargot avec sa coquille, il transporte les « aises de sa maison » ; le clerc n'est pas épargné, mais il s'en sort quand même mieux. Il lui revient de relever les défaillances structurelles, celles de l'économie par exemple. La libéralité est affaire d'équilibre pour un prince sans ressources, surtout en temps de guerre. Le « trop qui va d'une part n'a point de contrepoids [...] et si ne peut la balance se tenir droite ne la mesure être gardée ». Sont visés les favoris qui agissent selon leurs intérêts personnels et non pour le bien public. Le clerc détaille ces mauvaises pratiques : le « conducteur » (terme italien pour désigner le capitaine) ne distribue pas l'argent des gages aux hommes d'armes, le gardant pour lui : de là vient que les soldats vivent sur le peuple. Les Anciens, exemplaires, n'agissaient pas ainsi. Le clerc réserve aux factions ses traits les plus perçants. « Pour nous soustraire ["jeter hors de"] à l'infortune, il faut tirer au collier, prendre aux dents le frein vertueusement, et si le cheval, à coups de trique, et le bœuf par la pointe de l'aiguillon, parviennent à sortir la charrue de l'ornière, de même le fléau de Dieu doit susciter le même sursaut », à moins que l'on ne cède aux « premières habitudes comme le chien à son vomi ». Chartier écrit en 1424, entre effondrement et renouveau. France clôt le débat en rejetant les « excusations » des trois états. Comme souvent, le débat est suspensif, ne livrant pas de vérité. Il ne cherche pas à convaincre, mais à susciter le remords.

Chartier continue à écrire au service du dauphin, régent jusqu'en 1428. Ses œuvres latines appartiennent au même registre, si ce n'est qu'elles s'adressent à un autre public plus lettré. Dans le *Ad detestationem belli gallici* ou dans le *Dialogus sodali et amici* – le dialogue est sœur du débat –, la quête de vérité, impérieuse, emprunte le motif des « paix fourrées », la simulation jetant la confusion dans les esprits et troublant la « tranquillité » (*tranquillitas*), révélatrice de la paix et de la félicité ; la confusion, une forme de peste (*pestis*) qui mine et détruit l'équilibre du corps politique. Ce sont autant de variations qui revitalisent étrangement les lieux communs, à un moment où la légitimité du dauphin régent, sa qualité de « naturel seigneur », peine à s'imposer dans une majeure partie de l'opinion.

Une recomposition complexe

Selon Alain Chartier, les faiblesses du roi de Bourges sont militaires et financières. La lutte entre Charles VII et Bedford est aussi politique : les deux protagonistes doivent obtenir l'adhésion des maisons princières à l'intérieur du royaume.

Le 4 avril 1423, à Amiens, deux mariages ont été décidés. Le premier l'est au nom de Henri VI de Lancastre, c'est celui de Jean, duc de Bedford, frère du défunt Henri V, avec Anne de Bourgogne, sœur du duc Philippe le Bon. Le second est celui de Marguerite de Bourgogne, sœur aînée de ce duc, veuve du dauphin Louis, avec Arthur de Richemont, frère de Jean V, duc de Bretagne. Ainsi, grâce à ces deux unions, bien plus motivées par la politique que par les affinités réciproques, le duc de Bourgogne s'assure des garanties et des alliances. Le traité, conclu le 17 avril à cette occasion, évoque une « vraie fraternité » entre les trois princes. Ne se sont-ils pas engagés à « bouter la guerre hors de ce royaume, à le mettre en paix et tranquillité afin que Dieu y soit servi et honoré et que marchandise [commerce] et labourage [agriculture] y puissent avoir cours[61] » ? Ces mots esquissent une sorte de « triplice », au sens astrologique de trois signes consécutifs du zodiaque, qui associe Angleterre, Bourgogne et Bretagne. C'est plutôt de bon augure, mais que vaut un pareil accord, qui semble indestructible, s'il ne dure pas, grevé d'arrière-pensées[62] ?

Ce qui l'emporte à ce moment, c'est le désir de paix dans un royaume saccagé, quel qu'en soit le prix. Dans une lettre du 15 avril 1423, l'Université, d'ordinaire très prudente, se résigne à accepter le traité de Troyes et un roi anglais à la tête du royaume afin que soit garantie la « conservation de la chose publique de ce très désolé royaume et l'entretien de cette sainte paix longuement désirée[63] ». Cette lettre à Bedford se double d'une autre au duc de Bretagne, déclarant que Dieu a voulu « unir les cœurs et volontés des princes et sujets de ces deux royaumes chrétiens de France et d'Angleterre », et que le duc doit se conformer à celles de Charles VI « et des autres princes du sang royal[64] ».

Pour sa part, Charles VII doit s'atteler à une réconciliation avec les grands seigneurs du royaume auquel il prétend. Le plus aisé à rallier est le comte de Foix, Jean de Grailly, aux terres situées dans la sphère d'influence du roi de Bourges. Nommé gouverneur du Languedoc et de la Guyenne le 14 février 1425, il devient un fidèle partisan du roi français. « Ainsi, après bien des hésitations, la langue d'oc avait basculé définitivement dans le camp du roi de Bourges[65]. »

Le duc Jean Ier de Bourbon, fait prisonnier à Azincourt, est prêt à tous les compromis pour retourner dans ses domaines. En son absence, son fils, Charles, comte de Clermont, exerce officiellement l'autorité ; en fait, c'est sa mère, Marie de Berry, qui commande, menant une politique prudente, afin de protéger ses terres des ravages de la guerre. Elle négocie le mariage de Charles avec Agnès de Bourgogne, sœur du duc Philippe le Bon, accordailles conclues et signées le 4 février 1425, avec en prime une abstinence de guerre scellée le 17 février entre Bourbon et son voisin de Bourgogne. La réaction du roi de Bourges ne tarde pas : afin d'éviter que Charles de Bourbon ne bascule du côté bourguignon, il lui abandonne le 4 juin 1425, à titre d'apanage, le duché d'Auvergne ainsi que le comté de Montpensier.

Quant à la maison d'Anjou, elle dispose de nombreuses et d'importantes possessions : outre le chimérique royaume de Naples, les comtés de Provence et de Forcalquier dans le Saint Empire et, dans le royaume de France, le duché d'Anjou, le comté du Maine et, en Picardie, le comté de Guise. Veuve depuis 1417, une forte femme, puissante au sens moderne du terme, de plus belle-mère de Charles VII marié à sa fille Marie, la duchesse douairière d'Anjou, Yolande d'Aragon, obtient que son fils René – le célèbre roi René – épouse en 1420, à 11 ans, Isabelle, fille du duc Charles de Lorraine et son héritière ; ce qui laisse espérer la formation d'un bloc réunissant le comté de Guise et le duché de Bar en France, avec le duché de Lorraine dans l'Empire. Ces possessions, voisines de celles du duc de Bourgogne et convoitées par lui, enveniment les relations entre Yolande d'Anjou et Philippe le Bon.

Soucieuse de ne pas être prise entre le marteau anglo-bourguignon et l'enclume du roi de Bourges,

Yolande s'érige en conciliatrice, avec l'appui de Jean V de Bretagne. En vertu d'un traité signé le 18 mai 1424, tous les deux se proposent de réconcilier Charles VII et Philippe le Bon. Les Anglais répliquent aussitôt : le 21 juin, Bedford, tuteur de Henri VI, se fait attribuer par son très jeune neveu le duché d'Anjou et le comté du Maine, spoliant ainsi officiellement la maison d'Anjou.

Mauvais calcul. En octobre 1424, à la surprise générale, Arthur de Richemont, fils du duc de Bretagne, change de camp et se rallie à Charles VII. Le changement de camp de ce comte frappe d'étonnement beaucoup de gens, étant donné l'entente récente conclue avec le duc de Bourgogne[66]. À la suite de l'échec de son fils – promu connétable le 7 mars 1425 – à Saint-James-du Beuvron, le 6 mars 1426, après la prise de Pontorson par les Anglais, le 17 avril 1427, le prudent Jean V convient d'une trêve avec Bedford et même d'une alliance le 8 septembre suivant.

La reprise des contacts avec Bourgogne

Si la fidélité du duc de Bretagne laisse à désirer, celle du duc de Bourgogne n'est guère plus sincère. Le duc de Savoie, Amédée VIII, oncle par sa femme, Marie, sœur de Jean sans Peur, du duc Philippe de Bourgogne, s'était efforcé de réconcilier le dauphin Charles avec Jean sans Peur, puis recommence avec Charles VII et Philippe le Bon. Comment aborder ce rapprochement ? Le 7 janvier 1423, une ambassade bourguignonne emmenée par Nicolas Rolin, chancelier du duc, arrive à Bourg-en-Bresse pour y négocier avec Martin Gouge, chancelier de Charles VII, en présence d'Amédée de Savoie. On s'était séparé le 22 janvier, sans qu'aucune décision ne fût actée. Les clauses de Bourgogne – des excuses officielles adressées à Philippe le Bon, la fin des liens de solidarité avec les meurtriers et d'importances compensations financières – les font échouer. D'autres réunions ménagées par le duc de Savoie ont lieu en décembre 1424 et en janvier-mai 1425. Manifestement, les temps ne sont pas mûrs, ni d'un côté ni de l'autre. Ces rencontres témoignent pourtant de la répugnance de Philippe le Bon à rompre le lien vassalique avec l'héritier, même contesté, de la couronne de France.

L'action conjuguée de Yolande et de Richemont, récemment rallié à Charles VII, produit un premier effet : le départ des Armagnacs les plus radicaux. Yolande réussit à rencontrer Charles VII à Selles-sur-Cher vers le 10 juin 1425 et lui arrache l'éloignement des adversaires à toute réconciliation avec les Bourguignons : le président Jean Louvet, exilé en Provence sous le prétexte d'une vague mission grassement rémunérée ; Tanguy du Chastel, nommé capitaine d'Aigues-Mortes et de Beaucaire ; le médecin du dauphin, Jean Cadart, retiré à Avignon ; le bailli de Touraine, Guillaume d'Avaugour, le chambellan Guillaume Bataille, le grand-maître des écuries, Pierre Frotier, évincés. L'épuration s'étend aux officiers de moindre importance, afin d'extirper totalement de l'entourage royal toute la « mauvaise semence que le président [Louvet] y avait laissée ». D'accabler les favoris est un thème récurrent ; on leur reproche une influence toxique sur le prince, leur « importunité », la manière dont ils désintéressent le roi de l'intérêt public, le privent de l'écoute des corps intermédiaires, assemblées, conseils. On retrouve cette préoccupation dans un petit traité, l'*Advis à la reine Yolande* – d'après Jean-Patrice Boudet, son auteur serait Jean Castel, le fils de Christine de Pizan –, tant les sujets et le ton entrent en résonance et en harmonie avec les traités de Christine. Ce texte rend compte des inquiétudes liées au retrait du roi que l'on devine à peine retiré dans l'ombre d'un petit nombre de personnes d'autant plus décriées qu'elles sont jugées placées trop haut par rapport à leurs origines.

Mais cette révolution de palais « anti-armagnacque » de 1424-1425 fait long feu et ne marque pas la fin des factions. Charles VII « ne parvient ni à les empêcher ni à se placer au-dessus d'elles ». Comme l'a bien montré Philippe Contamine, l'impression s'impose que du roi, trop souvent le jouet de son entourage, « on a du mal à saisir l'expression de sa libre décision », même si l'historien lui reconnaît deux qualités majeures, patience et lucidité[67].

Ce que Contamine appelle « l'espoir déçu » tient à la fois aux difficultés structurelles de Charles VII, son impécuniosité, l'insuffisance quantitative et qualitative de ces forces militaires ; son royaume souffre aussi d'une fragilité institutionnelle, à telle enseigne que la Cour, le lieu constant des factions, menace l'équilibre du système, quand ce n'est pas le roi lui-même qui est visé. L'infériorité de Charles VII découle directement de son incapacité à surmonter de tels obstacles.

Quant à Bedford, il craint de voir basculer le duc de Bourgogne dans le camp français. Si la présence d'Agnès, la sœur du duc de Bourgogne et l'épouse de Bedford, est un élément rassurant pour maintenir l'alliance entre les deux, le Bourguignon et l'Anglais, cette alliance est mise à rude épreuve. La succession du comté de Hainaut oppose en 1428 le duc de Bourgogne à Humphrey, duc de Gloucester, fils de Henri IV. Rappelons les faits : Jacqueline de Bavière, la comtesse de Hainaut et de Hollande depuis 1417, brouillée avec son « piètre » mari, Jean IV, duc de Brabant, dont elle fait annuler le mariage par Benoît XIII, se rapproche de Gloucester, le propre frère de Bedford. Pour Gloucester, inconscient de la faute qu'il commet contre l'allié principal des Anglais, l'occasion est trop belle d'une mainmise sur le Hainaut, la Zélande et la Hollande. Des lettres de défi sont envoyées. En octobre 1424, Gloucester débarque à Calais ; Bedford interdit aux soldats anglais de participer à la guerre de Hollande. L'affaire ne s'arrête pas là, bien au contraire ! Elle rebondit et prend un tour plus personnel quand Jacqueline de Bavière retourne dans le Hainaut, y rassemble des partisans. Philippe le Bon, à qui l'administration de la Hollande et de la Zélande (19 juillet 1425) était revenue, s'interpose en personne et triomphe des troupes envoyées par Gloucester au secours de sa femme à la bataille de Brouwershaven (janvier 1426). L'affaire laissera des traces dans les relations anglo-bourguignonnes, même si Bedford a privilégié l'alliance avec le Bourguignon.

Pour assurer son emprise, Bedford doit venir à bout de Charles VII, par conséquent se donner les moyens de franchir la Loire. Dès octobre 1428, sous le commandement de Thomas, comte de Salisbury, les Anglais commencent à investir Orléans, au mépris des usages chevaleresques selon lesquels les terres et la capitale d'un ennemi prisonnier qui ne peut les défendre – en l'occurrence Charles d'Orléans – sont sacrées. Salisbury et ses barons n'en ont cure, pour eux l'intérêt prime : s'ils s'emparent de la ville et de son pont ; la route de Bourges, à moins de 90 kilomètres, leur est ouverte.

C'est à ce moment-là que fait irruption ce que la plupart des historiens français ont qualifié de « miracle » : Jeanne d'Arc. Une femme, une de plus serait-on tenté de dire, tant cette période semble faire la part belle aux femmes – Isabelle de Bavière, la dame de Giac, Jacqueline de Bavière, Marie de Berry, Yolande d'Aragon, Christine de Pizan, et d'autres moins célèbres, d'origine plus obscure, mais tout aussi importantes, telles qu'Odette de Champdivers. Reines, conseillères, duchesses, écrivaines, concubines, mystiques et prophétesses, voire devineresses, elles impriment leur marque en cette fin de siècle.

Prophéties

La personnalité de Jeanne d'Arc a soulevé et continue de soulever de multiples réflexions. Mais pour s'en tenir à l'ambiance dans laquelle elle a vécu et saisir dans leur matérialité les conditions de l'attrait ou du rejet qu'elle a d'entrée de jeu suscités, on ne peut faire l'économie d'une donnée essentielle de la foi chrétienne : la révélation prophétique.

Jeanne d'Arc aurait dit à son sujet : « N'avez-vous pas entendu cette prophétie à savoir que la France serait détruite par une femme et restaurée par une pucelle des marches de Lorraine[68] ? » Elle se voulait donc prophétesse, « qui plus est, une prophétesse soutenant qu'il lui appartenait d'accomplir en personne ses prophéties[69] » ; elle sera donc la prophétie et signe d'élection.

Née en 1412 dans un village armagnac, elle souffre comme sa famille de la pression anglo-bourguignonne. En 1423, elle entend pour la première fois la voix de l'archange Michel. Désormais, elle sera la pastourelle du Seigneur envoyée pour chasser les Anglais d'Orléans et mener à Reims sacrer le roi[70]. Mais comment expliquer qu'une jeune femme d'origine modeste ait pu, dans une société aussi cloisonnée que la société médiévale, être entendue, reçue par le dauphin et placée à la tête de l'armée ?

Thomas d'Aquin avait défini la prophétie comme un acte de connaissance formulé dans un discours public et confirmé par un miracle. Au siècle suivant, alors même que Thomas ne s'était pas préoccupé des effets historiques de la prophétie, cette dernière se politise avec Jean de Roquetaillade et le mouvement dissident des spirituels franciscains, influencés par les idées de Joachim de Fiore. La tendance de ces écrits est alors de s'accrocher à des événements historiques, la prophétie prenant ouvertement parti pour telle ou telle dynastie, tel ou tel parti.

Prophétesse ? Thomas avait exclu les femmes de la prophétie rendue publique. Pourtant, au XVe siècle, dans un contexte religieux particulièrement angoissant, le grand schisme d'Occident, plusieurs femmes font entendre leurs voix pour appeler à l'unité de l'Église, les unes issues de l'aristocratie comme Brigitte de Suède († 1373), Catherine de Sienne († 1380), d'autres du peuple comme Ursuline Venerii, Constance de Rabastens, Jeanne-Marie de Maillé[71], Ermine de Reims.

La plus importante de ces prophétesses, du moins pour notre propos, est Marie Robine, laquelle, reçue par Isabelle de Bavière, déclare que des voix lui ont prédit la désolation à venir du royaume de France, si ce n'est qu'une vierge revêtue de l'armure des chevaliers relèvera le trône de France. Ainsi que le remarque Valérie Toureille[72], toutes ces prophétesses prétendent avoir entendu des voix, elles sont sous influence divine et toutes ont désiré transmettre leur expérience du message de Dieu au roi, à défaut à la reine. Une autre de ces prophéties, connue pour être de Telesforo da Cosenza (v. 1380), dite *Karolus filius Karoli*, faisait de Charles VI, puis de Charles VII, « l'empereur des derniers jours » achevant sa vie glorieuse à Jérusalem. D'autres prophétesses contemporaines de Jeanne, comme Catherine de La Rochelle, Piéronne la Bretonne, proches du frère Richard, ou Colette de Corbie, se signalent par leur volonté venue du ciel de sauver le royaume. Aucune ne propose de prendre les armes. Jeanne est unique[73].

Toutes ces prophéties ont fortement intéressé les médiévaux, en dépit de quelques intellectuels fort réticents à leur accorder du crédit. Il n'empêche, dans le camp des Armagnacs, on les prenait très au sérieux et leur donnait toute l'attention souhaitée ; tandis que pour les partisans du régent (Bedford) et les Bourguignons, Jeanne était la « putain des Armagnacs », ses prophéties et ses visions des inventions qui ne servaient qu'un seul parti, celui des Orléans[74]. Mais, pour comprendre Jeanne, son assurance, son influence et son autorité, il faut la replacer dans ce contexte d'attente eschatologique exprimée majoritairement par des femmes.

Après Orléans

Son surgissement dans la vie politique, son choix de soutenir les Valois auront pour conséquence de renouveler, de revivifier et de rendre actuelles les prophéties de Bède, de Merlin et de la Sibylle[75] annonçant une jeune fille portant les étendards. La levée du siège d'Orléans, le 8 mai 1429, que nous détaillons plus loin, retentit alors comme un coup de tonnerre. Ainsi, portée par la rumeur prophétique et par une campagne efficace de propagande activée par Charles VII et ses conseillers, le nom de Jeanne ou celui de la Pucelle se répand dans toute l'Europe. Le 9 juillet, Pancrazio Giustiniani, un marchand vénitien installé à Bruges, dont on a conservé quelques lettres, écrit à son père que le dauphin Charles « va grandement prospérer », et que la Pucelle a été prédite par de nombreuses prophéties. De plus, un clerc anonyme du diocèse de Spire, en Allemagne, en parle comme d'une sibylle ou prophétesse « conduite par Dieu[76] ». La question de savoir si Jeanne est une vraie ou une fausse prophétesse agitera, on s'en doute, l'aréopage de docteurs qui, pendant six mois, vont l'interroger à Poitiers. Elle sera de nouveau débattue durant le procès d'accusation et celui de réhabilitation. Pour nombre de théologiens du parti des Armagnacs, il semble que Jeanne corresponde exactement à la définition que livra Thomas d'Aquin de la prophétie : elle détient un savoir transmis par Dieu, elle diffuse par un discours l'essence même de sa révélation (la lettre aux Anglais), un miracle (Orléans délivré) le confirme. Au contraire, pour les Anglais et leurs alliés, c'est une « truande paillarde », une ignoble sorcière, une folle démoniaque[77]. Dans ses courriers, elle a maudit, insulté et menacé de mort de nobles personnes, appelant à la guerre contre les Anglo-Bourguignons. C'est une femme mauvaise et cruelle, altérée de sang.

Réputé pourtant prudent, Gerson, réfugié à Lyon, écrit un texte favorable à la Pucelle, quelques jours seulement après le siège d'Orléans, dans lequel il reconnaît qu'elle fait partie du plan divin. Son discours est structuré autour de trois axes : un axe logique, un deuxième plus religieux et un troisième plus juridique. Il commence par partir d'observations logiques, considérant que reconnaître l'acte de Jeanne relève de la probabilité, sauf qu'une fois la probabilité correctement établie – or c'est le cas, puisqu'un effet de très grande justice en a résulté –, il faut en tenir compte et la tenir pour vraie. Il note que, dans tous les propos de Jeanne, on ne trouve rien que l'Église réprouve et que, surtout, elle se place elle-même au-dessus de son intérêt particulier, n'attendant de son acte aucun gain personnel, « puisqu'en attestation de sa foi, elle exposa son corps à un danger extrême[78] ». Gerson convoque de grandes figures de la Bible et de l'histoire chrétienne. Deborah, prophétesse, jugeait Israël. Elle monta avec Baraq pour combattre Sisera, le chef de l'armée cananéenne (Juges IV, 4-10). Quant à Catherine, également citée, elle convertit à la foi chrétienne cinquante docteurs et rhéteurs mandatés par son père pour qu'ils la persuadent de revenir au paganisme. « Cette jeune fille, en qui parle l'Esprit de Dieu, nous a frappés d'admiration » fut leur réponse au père[79]. De mentionner sainte Catherine et les docteurs apparaît comme une allusion directe à Poitiers. Pour le chancelier, il est donc évident que Dieu a choisi la Pucelle pour libérer le royaume fleurdelysé. Toutefois, Gerson s'efforce de faire entrer le phénomène Jeanne d'Arc dans un cadre rationnel fondé sur la théologie. Il n'insiste guère sur l'aspect prophétique du personnage, se bornant à évoquer à son sujet Deborah, à la différence de Christine de Pizan, mentionnant dans le *Ditié* les prédictions de Bède, Merlin et de la Sibylle, ainsi que la prophétie de Karolus adaptée à Jeanne. Gerson, qui reste un universitaire à la tête froide, évite de se référer à de telles autorités, peut-être suspectes à ses yeux. Cela dit, s'il paraît ne pas évoquer de manière ouverte le conflit entre Armagnacs et Bourguignons, il laisse malgré tout entendre que la Pucelle, en qui s'est manifestée la grâce de Dieu, n'a pas été choisie par esprit de sédition, de vengeance ou pour des raisons dictées par des haines partiales. Elle est l'instrument de Dieu « jusqu'à ce que vienne la paix » une fois les ennemis vaincus[80]. La grande réconciliation entre les frères séparés s'amorce avec elle. La lettre de Gerson sera diffusée dans tout le royaume[81]. Pour lui comme pour Jeanne[82], la paix entre les factions rivales constitue le cœur de sa mission.

Un autre théologien, plus obscur celui-là, Jean Dupuy, inquisiteur de Toulouse en 1411, puis évêque de Cahors en 1431, se montre beaucoup plus enthousiaste à l'égard de Jeanne. Son témoignage prend date quelques semaines après Orléans. Comme par ailleurs Christine de Pizan dans le *Ditié*, il ne cache pas ses sympathies pour le parti du roi, celui des Armagnacs, déplorant amèrement que des Français, en l'occurrence les Bourguignons, aient pu trahir leur souverain et se ranger du côté des Anglais[83]. Pour Dupuy, la levée du siège d'Orléans est un événement si considérable qu'il doute qu'il en soit survenu un de comparable « depuis les premiers âges du monde[84] ». Dupuy serait le seul à témoigner, à la requête de Jeanne, de la donation du royaume de France au Roi des cieux. « Le roi [écrit-il] fut alors le plus pauvre chevalier du monde. Dieu en réinvestit le roi par la main de Jeanne. Quatre notaires firent de cette donation un acte solennel[85]. » D'après Colette Beaune, dans l'esprit de Dupuy, un tel dépôt se rattacherait à ceux des vingt-quatre vieillards du Livre de l'Apocalypse lançant leurs couronnes « devant le trône » (Ap 4, 10) aux « quatre vivants » (les quatre anges qui président au gouvernement des choses physiques ; la tradition catholique les confond avec les quatre évangélistes). La prophétie est pleinement réalisée, un nouvel âge peut commencer.

Jeanne entre mythe et histoire

Même étudié sous toutes ses coutures, le personnage de Jeanne reste nimbé de mystère : on ne sait pas quel jour elle fut admise en présence du roi à Chinon vers la fin de février 1429. On ignore la durée de cet entretien, son contenu et le nom des personnes qui y assistèrent. Après le succès de la Pucelle venue de Domrémy, aux confins de la Champagne et de la Lorraine, la propagande et l'historiographie royales se sont ingéniées à fabriquer une légende et à occulter une réalité qu'on ne parviendra sans doute jamais à démêler, en dépit des recherches et des découvertes récentes[86]. Selon le *Mystère du siège d'Orléans* écrit une dizaine d'années après les faits, l'archange Michel lui aurait assuré que sa fleur serait préservée de l'impureté[87]. Or ses compagnons d'armes ont souvent déclaré que, même la nuit, ils n'éprouvaient pas de désir sexuel pour elle, comme si « une sorte de force irréelle les avait empêchés de la toucher[88] ». Jeanne impressionne par ses dons, par son charisme, ses compétences militaires[89]. Le mythe prend forme et se renforce des lacunes et des points aveugles de son trajet terrestre.

Par exemple, le registre, invoqué par Jeanne d'Arc lors de son procès, qui consignait son interrogatoire par les théologiens de l'université de Poitiers, a malencontreusement ou opportunément disparu. Selon le témoignage de Jean d'Aulon, écrit en 1456, Jeanne d'Arc aurait été confiée à la garde de Yolande d'Aragon. Mais l'historien Philippe Contamine doute de son influence sur la Pucelle et assure que « Yolande ne fut ni son inspiratrice ni son ange gardien[90] ». La décision de Charles VII est-elle personnelle ou dictée par les théologiens chargés de vérifier si Jeanne agit bien sous la garde de Dieu ? Il serait plus simple, plus prosaïque, d'imaginer que le roi a joué cette carte, ce « joker », dans une partie qu'il croyait presque perdue.

Le siège d'Orléans débute le 12 octobre 1428 sans que Charles VII n'intervienne. Il laisse les Anglais franchir la Loire, prendre le château, le pont de Beaugency, s'emparer de Meung. Ses troupes tiennent Blois à l'ouest, Gien à l'est, Romorantin au sud. Si l'avènement de la Pucelle peut être qualifié de « providentiel », la mort de Salisbury, touché à la tête par un boulet le 24 octobre 1428 et décédé le 3 novembre, alors que, de la rive sud de la Loire, il scrutait la ville d'Orléans afin d'en compléter le dispositif de siège, l'est tout autant. De la fin de septembre 1428 au début de mars 1429, le roi n'a pas bougé du château de Chinon. « Cette inertie peut sembler bizarre, voire scandaleuse. Outre le trait de caractère, elle traduit un réel sentiment d'impuissance face à une situation qui lui échappait en grande partie[91]. » Faut-il l'interpréter comme l'effet d'une culpabilité vivement ressentie en un temps où les échecs sont le plus souvent interprétés comme une sanction divine ? Charles VII ne porte-t-il pas la responsabilité du meurtre de Jean sans Peur ? Il ne dispose d'aucun trésor de guerre, d'aucune marge de manœuvre, dès lors aucune action diplomatique n'est envisageable.

« Il lui fallait recourir à des expédients au jour le jour » et encourager les défenseurs (gens de guerre et bourgeois) en attendant de songer un jour à une contre-offensive. La bataille dite des Harengs, le 12 février 1429, n'a pas dû lui remonter le moral. Charles de Bourbon, comte de Clermont, parti de Blois à la tête d'une petite armée, tente d'intercepter un convoi de ravitaillement destiné aux assiégeants. La bataille se déroule vers Janville et Rouvray-Saint-Denis, le 12 février 1429. Mal conduite, elle tourne à la confusion des Français. Le bourgeois de Paris décrit longuement l'affrontement et se moque des Armagnacs dont la mauvaise organisation les fit lamentablement échouer[92]. Dans ces conditions, les opérations militaires qui, du 4 au 8 mai 1429, contraignent les Anglais à lever le siège d'Orléans relèvent effectivement du miracle, du moins aux yeux des contemporains. Cela d'autant que les succès s'enchaînent : prise de Jargeau le 12 juin, de

Meung-sur-Loire le 15, de Beaugency le 17, victoire de Patay le 18 juin.

L'espoir renaît dans le camp de celui que certains Français, les partisans du duc de Bourgogne, continuent de nommer « Celui qui se dit dauphin[93] ». Le roi se décide enfin à se faire sacrer à Reims afin d'asseoir sa légitimité.

Ses conseillers hésitent sur la marche à suivre. Charles VI disparu, le dauphin est de fait roi, selon l'adage « le mort saisit le vif ». Un sacre est-il nécessaire, la proclamation de Mehun-sur-Yèvre ne suffit-elle pas ? En fait, la question se pose surtout dans le contexte de la tradition à laquelle adhère l'immense majorité des sujets : Charles VII ne sera véritablement souverain que s'il est sacré et couronné dans la cathédrale de Reims, comme le veut la coutume. Avec tout ce qu'il représente de puissance symbolique, le sacre ne peut que rehausser la figure d'un souverain largement écornée par les défaites, les erreurs de stratégie, le meurtre de Jean sans Peur. C'est au demeurant l'avis de Jeanne : « Je ne l'appellerai pas roi tant qu'il n'aura pas été sacré et couronné à Reims[94]. » Enfin, le sacre de Reims est un argument de poids au regard de la double couronne revendiquée par les Anglais, et pour cause : en raison de son âge, Henri VI n'a pas encore été sacré roi d'Angleterre et de France. Une fenêtre s'ouvre donc.

Les fidèles du duc de Bourgogne – ont-ils reçu des ordres de Philippe le Bon ? – font preuve d'une étrange passivité. Celui-ci n'a-t-il pas retiré son contingent du siège d'Orléans, ce retrait attestant de ses hésitations et suggérant son intention d'envisager des solutions de compromis ?

Troyes se livre le 11 juillet 1429 à la suite d'une « conversion » subite – la municipalité venait de renouveler son serment d'allégeance à Henri VI. À l'exemple et à l'invite des gens de Troyes, Reims accueille le roi le 16 juillet. Le sacre se déroule le lendemain, dimanche 17 juillet 1429, la Pucelle au côté du roi tenant son étendard blanc qui porte l'inscription « Jésus ». Le jour même de cette cérémonie, elle prend sur elle pour que soit envoyée au duc de Bourgogne une lettre le priant d'être présent au sacre. Dans le même temps, le 14 juillet, à Paris, au Palais de justice, il est procédé au récit de la grande trahison commise par les Armagnacs lors de l'assassinat de Jean sans Peur. Récit qui suscite l'indignation de l'assistance, jusqu'à entraîner le reniement des rares affidés des Armagnacs dans la salle – il y en avait, reconnaît le bourgeois de Paris. D'un geste, Bedford apaise la foule pour permettre à Philippe le Bon de prendre la parole. « Et alors on fit lever les mains au peuple que tous seraient bons et loyaux au régent et au duc de Bourgogne[95]. » Paris est encore acquis à la cause anglo-bourguignonne. Reste à la conquérir.

La fin de Jeanne

La cour de Charles VII recouvre toute sa superbe, tout son élan. Pour le dire comme Alain Chartier dans sa lettre au duc de Milan, « [Jeanne] a haussé les esprits vers l'espérance des temps meilleurs[96] ». Il faut reconnaître que les nouvelles sont excellentes. Laon a envoyé les clés de la ville au roi, Soissons lui a ouvert ses portes le 22 juillet. Le 29, c'est au tour de Château-Thierry, le

2 août de Provins. Auprès du souverain deux camps s'affrontent, deux politiques se dessinent : Charles VII, son chancelier Regnault de Chartres et son favori Georges de La Trémoille cherchent à temporiser, négocier avec la Bourgogne, tandis que Jeanne d'Arc, Jean d'Alençon, René d'Anjou, dans la fougue de leur jeunesse, veulent poursuivre la guerre jusqu'à la victoire. Le 15 août, les Anglais de Bedford et l'armée de Charles VII se font face près de l'abbaye de la Victoire, aux portes de Senlis. Moins nombreux, les Picards et les Anglais se mettent à l'abri dans un fort, le roi recule et refuse la bataille. Les deux armées ont prudemment évité le risque d'un affrontement.

Quelques jours plus tard, le 24 août, de leur propre initiative, Jeanne d'Arc et Jean d'Alençon quittent l'armée royale pour tenter de prendre Paris. Ils arrivent le 26 à Saint-Denis et somment la municipalité parisienne de se rallier à Charles VII. Le bourgeois de Paris raconte l'attaque de la capitale, les Armagnacs commandés par « une créature qui était en forme de femme avec eux, que l'on nommait “la Pucelle”. Qui était-elle ? Dieu seul le sait[97] ». Un assaut est tenté le 8 septembre avec des troupes en nombre insuffisant. Le temps des miracles semble marquer une pause : la tentative achoppe, Jeanne est blessée. L'échec de la Pucelle satisfait de nombreux courtisans qui avaient pris ombrage de son influence sur la politique royale. Il satisfait aussi les partisans de l'action diplomatique pressés de faire la paix avec le duc de Bourgogne. De fait, dès le 28 août, Charles VII a signé avec Philippe le Bon une « abstinence de guerre », jusqu'au 25 décembre 1429.

La cause est désormais entendue et la perte de Jeanne d'Arc, privée de moyens, inéluctable. Sa mission ne s'arrête-t-elle pas après le sacre ? Le 23 mai 1430, au cours du siège de Compiègne, la Pucelle est capturée lors d'une sortie de la garnison bourguignonne, vendue aux Anglais le 24 décembre, brûlée à Rouen le 30 mai 1431 en tant qu'hérétique, sorcière et relapse. Relapse, parce que, selon ses juges, elle retomba dans l'erreur en s'habillant comme un homme dans sa geôle. À ce titre, elle fut donc livrée au bras séculier. Jeanne avait 17 ans à Orléans, 19 à Rouen, le lieu du bûcher. Son aventure a duré trois ans et renversé le cours de la guerre entre Anglo-Bourguignons et fidèles des Valois.

Laissons à Philippe Contamine le mot de la fin :

> L'histoire de Jeanne d'Arc a beau avoir tous les caractères, toutes les dimensions d'un mythe, elle n'en est pas moins positivement vraie, au sens banal du terme[98].

12
Réconciliation ?

Dans son discours en latin *Loquar in tribulacione* (« À propos de la tribulation »), Juvénal des Ursins accuse Charles VII de nonchaloir (« Vous dormez »), ouvrant son dyptique : le mauvais roi, Charles VII, confronté au bon roi, Charles VI. Plus loin, il cite Saint Louis[1]. Mais Juvénal admet dans le même texte que Charles VII doit compter avec plus forts que lui : le régent Bedford, dont le pragmatisme l'encourage à ménager Philippe de Bourgogne. Il lâche au duc les comtés de Brie et de Champagne, de sorte que ce dernier parachève ainsi le projet de Jean sans Peur, celui d'une principauté d'un seul tenant s'étirant en écharpe de la Hollande à la frontière suisse, soit une réelle menace pour le Valois.

Cas de conscience

Pourtant du côté bourguignon, la perplexité est grande. La guerre coûte plus cher à l'Angleterre que ne lui rapporte le pillage de la France. Aussi le Parlement anglais hésite-t-il à céder au régent les sommes nécessaires à la poursuite des opérations. Bedford n'est pas Henri V, si bien que le flux d'argent en provenance de

Londres se tarit. Dans une lettre du 4 novembre 1430, le duc de Bourgogne s'en plaint à Henri VI, et donc à son tuteur Bedford. Signe d'une évolution, Philippe le Bon reconnaît dans cette lettre que Charles VII est bien l'héritier en titre du défunt roi de France Charles VI, son successeur légitime. En plus des difficultés financières, le duc est exposé à des problèmes tactiques. C'est dans le Midi que les événements sont les plus préoccupants. Le 4 juin 1430, mandaté par le duc, Louis II de Chalons, le prince d'Orange, occupe plusieurs places fortes appartenant au roi. Charles VII réagit en envoyant assiéger Colombier dans l'Isère. Avertis de la venue de renforts bourguignons, les Français, emmenés par Raoul de Gaucourt, Humbert de Grôlée et Rodrigue de Villandrando, livrent bataille à Authon le 11 juin 1430, et défont les troupes bourguignonnes. De deux cents à trois cents Bourguignons y perdent la vie, d'autres en grand nombre sont faits prisonniers, d'autres encore s'enfuient, comme le prince d'Orange et le seigneur de Montaigu, Jean de Neufchâtel, présent à Montereau parmi la suite de Jean sans Peur, membre de l'ordre de la Toison d'or. Le collier lui est retiré.

Plus grave encore pour le duc est la levée du siège de Compiègne (4 novembre 1430). Les bastilles édifiées devant Compiègne par les assiégeants anglo-bourguignons tombent les unes après les autres. Jean de Luxembourg et le comte de Huntinton finissent par lever le siège et s'en vont « en désordre », abandonnant « honteusement » canons et autres matériels. La « destrousse » (déroute) des Bourguignons à Germigny ajoute encore au désarroi du duc de Bourgogne « grandement troublé » et atteint par la perte de ses capitaines Jacques de Heilly et Antoine de Vienne.

Tout aussi inconfortable pour Philippe le Bon est la situation créée par l'alliance de Charles VII avec les princes allemands, une manière d'enfoncer un coin dans la politique orientale du duc. Le traité franco-autrichien du 22 juillet 1430 est signé afin de contenir les ambitions bourguignonnes aussi bien dans le Saint Empire qu'en France. Frédéric IV, duc d'Autriche, s'oppose aux objectifs de Philippe en Haute-Alsace, à la limite du comté bourguignon, ou Franche-Comté. L'alliance est assortie d'une promesse de mariage, ratifiée à Sens le 15 septembre, entre l'une des filles du roi, Radegonde, et le fils aîné du duc, Sigismond. Le 10 avril 1431, Frédéric remet aux ambassadeurs du roi de France ses lettres de défi au roi d'Angleterre et au duc de Bourgogne, avec l'engagement de se trouver en personne le 1er avril 1431 sur les frontières de l'Alsace et du comté de Bourgogne, à la tête d'une armée.

Seule consolation pour le duc, une victoire à Bulgnéville (2 juillet 1431), au cours de laquelle il prend le dessus sur René d'Anjou dans un conflit, en Lorraine[2]. La victoire va mettre un terme aux tentatives de rapprochement entre Charles VII et les princes allemands, et soulager quelque peu le Bourguignon.

Premiers dissentiments anglo-bourguignons

Les premiers dissentiments anglo-bourguignons commencent à éclater. En novembre 1431, le jeune Henri VI arrive à Saint-Denis, venant de Pontoise ; de deux à trois mille hommes l'escortent pour assurer sa sécurité[3]. Il s'apprête à faire son entrée dans la capitale. Accueilli à l'extérieur de la ville par les bourgeois parisiens et les corps constitués (chambre des comptes, gens des finances, maîtres des requêtes...), selon le cérémoniel habituel, il entre par la porte Saint-Denis. Henri VI est sacré le 16 novembre par son oncle, Henri Beaufort, dit le cardinal d'Angleterre, à Notre-Dame, en « suivant plus les coutumes d'Angleterre que de France[4] », dit Monstrelet. Après avoir séjourné quelques jours à Paris, le roi retourne à Rouen. Le hâtif couronnement d'un Henri VI âgé de 9 ans n'améliore nullement la position des Anglais. Ce sacre pâtit en effet de la comparaison avec la solennité de celui de Charles VII à Reims, deux ans et demi plus tôt, le 17 juillet 1429. Pas de sainte ampoule, pas de guérison des écrouelles, pas de pairs de France. « Certes un sacre pour rien, mais en même temps cette cérémonie rendait encore plus difficile l'abandon [des] prétentions [de Henri VI] à la couronne de France[5]. »

Le duc de Bourgogne s'est désisté pour la cérémonie d'un tel sacre. Cette absence n'est-elle pas une prise de distance avec la royauté anglaise, une volonté de se désengager d'un conflit dans lequel il s'enlise ? Car malgré quelques succès sur le terrain comme celui de Bulgnéville, Philippe le Bon se trouve bientôt dans l'impossibilité de continuer la guerre, d'autant que les attaques menées par les Français sont toujours aussi incisives durant les années 1432 et 1433, surtout sur le flanc sud de la Bourgogne, où le duc de Bourbon parvient à s'infiltrer[6]. Le 20 avril 1432, Chartres tombe aux mains des Français à la suite d'un complot – la ville avait juré allégeance aux Bourguignons et aux Anglais depuis 1417.

La perplexité de Philippe le Bon n'est pas paralysante. Le duc pèse et soupèse les avantages et les inconvénients d'une alliance qui le gêne aux entournures. Le processus est lent, tissé de résistances, d'hésitations. Des premières démarches de type diplomatique sont engagées par le cardinal Nicolas Albergati, mandaté par le pape Eugène IV, successeur de Martin V, mort dans la nuit du 20 au 21 février 1431. Eugène IV suit la ligne des grandes orientations de son prédécesseur : la réforme de l'Église, la lutte contre l'hérésie et la paix entre les princes chrétiens. Sur les deux premiers points, il doit réunir un concile, comme prévu. Sur le dernier, Albergati prend contact avec toutes les parties. Dès le mois de décembre 1431, le cardinal obtient des trêves pour six ans entre Bourgogne et Charles VII, sauf qu'elles ne durent pas plus de six mois, les deux factions, « récalcitrantes et brouillées », reprenant les hostilités. Les hommes d'armes vivent de la guerre et de son corollaire, le pillage et les rançons. Pour donner le change – les trêves ont toujours cours –, les Français attaquent les Bourguignons non comme tels, mais prenant prétexte qu'ils sont anglais, tandis que les Bourguignons s'associent aux Anglais en s'attribuant la croix rouge pour attaquer les Français[7].

En avril 1432, le cardinal relance le processus diplomatique. Les ambassadeurs du roi de France, Regnault de Chartres et Georges de La Trémoille, rencontrent à Dijon ceux du duc de Bourgogne, Nicolas Rolin et le prince d'Orange. Une conférence devra se tenir à Auxerre au mois de juillet 1432. L'optimisme est de mise, comme en fait état la correspondance des ambassadeurs[8]. Au mois de juin, le Conseil du roi d'Angleterre annonce que le gouvernement anglais se fera représenter à la conférence d'Auxerre. Le duc de Bourgogne en informe son chancelier, Nicolas Rolin, en lui recommandant la discrétion la plus absolue ; il lui dit que, si l'on ne peut arriver à une paix générale, il faut au moins conclure une trêve d'une longue durée[9]. Une réunion préliminaire a lieu à Semur-en-Auxois à partir du 4 juillet entre Français et Bourguignons. Les Anglais ne sont pas présents. Le mieux serait une paix séparée avec les Bourguignons, sans les Anglais, estime le camp français. S'ils sont présents, ils feront tout pour réveiller les vieux démons, les rancunes des uns et des autres. Les Bourguignons et les Français rappellent respectivement leurs exigences en matière de réparation de l'homicide de Jean sans Peur et de celui de Louis d'Orléans.

Les dissentiments entre Anglais et Bourguignons s'accentuent avec la mort d'Anne de Bourgogne (novembre 1432), trait d'union entre son frère et son mari. Cette mort porte un coup décisif à l'amitié des deux princes, Philippe le Bon et le duc de Bedford. Moins de cinq mois après, ce dernier ne se gêne guère pour contracter une nouvelle alliance – sans même en prévenir son beau-frère – avec une vassale de celui-ci, Jacqueline, la nièce de Louis de Luxembourg. Ce qui apparaît comme une offense grave transforme en véritable brouille la froideur qui existait entre les deux. Toutefois, pour ménager Henri VI, le duc de Bourgogne envoie en Angleterre Hugues de Lannoy qui rencontre Charles d'Orléans, prisonnier des Anglais depuis Azincourt. Les princes captifs sont un élément important dans les négociations pour la paix. À Hugues de Lannoy qui lui demande de ses nouvelles, Charles répond : « Je suis en bon point de corps, mais en desplaisance de ce que j'use le meilleur de mon âge en prison. » Quand le même Hugues de Lannoy lui donne à espérer un traité de paix et donc une délivrance prochaine, il s'entend dire : « Je suis comme une épée enfermée dans un fourreau, et dont on ne peut se servir que si on l'en tire. » En cas de libération, Charles offre ses services et promet de rallier les seigneurs de France à une paix générale, ne pouvant s'arrêter de parler du sujet. Étonnante scène pendant laquelle le fils de Louis d'Orléans semble solliciter l'amitié d'un Bourguignon. Les choses vont plus loin, si l'on se réfère à un traité secret daté du 14 août 1433, par lequel les arrangements suivants sont pris entre Charles d'Orléans et Henri VI. Le premier sera libéré même si la paix n'est pas conclue, à condition qu'il fasse hommage au roi d'Angleterre comme roi de France et d'Angleterre, un hommage lige comme au vrai roi de France ; à condition aussi qu'il lui procure l'adhésion des ducs d'Alençon, des comtes d'Armagnac et de Pardiac, du comte d'Angoulême, du duc de Milan, à lui remettre enfin entre les mains les villes d'Orléans et de Blois. Il n'est pas donné suite. Si les négociations secrètes sont avérées, elles témoignent de l'état d'esprit des princes captifs, prêts à tout pour regagner leur pays.

Au mois de novembre 1432, après avoir été maintes fois repoussée, la conférence d'Auxerre s'ouvre en présence des délégations française, bourguignonne, anglaise et bretonne. S'y retrouvent, entre autres, Regnault de Chartres et Nicolas Rolin, pour les Bourguignons. Du côté anglais, on compte Gilles de Clamecy, Simon

Morhier, prévôt de Paris, l'évêque de Paris, Jacques du Châtelier et l'abbé de Fécamp, accusateur de Jeanne d'Arc lors de son procès. Un fidèle du connétable de France, Arthur de Richemont, est aussi présent. Les négociations, difficiles, échouent sur la question d'une paix générale ou séparée. Paix générale entre les trois parties ou paix séparée entre Bourguignons et Français. Philippe le Bon s'en tient à une paix générale. Homme d'honneur et de foi, il n'oublie pas le double serment prêté à Henri V lors du traité de Troyes. Cependant, « loyal comme l'or fin, entier comme un œuf », le Bourguignon répugne à rompre le lien vassalique avec Charles VII, l'héritier, même contesté, de la couronne de France.

L'opinion, ébranlée, désire fortement la paix. Ce qui est remarquable, c'est la récurrence, au cours des pourparlers, du souvenir des deux assassinats. La mémoire en est constamment réactivée, fil rouge du véritable drame qui se joue depuis des années.

Intrigues de Cour

À la suite de la négociation d'Auxerre qui, une fois encore, enterre tout espoir de paix, des conjurés français imaginent de livrer la ville de Dijon et d'enlever le chancelier Rolin. Le complot éventé, Rolin mène l'enquête, identifiant Georges de La Trémoille comme en étant l'âme.

Pour ce dernier, l'heure a sonné. Il s'est imposé, à force d'intrigues, après avoir écarté Richemont qui l'avait introduit auprès de Charles VII et règne en maître à la Cour. Très supérieur aux favoris précédents, c'est lui qui « décidait de tout » auprès du roi, une situation de prééminence qui engendre des rivalités et des jalousies. Tous ceux de son lignage sont du côté bourguignon ; la *Chronique de la Pucelle* l'accuse de double jeu, voire de trahison[10]. Après cette ascension, La Trémoille et Richemont se livrent une guerre sans merci. Richemont, aidé de Charles, comte de Clermont, du comte de Pardiac, de Jacques de Bourbon tente de le chasser à plusieurs reprises, allant jusqu'à écrire aux bonnes villes pour dénoncer l'emprise de La Trémoille sur le roi. Peine perdue. Charles VII est sous le charme de son favori, mais le vent va bientôt tourner.

À l'instigation de Yolande d'Aragon de retour à la Cour, de son fils Charles, le comte du Maine, et de Richemont, on ourdit une conjuration contre La Trémoille. Un jour, Jean de Bueil, Prégent de Coëtivy et d'autres barons font irruption dans la chambre du chambellan et se saisissent de lui[11]. À Charles qui s'informe de ce qui se passe dans le château, les assaillants disent qu'il « n'ait garde de quiconque, la prise de son grand chambellan est pour son bien[12] ». La Trémoille, légèrement blessé, doit abandonner toutes ses charges. Quelque temps plus tard, le roi, lors des États généraux de Tours, approuve publiquement l'action des assaillants et les « reçoit en sa bonne grâce », à ceci près que, selon Jean Chartier, Bueil et Chaumont sont peu de temps après éloignés de la Cour, comme La Trémoille. Commynes parle de ce dernier comme exemple de ce qui arrive d'un « homme ayant eu de l'ascendant sur son maître en le tenant par la crainte qu'il n'ait mal fini[13] ». D'après les contemporains, La Trémoille illustre parfaitement le favori qui tient en servitude le roi, ayant « grand gouvernement et auctorité » sur lui et congédiant les bons serviteurs[14]. Jean Chartier, relayant la rumeur, lui reproche d'avoir ainsi écarté les gens de toutes parts voulant rallier la Pucelle, ce qui aurait pu changer le cours des choses.

Quel jugement porter sur La Trémoille ? Pour Contamine, si l'on se garde de sa mauvaise réputation – sa scandaleuse opulence, ses intrigues, ses procédés arbitraires –, la politique de La Trémoille n'a pas été si néfaste. Ses réserves à engager le roi dans la guerre rejoignent les préoccupations des autres conseillers, Regnault de Chartres, Christophe d'Harcourt. À lui faire des reproches, on retiendra peut-être les trop nombreuses trêves dont le duc de Bourgogne tira avantage[15].

L'élimination du premier chambellan prépare le retour en grâce du connétable de Richemont. Ces « intrigues de Cour » ne reproduisent-elles pas sous une autre forme le régime des factions, amplifiant la crise d'une instabilité résiduelle ? Dans son sermon *Audite celi*, l'œuvre la plus diffusée, un texte qui fait une large place à la fiction et à ce titre fort intéressant, Juvénal des Ursins, le fils du chroniqueur, met en scène trois personnages : Église, France et Angleterre. Celles-ci débattent entre elles, selon un modèle qui rappelle le *Quadrilogue invectif* d'Alain Chartier. Une autre figure, Sédition, se mêle au débat : inspirée par le diable, elle dresse l'une contre l'autre Angleterre et France en leur soufflant respectivement les raisons de fonder leur action et de la légitimer. Entre en scène une troisième figure, Bon Conseil, celle du compromis encourageant Angleterre et France à terminer leur combat à leur profit, car « à la fin France sera France et Angleterre Angleterre ». *Audite celi* est un texte symptomatique de cette incertitude qui déchire même la Cour, à laquelle Juvénal essaie d'apporter un remède par un ingénieux dispositif allégorico-épico-théâtral. *Audite celi* a été écrit à Beauvais, alors zone frontière où la guerre fait rage. Sa valeur, comme l'a montré Sébastien Cazalas[16], provient de qu'il est dit des Bourguignons. France interpelle « ceux de [s]a langue[17] », clamant avec force que « tout le sang de France est uni excepté vous [les Bourguignons]) », liés aux Anglais. Ils doivent retourner dans le giron national (ici désigné par la communauté linguistique) et rejoindre les légions de France. Chez les Anglais, « il n'y a point d'amour en eux et ils ne s'aiment point eux-mêmes » (Juvénal le répète à plusieurs reprises).

Préliminaires

Nous avons vu plus haut la longue suite des négociations qui se sont déroulées depuis juillet 1432 à Dijon, Semur-en-Auxois, Auxerre, Mâcon, Seine-Port, Corbeil, Pont-de-Veyle. En janvier 1434, la configuration tourne à l'avantage de Charles VII, qui marque des points sur le plan diplomatique. Ainsi, Sigismond, investi de la dignité impériale le 31 mai 1433, décide de s'allier au roi de France contre le duc de Bourgogne, envisageant de marier l'une de ses petites-filles avec Jacques, tout jeune fils de Charles VII. Pourtant, les négociations se poursuivent entre Charles VII et le duc de Bourgogne, même si, dans des documents publics, la duchesse Isabelle ne craint pas d'appeler le « dauphin, ennemi de monseigneur le roi et de monseigneur de Bourgogne[18] ». Dans les instructions données à ses ambassadeurs pour traiter de la paix à Bâle avec ceux de Charles VII, le duc de Bourgogne continue d'utiliser les marques injurieuses en désignant lesdits ambassadeurs comme ceux du dauphin, son adversaire[19]. En février 1434, quand, à la cour de Savoie, la diplomatie reprend ses droits, la ligne de Philippe le Bon ne bouge pas, celle de ne concevoir qu'une paix générale et de ne rien faire avant de connaître le bon plaisir des Anglais. Dans le même temps, il recommande de préparer les opérations militaires de la saison prochaine, d'autant que ses « ennemis » se disposent à lui faire « très forte guerre ». La guerre se complique d'une querelle personnelle entre le duc de Bourgogne et le duc de Bourbon. À défaut de paix, des trêves sont signées en novembre 1433, puis en juin 1434, et le 2 décembre 1434.

Les négociations recommencent en janvier 1435. À Mâcon, les légats des ducs de Bourgogne et de Bourbon reprennent leurs travaux. Des entretiens se tiendront à Nevers entre les deux ducs, Bourgogne et Bourbon. Si des questions de protocole sont soulevées, notamment celle de savoir qui aura « l'honneur et prérogative d'être nommé le premier », elles sont vite résolues. L'ambiance est plus chaleureuse. À Nevers, la duchesse de Bourbon retrouve son frère, le duc de Bourgogne. Divertissements, momeries (bal masqué), festivités animent et réchauffent l'atmosphère. L'heure est à l'apaisement. Les conférences s'ouvrent le 20 janvier 1435, les points de litige entre les ducs de Bourbon et de Bourgogne sont réglés par un acte en date du 6 février[20]. Des paroles discordantes s'élèvent parmi les chevaliers du duc de Bourgogne, que les volte-face des princes passant de l'hostilité déclarée à la réconciliation et aux manifestations d'amitié laissent amers[21].

Pourquoi Philippe le Bon accepte-t-il de souscrire aux préliminaires d'un traité de paix ? Est-ce la perspective d'une reconnaissance formelle, publique, de l'abomination du crime perpétré sur le pont de Montereau ? Voilà qui lui donnerait une satisfaction morale totale et viderait de sa charge symbolique et émotionnelle le conflit entre les deux partis. Pense-t-il à de nouvelles conquêtes territoriales, alors qu'il n'a plus rien à espérer des Anglais et qu'il a tant à redouter de Charles VII, lequel, depuis la miraculeuse intervention de Jeanne d'Arc, regagne du terrain ? Ces deux explications, surtout la seconde, témoigneraient d'un retournement du duc s'émancipant de l'opposition de type « Bourguignons contre Armagnacs » et rêvant désormais de souveraineté impériale. Des deux côtés, on se met d'accord pour réunir une autre conférence à Arras en juillet 1435.

Le duc de Bourgogne quitte Dijon et retourne en Flandre pour la préparer. Il envoie en Angleterre une ambassade avec Hugues de Lannoy à sa tête pour avertir le roi d'Angleterre de la tenue de la conférence. Juillet 1435 arrivent à Arras le cardinal de Sainte-Croix, légat du pape, et Hugues de Lusignan, cardinal de Chypre, envoyés par le concile de Bâle. À la suite des cardinaux viennent les ambassadeurs du roi d'Angleterre – conduits par l'archevêque d'York, l'évêque de Norwich, le comte de Suffolk, deux cents personnes – et des autres nations, pour les trois parties. Le 28 juillet, le duc de Bourgogne se rend en personne à Arras, assisté de docteurs, de théologiens, au nombre de cent soixante. À la fin du mois arrivent les ambassadeurs français, Bourbon, Richemont – mariés à deux sœurs du duc de Bourgogne, en tout quatre cents personnes –, le maréchal de La Fayette et le premier président du parlement de Poitiers.

Selon le témoignage du *Journal* d'Antoine de La Taverne, trois ducs (mais aucun roi), quatorze comtes, trois cardinaux, trois archevêques, dix évêques et dix-huit abbés s'y réunissent – entre huit et neuf cents grands seigneurs, chevaliers, écuyers, clercs, chanoines et députés des bonnes villes qui témoignent de la variété des assemblées[22]. Des mesures de sécurité exceptionnelles sont prises par le duc de Bourgogne pour assurer la paix et la tranquillité, nécessaire à la sérénité des débats, de cette vaste communauté européenne réunie en un même lieu[23].

Le processus de paix va glisser de la paix générale à la paix particulière selon un cheminement lent et compliqué, avec pour résultat le retrait des Anglais.

La grande conférence de paix qui doit être décisive débute à Arras le 5 août 1435. Les discussions s'avèrent difficiles, fragilisées par les incursions intempestives, au mépris des trêves, de La Hire et Jean Poton de Xaintrailles, capitaines de Charles VII, avec six cents combattants qui traversent la Somme pour « fourer » (se procurer des vivres en pillant) le pays.

Les ambassadeurs anglais constatent de nombreuses allées et venues entre Français et Bourguignons, soupçonnant quelque entente entre eux[24]. Ils les voient travailler ensemble tard le soir. Les réunions ont lieu dans deux salles de l'abbaye de Saint-Vaast. Les Français demandent que le roi d'Angleterre renonce à son titre de roi de France. En échange, ils lui concèdent, sous la souveraineté du roi de France, la Guyenne, le Quercy – dont la ville de Cahors –, le comté de Périgord. Les Anglais naturellement refusent, Henri VI est le seul, le vrai roi de France[25]. Les jours suivants, les Français font d'autres concessions. Contre une renonciation à la Couronne, aux terres déjà citées, ils ajoutent celles de l'Agenais et le Limousin, allant même plus loin en offrant de céder la Normandie en échange du duc d'Orléans. Les Anglais s'en tiennent à leur position initiale. Le 31 août, le cardinal Albergati les somme d'accepter les propositions françaises. Devant leur refus, le cardinal annonce qu'il va engager les démarches pour une paix particulière. Le 6 septembre, le cardinal de Wincestre (Winchester) quitte Arras avec sa suite, fort conscient que, depuis longtemps, « le roi Charles et le duc de Bourgogne éprouvaient l'un pour l'autre une profonde affection et se comportaient comme s'ils avaient conclu un accord[26] ».

Pour conclure une paix particulière, Philippe le Bon doit être délié du serment prêté à Henri V en 1420. Louis de Garsiis, un juriste de Bologne, rédige un mémoire en ce sens à la demande du cardinal Albergati[27]. L'argument décisif est que Charles VI ne pouvait en aucune façon aliéner une quelconque partie de son royaume ni modifier les règles de succession. Le traité de Troyes est donc caduc. Le 14 septembre, on apprend la nouvelle de la mort de Bedford deux ans après celle de sa femme, la sœur du duc de Bourgogne. Le seul lien familial qui unissait Philippe le Bon à la cause anglaise est alors rompu. Le 20 septembre, les ambassadeurs jurent devant les cardinaux de respecter les termes du traité. Le 21 septembre, dans l'église Saint-Vaast, Jean Tudert, doyen de Paris, l'un des ambassadeurs du roi, lit l'amende honorable comprise dans l'article 1 du traité, une humiliante déclaration rédigée comme suit :

> La mort de Jean sans Peur fut un acte inique, abominable [...] et [s'il] avait eu connaissance du cas, il l'eût empêché de toutes ses forces, mais il était bien jeune et avait pour lors petite connaissance, et en ne fut point assez avisé pour y pourvoir [...] et il prie monseigneur de Bourgogne d'ôter toute haine et rancune à son encontre[28].

Le duc Philippe prête serment sur une croix d'or reposant sur un coussin de « ne jamais rappeler la mort de son père et d'entretenir fidèlement bonne paix et union avec le roi ». Les deux cardinaux étendent la main sur la tête du duc, le délivrant du serment qu'il avait fait aux Anglais. Les princes, les ambassadeurs, les seigneurs présents jurent à leur tour[29].

Dans le camp bourguignon, les termes du traité ne plaisent pas à tous. Un mémoire composé pour savoir si le duc de Bourgogne pouvait rompre son engagement avec l'allié anglais insiste sur l'idée qu'après l'homicide de Jean sans Peur commis par le roi de France, ce dernier restera persuadé de l'obsession du duc de venger son père, cherchant par des voies obliques à lui faire « deplaisir et dommage ». Que fera Charles VII ? Ne sera-t-il pas encouragé à s'entendre avec le roi d'Angleterre pour écraser son rival bourguignon[30] ? Hugues de Lannoy, Jean de Luxembourg et Roland de Dunkerque affichent leur désaccord avec le concept de paix particulière. Le premier refuse de jurer, il demande un délai de réflexion de quinze jours, pendant lequel il s'engage à ne pas faire la guerre. Les quinze jours écoulés, il prête serment avec ses hommes[31].

Le traité d'Arras

Le traité signé le 21 septembre 1435 est une paix « particulière » et non générale, comme le prouve le premier des quarante-quatre articles du traité qui prévoit, nous l'avons vu, l'amende honorable faite au nom du roi de France pour le meurtre en 1419 de Jean, duc de Bourgogne, « un acte inique ». Il s'ensuit (articles 2, 3, 4) l'arrestation ou le bannissement, s'ils ne peuvent être arrêtés, des auteurs et complices de l'assassinat, et de ceux à venir, si le duc en a connaissance plus tard. Le traité passe sous silence l'homicide de Louis d'Orléans, recouvert du voile de l'oubli. À titre de réparation morale sont prévus l'aveu du meurtre, des messes de *Requiem*, la fondation d'une chartreuse à Montereau, d'un monument commémoratif sur le pont, des réparations matérielles pour les biens et joyaux perdus (articles 5-10). Dans l'article 35, la mesure d'abolition générale exclut les acteurs et leurs complices du forfait, de même les restitutions des biens confisqués pendant la guerre qui auraient pu les concerner. On sort enfin d'un climat de divisions, de partialités. Les campagnes, la lutte armée sont abandonnées. Le rituel de réparation n'est véritablement achevé qu'avec l'absolution des cardinaux-légats du pape affranchissant le duc de son serment à Henri V !

Le 17 octobre, le congrès diplomatique d'Arras est clos avec le départ du comte de Richemont et du duc de Bourgogne. Celui-ci, qui avait tant espéré des conférences et du traité d'Arras, triomphe enfin. D'après Olivier de La Marche, un des proches du duc, trois raisons ont décidé Philippe le Bon : le salut du royaume de France, le noble sang dont il était issu, les biens reçus des anciens rois de France. Un sang, dit Olivier de La Marche, « qui lui bouilloit en l'estomac et a l'entour du cœur. [...] Il vécut, mourut noble et entier François, de sang, de cœur et de volonté[32] ».

Nul doute par ailleurs que les conseils du chancelier Rolin, partisan de l'alliance française, n'aient pas peu contribué à la détermination du duc. Les deux conditions étaient remplies : le « cas » de la mort de son père Jean sans Peur et son propre intérêt. Les offres faites par Charles VII à Philippe le Bon, *via* les ambassadeurs du pape et du concile, sont dénuées d'ambiguïté et d'arrière-pensées. Philippe le Bon en tire un avantage considérable. Il acquiert de vastes territoires en Picardie, obtient l'immense privilège de ne devoir aucun hommage au roi pour les terres mouvantes de la Couronne. En outre, le roi lui cède, à lui et à ses héritiers, toutes les villes qui appartiennent à la Couronne de part et d'autre de la Somme : Saint-Quentin, Corbie, Amiens, Abbeville. Toutefois, ce transfert est sujet à condition, puisque le roi peut les racheter pour 400 000 écus, ce que fera plus tard Louis XI ; dans l'état des finances du moment, la chose est impossible.

Nombre des fidèles de Charles VII jugent les exigences de Bourgogne exorbitantes, voire offensantes pour le roi. Comparé aux articles des conférences de

Bourg-en-Bresse (janvier 1423) et aux offres des conférences d'Arras (16 août 1429), le traité comporte une amplification très développée des offres du 16 août 1429, surtout en ce qui concerne l'amende honorable, alourdie d'un grand luxe de précautions injurieuses. Au sujet de l'abolition générale, les exceptions non mentionnées en 1429 le sont en 1435. Retenons le jugement de Thomas Basin :

> Cette paix, le roi l'avait achetée à un prix très élevé ; elle comprenait d'autres promesses au duc de Bourgogne que celles mentionnées ici, ce qui ne manquait pas d'affliger le roi et de lui faire éprouver des regrets d'avoir livré d'aussi remarquables parties de son domaine au duc à cause des inimitiés et des guerres que celui-ci avait tramées, menées contre lui, provoquant la ruine de presque tout le royaume ; le roi estimait que la révolte d'un vassal contre le roi, son suzerain, son alliance avec les ennemis de toute ancienneté du royaume auraient justifié de punitions plutôt que des gains et de si grands avantages. En conséquence, la paix fut certes conclue, mais la concorde, l'amitié furent minimales, voire nulles[33].

Plus de quarante ans plus tard, à l'occasion du procès *post mortem* de Charles le Téméraire par Louis XI, les conditions injustes imposées par le traité d'Arras seront rappelées pour souligner qu'il était « hors de toute raison » qu'un sujet (en l'occurrence le duc) obtînt de son souverain seigneur les terres et autres biens, alors même que la « réparation des offenses » était acquise[34].

Résumons : une situation compliquée, des engagements, des serments qui rendent difficiles, voire impossibles des retours en arrière, le moindre accord sur des bases nouvelles, une opinion générale à bout de nerfs, des prises de position ancrées dans des certitudes d'airain au sein même des partis, la pression exercée par le pape et le concile, des crispations individuelles : autant de freins à un consensus, un rapport de force sur le terrain qui ne permet pas de prendre le dessus réellement, la profondeur du ressentiment associé à l'attente d'une réparation d'honneur toujours différée, tout cela éclaire les conditions d'une négociation âpre et complexe. Pourtant, on considère que le traité, en équilibrant les deux parties, a réussi son pari. Si Philippe le Bon obtient réparation pour Montereau et consolide son duché, Charles VII est désormais l'unique roi de France, et le duc son vassal.

Conclusion

L'année 1435 est donc comprise comme une coupure après un cycle de violences. Basin n'ouvre-t-il pas son livre III de l'*Histoire de Charles VII* par le traité d'Arras ? La guerre civile a pris fin, mais les traces, les échos, la nature des arguments, les raisonnements affleurent toujours ; on les retrouvera plus tard dans d'autres séquences troublées du XVe siècle. La querelle des Armagnacs et des Bourguignons constitue un modèle, une matrice essentielle dont on retrouve les traces tout au long du XVe siècle dans une longue histoire qui marque le règne des premiers Valois[1]. La Praguerie (1440), la guerre du Bien public (1465), la Guerre folle (1490) reproduisent à leur manière ce qui s'est passé au début du siècle. Existe-t-il un syndrome de la guerre civile, comme si le mécanisme infernal n'avait pas épuisé ses ressources, comme si subsistait une charge résiduelle et conflictuelle qui traverse le siècle ? La question reste posée.

« Si la France était aunie [réunie] ensemble et sans division, elle serait puissante pour résister contre tout le monde[2]. » C'est Christine de Pizan qui parle. Elle a conscience du caractère systémique de la guerre civile, de quelque chose qui dure, car « tout soit elle préjudiciable sur toutes autres, si il y a un autre plus grand inconvénient : c'est que la continuation d'icelle peut se convertir en guerre perpétuelle et comme naturelle ». Les cités-États italiennes, qu'elle connaît bien, sont un exemple remarquable de grand malheur et de gloire définitivement éteinte. La guerre civile entraîne une dissolution, une disparition de l'entité France. Le mécanisme d'autodestruction est implacable : comme les princes n'ont pas plus puissant au-dessus d'eux qui les oppresse, ils « se oppressent et compriment entre eux ». Elle décrit une dynamique de pouvoir mortifère avec le réalisme et la sensibilité qui la caractérisent, elle l'étrangère, la laïque, la femme.

Le vide politique, la vacuité du pouvoir ont accéléré la désagrégation. Étonnamment, mais de manière compréhensible, Christine ne parle pas de Charles VI. Elle s'adresse à son second fils, Louis de Guyenne, ou rappelle le souvenir de son grand-père, Charles V, celui d'un âge d'or.

Le caractère cyclique, pérenne du processus entretient la morne perception de la vanité de tout effort. Le bourgeois de Paris compare la guerre civile – il écrit en 1422 et dit qu'elle dure depuis quatorze ans – à une danse macabre, où le danseur, entraînant tous les états – seigneurs, clercs, bourgeois et pauvres gens –, serait le diable et non la mort. Cependant, il ne faudrait pas prendre prétexte de ce sombre tableau de la guerre, qui relève d'un imaginaire panique, pour récuser les remarquables ressources spirituelles et intellectuelles que porte la société du temps. La crise, par ses effondrements, ouvre des failles d'où surgissent des idées nouvelles. Dans une séquence historique riche en débats, les deux apologies du tyrannicide qui en occupent la place centrale sont un bijou d'argumentation qui nous font glisser de la vengeance à la lèse-majesté. C'est une avancée majeure de la théologie royale. Le premier humanisme irradie collèges et universités et sème les graines d'un renouveau prématurément étouffé par la terreur populaire. Il n'y a pas jusqu'au « miracle » de Jeanne d'Arc pour ne pas conjurer les images de dissolution, de démembrement du corps politique.

On l'aura compris : le discours a occupé une place importante dans ce livre, qu'il s'agisse de sermons, de libelles, de manifestes, de poèmes, de traités, de déplorations, de chroniques, une diversité digne d'un pays où le *Roman de la Rose* et le *Roman de Renart* ont été composés. Tous ces auteurs, ces prédicateurs, ces chroniqueurs, de Jacques Legrand à Jean Gerson, de Jean Courtecuisse au bourgeois de Paris, à Juvénal des Ursins, à Christine de Pizan, de Froissart à Monstrelet, tous sont conscients de ce qui s'apparente à une quête alchimique et veulent à la fois rallier une opinion toujours versatile, combattre les rumeurs et les calomnies, assurer un état stable, renouer avec la paix et l'amour, lâcher la main du diable et retrouver le chemin de Dieu.

LES VALOIS

- Philippe VI de Valois † 1350
  - Jean II le Bon † 1364
    - Charles V † 1380
      - Charles VI † 1422 ép. : Isabeau de Bavière † 1435
        - Isabelle † 1409 ép. : Richard II, roi d'Angleterre † 1400
        - Jeanne † 1433 ép. : Jean V, duc de Bretagne † 1442
        - Charles, dauphin † 1401
        - Michelle † 1422 ép. : Philippe le Bon, duc de Bourgogne † 1467
        - Louis, duc de Guyenne, dauphin † 1415 ép. : Marguerite de Bourgogne † 1442
        - Jean, duc de Touraine, dauphin † 1417 ép. : Jacqueline de Hainaut
        - Catherine † 1438 ép. : Henri V, roi d'Angleterre † 1422
        - Charles VII, roi de France † 1461 ép. : Marie d'Anjou † 1422
      - Louis de France, duc d'Orléans † 1407 ép. : Valentine Visconti † 1408
    - Louis Ier, duc d'Anjou † 1384
    - Jean, duc de Berry † 1416
    - Philippe, duc de Bourgogne † 1404
    - Marie † 1404 ép. : Robert, duc de Bar † 1411
    - Isabelle † 1373 ép. : Jean Galéas Visconti, duc de Milan † 1402
  - Philippe duc d'Orléans et de Touraine † 1375

LES DUCS DE BOURGOGNE-VALOIS

Jean II le Bon,
roi de France
† 1364

Philippe le Hardi,
duc de Bourgogne
† 1404
ép. : Marguerite
de Flandre
† 1405

Jean sans Peur
† 1419
ép. : Marguerite
de Bavière
† 1424

Marguerite
de Bourgogne
† 1441
ép. : Guillaume IV
de Bavière,
comte de Hainaut
† 1417

Catherine
de Bourgogne
† 1425
ép. : Léopold IV,
duc d'Autriche
† 1411

Antoine
de Bourgogne,
duc de Brabant
† 1415
ép. : Jeanne
de Luxembourg
† 1407

Marie
de Bourgogne
† 1422
ép. : Amédée VIII
de Savoie
† 1451

Philippe
de Bourgogne,
comte de Nevers
† 1415
ép. : Isabelle
de Coucy
† 1411

Enfants de Jean sans Peur :

Marguerite
de Bourgogne
† 1442
ép. : Louis de France,
duc de Guyenne,
dauphin
† 1415
puis Arthur de Richemont
† 1458

Marie
de Bourgogne
† 1463
ép. : Adolphe IV,
duc de Clèves
† 1448

Philippe le Bon
duc de Bourgogne
† 1467
ép. : Michelle de France
† 1422
puis Isabelle
de Portugal
† 1472

Jeanne
de Bourgogne
† 1412
ép. : Olivier
de Blois, comte
de Penthièvre
† 1433

Anne
de Bourgogne
† 1432
ép. : Jean,
duc de Bedford
† 1435

Agnès
de Bourgogne,
† 1476
ép. : Charles Ier,
duc de Bourbon
† 1456

Notes

Introduction

1. *Mémoires*, 297.
2. Bertrand Schnerb (*Armagnacs et Bourguignons. La maudite guerre, 1407-1435*) commence son livre à l'année 1392 (folie du roi). Nous commençons la trame à 1380, l'avènement de Charles VI, pendant la minorité duquel les oncles exercent une influence prépondérante, annonciatrice des événements futurs.
3. Pour rappel : les beaux travaux de Philippe Contamine, Françoise Autrand, Bernard Guenée, Bertrand Schnerb, Claude Gauvard, etc.
4. Foronda, 609-622.
5. Agamben.
6. Bouchet, McGrady.
7. Guenée, 1992, 2002, 2019.
8. Juvénal.
9. Courroux.

1
La trame du drame

1. *Charles V*, 138-139.
2. *Ibid.*, 134.
3. Autrand, 13.
4. Grévin, 2021, 73.

5. Juvénal, 111-112.
6. *Ibid.*, 112.
7. *Religieux*, I, 43.
8. Juvénal, 120.
9. *Ibid.*, I, 23.
10. Varvaro, 52, à l'année 1389.
11. Juvénal, 137.
12. *Religieux*, I, 131.
13. Juvénal, 138.
14. Cochon, 165.
15. *Ibid.*, 166.
16. *Ibid.*, 169.
17. *Ibid.*
18. *Ibid.*
19. *Religieux*, I, 157.
20. Juvénal, 142.
21. *Ibid.*, I, 133.
22. *Ibid.*, I, 185.
23. Froissart, Livres I et II, 879.
24. *Ibid.*, 880.
25. *Ibid.*, 875.
26. *Ibid.*, 921.
27. *Ibid.*, 909.
28. *Ibid.*, 819.
29. Varvaro, 947.
30. Autrand, *Charles VI*, 146.
31. *Religieux*, I, 267.
32. *Ibid.*, I, 263.
33. *Ibid.*, I, 265.
34. Juvénal, 196.
35. *Ibid.*, 199.
36. *Religieux*, I, 383.
37. *Religieux*, I, 349.
38. La reine est appelée Isabelle dans les sources. Isabeau, le prénom sous lequel nous la désignons habituellement, est un surnom familier et dépréciatif employé ponctuellement par un chroniqueur en 1406. Nous abandonnons la survie de cette manière de la désigner au profit de son appellation dans les documents d'archives. Voir Anheim, 37.
39. *Religieux*, I, 421.

40. *Ibid.*
41. *Ibid.*, 1, 431.
42. *Ibid.*
43. *Chronique normande*, 161.
44. *Religieux*, I, 487.
45. En 1388, Guillaume de Juliers, duc de Gueldre, lance un défi à Charles VI.
46. *Mémoires*, 91.

2
Une fragile assise

1. Juvénal, 236.
2. *Religieux*, I, 567.
3. *Ibid.*, I, 559.
4. *Ibid.*
5. *Religieux*, I, 569.
6. Charles V, 350.
7. *Religieux*, I, 569.
8. Boudet 2017, 162.
9. Juvénal, 285.
10. Gaude-Ferragu, « Le “double corps” de la reine : l'entrée d'Isabeau de Bavière à Paris, 22 août 1389 ».
11. Juvénal, 246-247.
12. Blanchard, *Louis XI*, 187.
13. Juvénal, 259-260.
14. *Ibid.*, 249.
15. Varvaro, 29.
16. *Religieux*, I, 618-628.
17. Varvaro, 37.
18. *Religieux*, I, 647.
19. Varvaro, 36.
20. Juvénal, 272.
21. *Religieux*, I, 703 et 705.
22. Juvénal, 273.
23. Ouy.
24. *Religieux*, III, 739.
25. Charles V, 164-169.

26. Autrand, 385.
27. Juvénal, 232.
28. Varvaro, 241.
29. *Religieux*, I, 725.
30. Varvaro, 247.
31. *Religieux*, 1, 727.
32. Juvénal, 279.
33. *Ibid.*, 283.
34. Varvaro, 284.

3
La majesté ébranlée

1. Krynen.
2. « J'étais alors au camp », *Religieux*, II, 19.
3. Varvaro, 286.
4. *Ibid.*, 290.
5. *Religieux*, II, 19.
6. Guenée, 2016, 9 ; *Religieux*, II, 19.
7. Guenée, 2016, 15.
8. Varvaro, 291.
9. *Ibid.*, 293.
10. *Religieux*, II, 21.
11. *Ibid.*, II, 19.
12. *Ibid.*, II, 21.
13. *Ibid.*, II, 19.
14. Guenée, 2016, 17.
15. Fritz, 131.
16. *Ibid.*, 65-66.
17. Juvénal, 286.
18. Guenée, 2016, 293-296.
19. *Ibid.*, 48.
20. *Religieux*, II, 91.
21. *Ibid.*, I, 93.
22. *Ibid.*, II, 543.
23. *Religieux*, II, 664-669 ; Boudet, 2017, 176-177.
24. *Ibid.*, II, 545.
25. *Ibid.*

26. Boudet, 2017, 191.
27. D'après J.-P. Boudet, 2017 (p. 193), cette narration fantasmagorique serait à mettre en relation avec une ballade d'Eustache Deschamps énumérant les différents signes de fin prochaine des temps comprenant la folie du roi, le nombre important des affaires de magie, le sort outre-tombe de Salomon, etc.
28. Varvaro, 299.
29. Juvénal, 290.
30. Varvaro, 311-312.
31. « Or regardés les œuvres de Fortune (*ibid.*, 313) : le sort de Clisson connétable, qui s'était enrichi de manière spectaculaire, a tout perdu, "honneur et richesse". »
32. Varvaro, 315.
33. *Ibid.*, 319.
34. *Religieux*, II, 67.
35. Juvénal, 291.
36. *Religieux*, III, 69.
37. Varvaro, 325.
38. Boudet, 2021.
39. *Religieux*, I, 67.
40. Schmitt, 193.
41. Sade, 94.
42. Boudet 2017, 184-185.
43. Varvaro, 341.
44. *Ibid.*, 350.
45. *Religieux*, II, 471.
46. Juvénal, 354.
47. *Ibid.*, 339.
48. Demurger, 353.
49. Vauchez, 115.

4
Vers l'affrontement

1. Juvénal, 380.
2. *Ibid.*, 381.
3. Cour amoureuse, I, p. 36, l. 22-23.
4. Blanchard, 2022, 230-236.
5. Christine de Pizan, *Œuvres poétiques*, II, 32-48.
6. Nordberg, 177.
7. *Religieux*, III, 11.
8. Varvaro, 558.
9. D'Avout.
10. *Religieux*, IV, 57.
11. Nordberg, 115.
12. Monstrelet, I, 47.
13. *Ibid.*, I, 68.
14. *Religieux*, III, 25.
15. *Ibid.*, III, 73.
16. Juvénal, 414-415.
17. *Religieux*, III, 759.
18. Douët d'Arcq, I, 212 *sq*.
19. *Religieux*, III, 15.
20. *Ibid.*, III, 17.
21. *Ibid.*, III, 19.
22. Juvénal, 404.
23. *Religieux*, III, 26-29.
24. *Ibid.*, III, 39.
25. *Ibid.*, II, 229.
26. *Ibid.*, III, 141 ; Juvénal, 423.
27. Juvénal, 423.
28. *Religieux*, III, 141.
29. *Ibid.*, III, 229.
30. *Ibid.*, III, 231.
31. ORF, VII, 335.
32. *Religieux*, III, 76 ; Nordberg, 70.
33. Nordberg, 73.
34. Juvénal, 423.
35. *Charles V*, 147-152.
36. Juvénal, 423.
37. Schnerb, 2005, 119.

38. *Ibid.*, 165.
39. *Religieux*, IV, 143.
40. Guenée 1992, 145.
41. Schnerb, 2005, 156-157.
42. *Religieux*, III, 289.
43. *Ibid.*
44. Juvénal, 437.
45. *Ibid.*, 451.
46. *Religieux*, II, 269.
47. Juvénal, 449.
48. *Religieux*, III, 269.
49. *Ibid.*, III, 293.
50. *Ibid.*, III, 192.
51. *Ibid.*, III, 295.
52. Nicolas de Baye, I, 139.
53. Nordberg, 193 ; Monstrelet I, 114-119 ; *Religieux*, III, 297-305.
54. Monstrelet, I, 115.
55. Nordberg, 194.
56. Monstrelet, I, 118-119.
57. Juvénal, 452.
58. *Religieux*, III, 310.
59. Monstrelet, I, 121.
60. *Religieux*, III, 315.
61. Monstrelet, I, 123.
62. Schnerb, 2005, 176-177.
63. *Religieux*, III, 339.
64. *Ibid.*, III, 341.
65. Chousat, voir Nordberg, 202.
66. « Epistre à la Reine », éd. Kennedy, 253-264.
67. *Religieux*, III, 344-345.
68. *Ibid.*, III, 345 n.
69. Juvénal, 457.
70. Guenée, 2016, 17.
71. Juvénal, 459.
72. Juvénal, 463.
73. *Religieux*, III, 379.
74. Monstrelet, I, 139 *sq.*
75. Juvénal, 469.
76. *Ibid.*, 473.

77. *Religieux*, III, 471.
78. *Ibid.*, III, 613.

5
Le tyrannicide

1. Schnerb, 2005, 182-186.
2. *Religieux*, III, 733.
3. Monstrelet, I, 137.
4. Schnerb, 2005, 199.
5. *Religieux*, III, 735.
6. Monstrelet, I, 155-158.
7. Voir l'enquête publiée par P. Raymond, *BEC*, 1865, 218-219.
8. *Ibid.*, 218.
9. *Ibid.*
10. *Ibid.*, 227.
11. *Religieux*, III, 737.
12. Monstrelet, I, 160.
13. *Ibid.*, 1, 162.
14. *Religieux*, III, 741.
15. Monstrelet, I, 163.
16. *Religieux*, III, 742.
17. Monstrelet, I, 164.
18. Nordberg, 219.
19. Schnerb, 2005, 221-229.
20. *Religieux*, III, 743.
21. Monstrelet, I, 165.
22. *Religieux*, III, 744-745.
23. Cousinot, 118.
24. Monstrelet, I, 174.
25. *Ibid.*, I, 176.
26. *Religieux*, III, 753-754.
27. Monstrelet, I, 177.
28. Les pièces du dossier ont fait l'objet d'une édition récente par K. Skrzypczak, *Occire le tyran. Présentation et édition critique des textes sur la* Justification du duc de Bourgogne, *1408-1410*, thèse, université d'Orléans, 2022.

29. *Religieux*, III, 755.
30. Coville, 1932 ; Skrzypczak, 2022.
31. Monstrelet, I, 184.
32. *Ibid.*, I, 210.
33. *Religieux*, III, 159.
34. Monstrelet, I, 121.
35. *Religieux*, III, 765.
36. Juvénal, 487.
37. Monstrelet, I, 243 ; *Religieux*, III, 766.
38. Juvénal, 490.
39. *Religieux*, IV, 13.
40. Monstrelet, I, 258.
41. *Religieux*, IV, 17.
42. *Ibid.*, IV, 59-61.
43. Monstrelet, I, 259.
44. *Ibid.*
45. *Religieux*, IV, 56.
46. Juvénal, 497.
47. On retrouvera la réflexion sur les degrés de la lèse-majesté divine et humaine soixante ans plus tard dans le procès du cardinal Balue. Voir J. Blanchard et P.-A. Forcadet (éd.), *Procès politiques au temps de Louis XI : le cardinal Balue. Lèse-majesté en débat*, 2023, *passim*.
48. Monstrelet, I, 271, n. 1.
49. *Ibid.*, I, 312.
50. Chiffoleau.
51. *Religieux*, IV, 135.
52. Juvénal, 497.

6
Le cycle infernal : défis, leurres, réconciliations

1. *Religieux*, IV, 137.
2. Voir *supra* p. 93.
3. Machiavel, *Le Prince*, 137.
4. Monstrelet, I, 189.
5. Juvénal, 499-500.
6. *Religieux*, IV, 183.
7. Il y a discordance sur le jour de l'entrée de Jean sans Peur dans Paris le 24 novembre selon Monstrelet (I, p. 391), le 25 selon Bertrand Schnerb 2005 (p. 283, n. 9), qui cite E. Petit, *Itinéraires de Philippe le Hardi et Jean sans Peur*, et le 28 d'après le même Schnerb 2009 (p. 125) ; la date du 28 est reprise par Françoise Autrand.
8. Juvénal, 500.
9. *Ibid.*, 502.
10. Mirot, 330.
11. *Religieux*, IV, 191-199.
12. Monstrelet, I, 399.
13. *Religieux*, IV, 269.
14. *Journal*, 34.
15. *Religieux*, IV, 279.
16. Plancher, III, preuve cclxi.
17. Monstrelet, II, 85. Sur les princes de sang, voir Ch. de Miramon, « Aux origines de la noblesse et des princes de sang. France et Angleterre au XIVe siècle », *in* M. Van der Lugt, Ch. de Miramon (éd.), *L'Hérédité entre Moyen Âge et époque moderne. Perspectives historiques, Micrologus' Library*, Florence, 2008, p. 157-210.
18. *Religieux*, IV, 337.
19. *Ibid.*, IV, 331.
20. Monstrelet, II, 97-101.
21. *Religieux*, IV, 373-374 ; Monstrelet, II, 92-93.
22. *Ibid.*, IV, 383.
23. *Ibid.*, IV, 413.
24. Juvénal, 523.
25. *Ibid.*, 536.
26. *Ibid.*, 538.

27. Monstrelet, I, 152-153.
28. Juvénal, 551.
29. *Journal*, 37.
30. *Religieux*, IV, 447.
31. Monstrelet, II, 90.
32. Monnet, 597.
33. Monstrelet, II, 262.
34. Juvénal, 564.
35. Monstrelet, II, 232.
36. *Ibid.*, II, 283.
37. Juvénal, 585.
38. *Ibid.*, 586.
39. Monstrelet, II, 291-292.
40. *Ibid.*, II, 294.
41. Juvénal, 587.
42. Monstrelet, II, 285.
43. *Ibid.*, II, 405.
44. *Religieux*, IV, 727.
45. Juvénal, 607.
46. Citée par Coville, 1932, 158, n. 2.

7
Doléances des États

1. *Religieux*, IV, 745.
2. Coville, 1888, 167.
3. *Religieux*, IV, 747.
4. *Ibid.*, IV, 747-767.
5. Monstrelet, II, 319.
6. Monstrelet, II, 327.
7. On ne voit guère, note l'éditeur, que Pierre des Essarts, loué dans le *Songe*, soit pris à partie dans les Remontrances.
8. L'incident, d'après Juvénal, se serait produit pendant le discours d'Eustache de Pavilly (Juvénal, 592).
9. Monstrelet, II, 334.
10. *Ibid.*
11. *Ibid.*, II, 335.
12. *Journal*, 57, n. 13.

13. Monstrelet, II, 294.
14. *Journal*, 54.
15. Juvénal, 595.
16. *Religieux*, V, 9.
17. Monstrelet, II, 345.
18. *Ibid.*
19. *Religieux*, V, 29.
20. *Ibid.*, V, 30.
21. *Chronique normande*, 172.
22. *Religieux*, V, 38.
23. Monstrelet, II, 352.
24. Juvénal, 603.
25. Monstrelet, II, 353.
26. Coville 1888, 191.
27. Monstrelet, II, 356.
28. ORF, IX, 68.
29. *Ibid.*, X, 68.
30. Monstrelet, II, 362.
31. D'Avout, 189.
32. *Religieux*, V, 4.
33. Juvénal, 603-604 ; Coville, 1888, 216-217.
34. Coville, 1888, 223.
35. *Ibid.*, 252.
36. *Ibid.*, 269.
37. Monstrelet, II, 371.
38. *Religieux*, V, 75.
39. *Ibid.*, V, 77.
40. *Ibid.*, V, 78 ; Monstrelet, VI, 118.
41. *Religieux*, IV, 326.
42. *Ibid.*, V, 97.
43. *Ibid.*, V, 97-101.
44. *Journal*, 65.
45. Juvénal.
46. *Ibid.*, 625.
47. ORF, X, 163.
48. Juvénal, 625.
49. *Religieux*, V, 155.
50. ORF, X, 173-177 ; Monstrelet, VI, 109-115.
51. *Ibid.*, VI, 110.
52. *Ibid.*, VI, 113.

53. *Ibid.*, VI, 115-123.
54. *Ibid.*, VI, 121.
55. *Religieux*, V, 154-155.
56. *Ibid.*, 201.
57. Gilson, 97.
58. Martin, 1998, 64.
59. Gerson, VII, 1137.
60. *Ibid.*, VII, 1155.
61. Juvénal, 457.
62. Griveau-Genest, 525.
63. Chartier, *Quadrilogue invectif*, 50.
64. Bériou, 2018, 25.
65. *The Book of Peace*, 232.
66. *Ibid.*, 277.
67. *Ibid.*, 214.
68. *Ibid.*, 261.
69. *Ibid.*, 265.
70. *Ibid.*, 262, 266.
71. *Ibid.*, 277.
72. *Ibid.*, 312.
73. *Ibid.*, 273.
74. *Ibid.*, 274.
75. *Ibid.*, 273.
76. Sère, 2005, 795.
77. Moulinier-Brogi.

8
Les Anglais au royaume de France

1. Lefèvre, I, 125-136.
2. *Ibid.*, V, 215.
3. Monstrelet, II, 420-421 ; Lefèvre, I, 138-139.
4. Juvénal, 640.
5. Lefèvre, I, 140-141 et 151.
6. Monstrelet, II, 435.
7. Lefèvre, I, 149.
8. *Religieux*, V, 254.
9. Monstrelet, II, 464.

10. *Religieux*, V, 311.
11. *Ibid.*, V, 325.
12. Monstrelet, III, 11 ; Lefèvre, I, 166.
13. Monstrelet, III, 5.
14. *Journal*, 81.
15. Lefèvre, I, 189 ; Monstrelet, III, 40-41.
16. Gerson VII, 2, 1005-1030.
17. *Chartularium Universitatis Parisiensis*, éd. H. Denifle, Paris, 1889, IV, p. 261, n° 1988.
18. Joannis Gersonii, *Opera omnia*, éd. Louis du Pin, IV, p. 699 (cité par Coville, 1932, 437).
19. *Chartularium*, *op. cit.*, IV, p. 265, n° 1993.
20. *Ibid.*
21. *Religieux*, V, 271 ; Monstrelet, III, 416 *sq*.
22. Leveleux-Texeira, 266.
23. Coville, 1932, 505.
24. Gerson, *Josephina*.
25. Valois, 330 ; Juvénal, 660-661.
26. Coville, 539-540.
27. Leveleux-Texeira, 267.
28. Greenblatt, 205.
29. *Journal*, 76.
30. Juvénal, 653.
31. *Religieux*, V, 505.
32. Juvénal, 672.
33. *Religieux*, V, 531-533.
34. Lefèvre, I, 225.
35. Contamine, 2013, 188-193.
36. Juvénal, 686.
37. *Religieux*, V, 543.
38. Juvénal, 691-692.
39. *Ibid.*, 693.
40. Basin, 70.
41. Juvénal, 710.
42. Lefèvre, I, 254. On retrouve chez Monstrelet et Lefèvre de Saint-Rémy les mêmes détails, mais répartis différemment.
43. Sablon du Corail, 192.
44. *Religieux*, V, 581.
45. Chartier, *The Poetical Works*, p. 198-304.
46. *Chronique normande*, 103.

9
Jean sans Peur, un froid politique

1. Juvénal, 723.
2. *Ibid.*, 724.
3. Monstrelet, III, 133.
4. *Religieux*, V, 587.
5. *Ibid.*, V, 25.
6. Juvénal, 751.
7. Monstrelet, III, 140 ; Lefèvre, I, 286-287.
8. Juvénal, 752.
9. *Ibid.*, 753.
10. *Religieux*, VI, 55.
11. Juvénal, 755.
12. *Religieux*, VI, 31.
13. Juvénal, 755.
14. Collard, 267 ; Monstrelet, III, 168 ; Lefèvre, I, 289 ; *Religieux*, VI, 61.
15. Monstrelet, III, 193-194.
16. *Religieux*, VI, 81.
17. Juvénal, 764.
18. Monstrelet, III, 218.
19. *Religieux*, VI, 141.
20. D'Avout, 254.
21. Monstrelet, III, 287 ; Lefèvre, I, 336.
22. Juvénal, 769.
23. Gaude-Ferragu, « Le "double corps" de la reine… » 165-166 ; Guenée, 1992, 270.
24. *Religieux*, I, 599.
25. Adams, 114-115.
26. *Religieux*, III, 269.
27. Gibbons, 109 ; Famigliettti ; Douët d'Arcq, I, 240.
28. Adams, 182.
29. Blanchard, 2022.
30. Gaude-Ferragu, *La Reine au Moyen Âge…*, 261.
31. *Ibid.*, 165-166.
32. Monstrelet, 3, 234-235.
33. Juvénal, 758.
34. *Religieux*, VI, 63.
35. *Ibid.*, VI, 87.

36. *Ibid.*, VI, 203.
37. ORF, X, 430.
38. Juvénal, 773.
39. *Religieux*, VI, 221.
40. Lefèvre, I, 324-325.
41. Juvénal, 778.
42. *Journal*, 109.
43. Juvénal, 778.
44. *Journal*, 110.
45. *Ibid.*, 111-112.
46. *Religieux*, VI, 237.
47. Monstrelet, III, 270.
48. *Journal*, 118 ; Gilles Le Bouvier, 87.
49. Juvénal, 783.
50. *Religieux*, VI, 247.
51. Juvénal, 785.
52. Monstrelet, III, 287.
53. *Ibid.*, III, 290.
54. *Religieux*, VI, 267.
55. Monstrelet, III, 291.
56. *Ibid.*
57. *Journal*, 129.
58. *Ibid.*, 107.
59. Monnet, 601.

10
D'un meurtre l'autre

1. ORF, X, 473.
2. *Religieux*, VI, 285.
3. Juvénal, 789.
4. ORF, X, 489.
5. Juvénal, 799.
6. *Ibid.*, 800.
7. Gilles Le Bouvier, 99, n. 4.
8. Lefèvre, I, 347.
9. Monstrelet, III, 296.
10. *Ibid.*, III, 300.

11. Lefèvre, I, 346.
12. Monstrelet, III, 306.
13. *Ibid.*
14. *Journal*, 138.
15. Monstrelet, III, 309.
16. *Religieux*, VI, 313.
17. Juvénal, 810.
18. *Ibid.*, 812-813.
19. Monstrelet, III, 321.
20. *Ibid.*, III, 332.
21. *Religieux*, VI, 333.
22. *Ibid.*, VI, 331.
23. Monstrelet, III, 332.
24. *Religieux*, VI, 363.
25. *Ibid.*, VI, 347.
26. *Ibid.*, VI, 367.
27. *Ibid.*, VI, 369.
28. Monstrelet, III, 338.
29. Juvénal, 815.
30. Cassard, 97.
31. *Religieux*, VI, 373.
32. Juvénal, 825.
33. *Ibid.*, 826.
34. *Ibid.*, 818.
35. Monstrelet, III, 343.
36. Juvénal, 818-822.
37. *Ibid.*, 825.
38. Monstrelet, III, 343.
39. *Ibid.*, III, 347.
40. *Ibid.*, III, 353.
41. *Religieux*, VI, 373-375.
42. Beaucourt, II, 657.
43. Michelet, VII, 362.
44. Guenée 1992, 281.
45. Commynes, *Mémoires*, 296-297.
46. *Pastoralet*.

11
Les trois France

1. Monstrelet, III, 347.
2. *Ibid.*, III, 353.
3. *Religieux*, VI, 375.
4. *Ibid.*, VI, 377 ; *Journal*, 153-154.
5. *Religieux*, VI, 377.
6. Beaucourt, I, 192.
7. Contamine, 2013, 186-188.
8. *Religieux*, VI, 381.
9. ORF, XII, 273.
10. *Ibid.*, VI, 385.
11. Barbey.
12. Monstrelet, III, 379.
13. Juvénal, 835.
14. *Religieux*, VI, 411.
15. *Ibid.*, VI, 408-430.
16. *Ibid.*, VI, 411-430.
17. *Ibid.*, VI, 429.
18. Contamine, 2017, 71.
19. *Religieux*, VI, 425.
20. *Ibid.*, VI, 439.
21. Contamine, 2017, 72-73.
22. Monstrelet, III, 389.
23. *Religieux*, VI, 447.
24. *Ibid.*, VI, 443.
25. *Ibid.*, VI, 447.
26. Monstrelet, IV, 14.
27. *Religieux*, VI, 453.
28. Monstrelet, IV, 16.
29. *Ibid.*, IV, 18-19 ; Lefèvre, II, 24-25.
30. Schnerb 2009, 297.
31. *Journal*, 164.
32. Monstrelet, IV, 36.
33. *Ibid.*, IV, 23.
34. *Ibid.*, IV, 36-37.
35. Contamine, 2017, 76.
36. Monstrelet, IV, 24.
37. *Ibid.*, IV, 25.

38. Fin avril 1422 (Lefèvre, II, 53).
39. Monstrelet, IV, 92.
40. *Journal*, 189.
41. Monstrelet, IV, 100.
42. *Ibid.*, IV, 100.
43. *Ibid.*, IV, 103.
44. *Ibid.*, IV, 101.
45. *Ibid.*, IV, 111.
46. *Religieux*, VI, 481.
47. Monstrelet, IV, 37.
48. Juvénal, 874-875.
49. *Religieux*, VI, 487.
50. *Ibid.*, VI, 497.
51. *Ibid.*, VI, 487.
52. Juvénal, 871.
53. Moeglin.
54. Basin, 91.
55. *Ibid.*, 104-105.
56. *Ibid.*, 203.
57. Beaucourt, II, 28.
58. *Journal*, 238-239.
59. Contamine, 2017, 105-110.
60. *Ibid.*, 94-98.
61. Fauquembergue, II, 96.
62. Contamine, 2017, 111.
63. Denifle et Châtelain, 414-416, n° 2209, cité *in* Contamine, 2017, 112.
64. *Ibid.*
65. Contamine, 2017, 115.
66. Monstrelet, IV, 175.
67. Contamine, 2017, 130.
68. Duparc, I, 298 [notre traduction].
69. Contamine, 2020, 127.
70. *Mystère*, 459, 462.
71. Toureille, 163-164.
72. *Ibid.*, 165.
73. Potestà, 154-156.
74. Beaune, 307-321.
75. Fraioli.
76. Contamine, 1994, 54.

77. *Mystère*, 761.
78. Duparc, II, 36 [notre traduction].
79. Jacques de Voragine, *Légende dorée*, 379.
80. Duparc, II, 38 [notre traduction].
81. Toureille, 179.
82. Beaune, 330.
83. Dondaine, 168.
84. *Ibid.*, 170.
85. *Ibid.*, 184.
86. Toureille ; Contamine, 2020.
87. *Mystère*, 463.
88. Toureille, 227.
89. Contamine, 2020, 113-131.
90. *Ibid.*, 97.
91. Contamine, 2017, 144.
92. *Journal*, 249-252.
93. *Ibid.*, 238.
94. Beaune, 272.
95. *Ibid.*, 261-262.
96. Contamine, 2020, 229.
97. *Journal*, 265.
98. Contamine, 2020, 132.

12
Réconciliation ?

1. Juvénal des Ursins 1978, I, 324.
2. Monstrelet, IV, 459-465.
3. *Ibid.*, V, 2.
4. *Ibid.*, V, 5.
5. Contamine, 2017, 205.
6. Monstrelet, V, 62.
7. *Ibid.*, V, 26-27.
8. Beaucourt II, 445-446.
9. *Ibid.*, II, 446.
10. Cousinot, 230.
11. Gilles Le Bouvier, 157.
12. Chartier, *Charles VII*, I, 171.

13. *Mémoires*, 251.
14. Chartier, *Chronique de Charles VII*, I, 89.
15. Contamine, 2017, 208.
16. Cazalas, 586-606.
17. Juvénal des Ursins 1978, I, 217, et surtout 263.
18. Beaucourt, II, 512.
19. Plancher, IV, preuve cxiii.
20. *Ibid.*, IV, preuve cxviii.
21. Monstrelet, V, 109.
22. La Taverne 1936, 93-99.
23. Monstrelet, V, 138.
24. *Ibid.*, V, 144.
25. *Ibid.*, V, 146.
26. *Ibid.*, V, 150.
27. Plancher, IV, preuve cxxii.
28. Monstrelet, V, 155.
29. *Ibid.*, V, 183.
30. Archives de la Côte-d'Or, B 11901 (minute). Beaucourt, III, 543.
31. Chartier, *Chronique de Charles VII*, I, 208.
32. Olivier de La Marche, *Mémoires*, I, 240.
33. Basin, 141.
34. *Procès*, 271.

Conclusion

1. Dans *La Guerre de Cent Ans. Apprendre à vaincre*, Sablon du Corail parle d'une séquence historique « trop confuse et complexe pour s'y arrêter » (p. 185). Peut-être y a-t-il un excès de simplification, ce qui, au demeurant, n'enlève rien à la qualité du livre.
2. *The Book of Peace*, 260.

Bibliographie

Sources littéraires et historiques

ALIGHIERI Dante, *La Monarchie, in* C. Bec *et al.* (éd. et trad.), *Œuvres complètes,* Paris, Le Livre de Poche, « La Pochothèque », 1996.

BASIN Thomas, *Histoire de Charles VII et Louis XI,* trad. J. Blanchard, F. Collard et Y. de Kisch, Paris, Pocket, « Agora », 2018.

BAYE Nicolas DE, *Journal,* éd. A. Tuetey, 2 vol., Paris, Renouard / Société de l'histoire de France, 1885-1888.

BEAUNE C. (éd.), *Journal d'un bourgeois de Paris de 1405 à 1449,* Paris, Le Livre de Poche, 1990. [*Journal*]

BLANCHARD J. (éd.), *Le Pastoralet,* Paris, PUF/Publications de l'université de Rouen, 1983. [*Pastoralet*]

BLANCHARD J. et FORCADET P.-A. (éd.), *Procès politiques au temps de Louis XI : le cardinal Balue. La lèse-majesté en débat,* avec la collaboration d'A. Degoy, Genève, Droz, 2023.

BOVET Honoré, *L'Arbre des batailles,* éd. R. Richter Bergmeier, Genève, Droz, « TLF », 2017.

CABARET D'ORVILLE Jean, *La Chronique du bon duc Loys de Bourbon,* éd. A.-M. Chazaud, Paris, Société de l'histoire de France/Librairie Renouard, 1876.

BOZZOLO C. et LOYAU H. (éd.), *La Cour amoureuse, dite de Charles VI,* Paris, 1982-1992, 3 vol. [Cour amoureuse]

CHARTIER Alain, *Le Livre de l'Espérance*, éd. F. Rouy, Paris, Honoré Champion, 1989.

—, *The Poetical Works*, éd. J. C. Laidlaw, Cambridge University Press, 1974.

—, *Le Quadrilogue invectif*, éd. F. Bouchet, Paris, Honoré Champion, « Classiques français du Moyen Âge », 2011 (et trad. annotée par F. Bouchet, Paris, Honoré Champion, « Traductions des classiques du Moyen Âge », 2002).

CHARTIER Jean, *Chronique de Charles VII*, éd. Vallet de Viriville, Paris, P. Jannet, 1858, 3 vol.

CHASTELAIN Georges, *Œuvres*, éd. Kervyn de Lettenhove, 8 vol., Bruxelles, 1863-1866, réimp. à Genève par M. Slatkine (1971) et par J.-C. Delclos, Droz (1991).

COCHON Pierre, *Chronique normande*, éd. Ch. De Robillard de Beaurepaire, Rouen, 1870. [*Chronique normande*]

COMMYNES Philippe DE, *Mémoires*, trad. J. Blanchard, Paris, Pocket, « Agora », 2004. [*Mémoires*]

COVILLE A. (éd.), *L'Ordonnance cabochienne, 26-27 mai 1413*, Paris, A. Picard, 1891.

DESCHAMPS Eustache, *Œuvres complètes*, éd. Queux de Saint-Hilaire et Gaston Raynaud, Paris, Société des anciens textes français, 11 vol., 1878-1904.

—, *Anthologie*, éd. C. Dauphant, Paris, Le Livre de Poche, « Lettres gothiques », 2014.

DUPARC P. (éd.), *Procès en nullité de la condamnation de Jeanne d'Arc*, 2 vol., Paris, Klincksieck, 1977-1979.

FAUQUEMBERGUE Clément DE, *Journal*, éd. A. Tuetey, 3 vol., Paris, Renouard / Société de l'histoire de France, 1903-1915. [Fauquembergue]

FÉNIN Pierre DE, *Mémoires comprenant le récit des événements qui se sont passés en France et en Bourgogne sous les règnes de Charles VI et Charles VII (1407-1427)*, éd. É. Dupont, Paris, Société de l'histoire de France, 1837.

FOULECHAT Denis, *Le Policratique de Jean de Salisbury (1372)*, éd. critique C. Brucker, livres I-III, Droz, 1994 ; Livre IV, Presses universitaires de Nancy, « Travaux du CRAL » n° 3, 1985 ; Livres VI et VII, Droz, 2013.

FROISSART Jean, *Chroniques*, livres I et II, éd. P. Ainsworth et G.-T. Diller, Paris, Le Livre de Poche, « Lettres gothiques », 2001.

—, *Chroniques*, livres III et IV, éd. P. Ainsworth et A. Varvaro, Paris, Le Livre de Poche, « Lettres gothiques », 2004. [Varvaro]

—, *Chroniques de France et d'Angleterre*, Livre Quatrième, éd. critique A. Varvaro, Bruxelles, Académie royale de Belgique, 2015.

—, *The Online Froissart*, éd. P. Ainsworth et G. Croenen, URL : https://www.dhi.ac.uk/onlinefroissart/

GERSON Jean, *Œuvres complètes*, éd. P. Glorieux, 10 vol. en 11 tomes, Paris et Tournai, Desclée, 1960-1973, voir notamment t. VII : *L'Œuvre française, Sermons et discours* (contenant *Vivat Rex* ou *Discours au roi pour la réformation du royaume*, 7 novembre 1405).

—, *Josephina. L'épopée de saint Joseph*, éd. G. M. Roccati, trad. I. Iribarren, Paris, Les Belles Lettres, 2019.

HULOT H., BERTHELOT J.-F. *et al.* (éd. et trad.), *Corpus juris civilis*, Paris-Metz, 1803, URL : http://www.histoiredu-droit.fr/ corpus_iuris_civilis.html

JUVÉNAL DES URSINS Jean, *Écrits politiques*, éd. P. S. Lewis, 2 vol., Paris, SHF, Klincksieck, 1978, 1985.

—, *Chronique du règne de Charles VI, roi de France*, introduction, traduction et notes par Joël Blanchard et Sébastien Cazalas, Paris, Pocket « Agora », 2022. [Juvénal]

LA MARCHE Olivier DE, *Mémoires*, 4 vol., éd. H. Beaune et J. d'Arbaumont, Paris, 1883-1888.

LA TAVERNE Antoine DE, *Journal de la paix d'Arras (1435)*, éd. A. Bossuat, Arras, 1936.

LALANDE D. (éd.), *Le Livre des fais de Bouciquaut*, Genève, Droz, « TLF », 1985.

LE BOUVIER Gilles, dit le héraut Berry, *Les Chroniques du roi Charles VII*, éd. H. Courteault et L. Celier, avec la collaboration de M.-H. Jullien de Pommerol, Paris, Klincksieck, 1979.

LEFÈVRE Jean, seigneur de Saint-Rémy, *Chronique*, 2 vol., éd. Fr. Morand, Paris, 1876 et 1881. [Lefèvre].

LEGRAND Jacques, *Archiloge Sophie et Livre des bonnes mœurs*, éd. E. Beltran, Paris, Champion, « Bibliothèque du XVe siècle », 1986.

MÉZIÈRES Philippe DE, *Letter to King Richard II. A Plea Made in 1395 for Peace Between England and France*, G. W. Coopland, Liverpool, Liverpool University Press, 1975 [édition du texte original accompagnée d'une traduction en anglais].

—, *Songe du Vieux Pèlerin*, trad. J. Blanchard, Paris, Pocket, « Agora », 2008.

—, *Une epistre lamentable et consolatoire. Adressée en 1397 à Philippe le Hardi, duc de Bourgogne, sur la défaite de Nicopolis (1396)*, éd. Ph. Contamine et J. Paviot, Paris, Société de l'histoire de France, 2008.

—, *Songe du Viel Pelerin*, éd. J. Blanchard, A. Calvet et D. Kahn, 2 vol., Genève, Droz, 2015.

—, *Oratio tragedica*, seconde édition revue et corrigée par J. Blanchard, Genève, Droz, 2021.

—, *Nova religio Passionis*, éd. publiée sous la direction de J. Blanchard ; édition de la version latine par J. Blanchard, C. Giraud, M. Pornbächer ; édition de la version française par H. Biu et J. Blanchard, Genève, Droz, 2024.

MONSTRELET Enguerran DE, *Chronique*, éd. L. Douët d'Arcq, 6 vol., Paris, Société de l'histoire de France, 1857-1862. [Monstrelet]

MONTREUIL Jean DE, *Opéra*, t. II, *L'Œuvre historique et polémique*, éd. N. Grévy *et al.*, Turin, 1975.

Mystère du siège d'Orléans, éd. et trad. S. Frey, Paris, Le Livre de Poche, 2002.

Ordonnances des rois de France de la troisième race, Paris, vol. IX-XX, 1811-1841 [ORF]

ORESME Nicolas, *Traité des monnaies et autres écrits monétaires du XIVe siècle*, éd. C. Dupuy, trad. F. Chartrain, Lyon, La Manufacture, 1989.

PIZAN Christine DE, *Œuvres poétiques*, éd. M. Roy, Paris, I-III, 1886-1896.

—, *Le Ditié de Jehanne d'Arc*, éd. A. J. Kennedy et K. Varty, Oxford, 1977.

—, *La Lamentacion sur les maux de la France*, éd. A. J. Kennedy, in *Mélanges de langue et littérature françaises du Moyen Âge et de la Renaissance offerts à Charles Foulon*, Rennes, université de Haute-Bretagne, 1980, p. 177-185.

—, « Epistre à la Reine », éd. A. J. Kennedy, *Revue des Langes Romanes* 92, 1988, p. 253-264.

—, *The Book of Peace*, edited, translated, and with an introduction and commentary by K. Green, Constant J. Mews, J. Pinder, and T. Van Hemelryck with the assistance of A. Crosier, The Pennsylvania State University Press, 2008 (traduction, J. Blanchard et M. Quereuil, à paraître chez Pocket « Agora »).

—, *Livre des faits et bonnes mœurs du sage roi Charles V*, trad. et présentation J. Blanchard et M. Quereuil, Paris, Pocket, 2013. [Charles V]

PLANCHER U., *Histoire générale et particulière de Bourgogne*, 4 vol., Dijon, 1739-1781. [Plancher]

PONS N. (éd.), *L'Honneur de la couronne de France. Quatre libelles contre les Anglais (vers 1418-vers 1429)*, Paris, Klincksieck, Société de l'histoire de France, 1990.

PREMIERFAIT Laurent DE, *Le Livre de la vraye amistié*, traduction du *De amicitia* de Cicéron, éd. O. Delsaux, Paris, 2016.

Rapport officiel, fait à la duchesse de Bourgogne, de l'assemblée tenue à l'hôtel Saint-Pol le 8 mars 1408, et dans laquelle Me *Jean Petit, docteur en théologie, s'efforça de justifier Jean, duc de Bourgogne, de l'assassinat de Louis, duc d'Orléans*, publié par L. Douët d'Arcq, « Document inédit sur l'assassinat de Louis d'Orléans (23 novembre 1407) », *Annuaire-Bulletin de la Société de l'histoire de France*, vol. 2, n° 2, 1864, p. 6-26.

RELIGIEUX DE SAINT-DENIS (le) [Michel Pintoin], *Chronique contenant le règne de Charles VI, de 1380 à 1422*, éd. et trad. L. Bellaguet, 6 vol., Paris, Crapelet, 1839-1852 ; réimpression avec une introduction de B. Guenée, Paris, Éditions du Comité des travaux historiques et scientifiques, 1994.

Songe du Vergier (Le), édité d'après le manuscrit royal 19 C IV de la British Library, 2 vol., éd. M. Schnerb-Lièvre, Paris, Publications du CNRS, 1982.

TERREVERMEILLE Jean de, *Tractatus contra rebelles suorum Regum*, éd. Lyon, 1526.

THOMAS D'AQUIN, *La Prophétie*, dans *Somme théologique* II[a] II[ae] qu. 171-175, trad. P. Synave et P. Benoît, 2e éd. J.-P. Torrell, Paris, Cerf, 2005.

VALLET DE VIRIVILLE A. (éd.), *Chronique de la Pucelle ou Chronique de Cousinot*, Paris, Adolphe Delahays, 1864. [Cousinot].

VIARD J. (éd.), *Les Grandes Chroniques de France*, Paris, Société de l'histoire de France / Honoré Champion, 10 vol., 1920-1953.

Études

ADAMS Tr., *The Life and Afterlife of Isabeau of Bavaria*, Baltimore MD, John Hopkins University Press, 2010.

AGAMBEN G., *La Guerre civile. Pour une théorie politique de la stasis*, Paris, Points, 2015.

ALLMAND Chr., *Henry V*, New Haven-Londres, Yale University Press, 1997 (1re éd. 1992).

AMBÜHL R., LAMBERT C. (dir.), *Agincourt in Context. War on Land and Sea*, Londres-New York, Routledge, 2019.

ANDENMATTEN A. *et al.* (dir.), *Passions et pulsions à la cour, Moyen Âge-temps modernes*, Florence, Sismel, Edizioni del Galluzzo, *Micrologus' Library*, 2015.

ANHEIM É., « La chapelle d'Isabelle de Bavière, 1370-1435, reine de France », *in* M. Gaude-Ferragu et C. Vincent-Cassy (dir.), *La « Dame de cœur », patronage et mécénat religieux des femmes au pouvoir dans l'Europe des XIVe-XVIIe siècles*, Presses universitaires de Rennes, p. 37-49.

AUTRAND Fr., *Charles VI*, Paris, Fayard, 1986.

—, *Jean de Berry*, Paris, Fayard, 2000.

AVOUT J. D', *La Querelle des Armagnacs et des Bourguignons. Histoire d'une crise d'autorité*, Paris, 1943.

BARBEY J., *La Fonction royale. Essence et légitimité d'après les Tractatus de Jean de Terrevermeille*, Paris, Nouvelles éditions latines, 1983.

BEAUNE C., *Jeanne d'Arc. Vérités et légendes*, Paris, Perrin, 2008.

BÉRIOU N., *L'Avènement des maîtres de la Parole. La prédication à Paris au XIIIe siècle*, 2 vol., Paris, 1998.

—, *Religion et communication. Un autre regard sur la prédication au Moyen Âge*, Genève, Droz, 2018.

BLANCHARD J. (dir.), *Représentation, pouvoir et royauté à la fin du Moyen Âge*, actes du colloque organisé par l'université du Maine les 25 et 26 mars 1994, postface Ph. Contamine, Paris, Picard, 1995.

BLANCHARD J., « Le spectacle du rite : les entrées royales », *Revue historique*, 627, 2003, p. 476-519.

—, *Louis XI*, Paris, Perrin, 2015.

—, « Le *Livre des faits et bonnes mœurs du sage roi Charles V* de Christine de Pizan : Aristote support de l'engagement politique ? », *in* É. Anheim et P. Boucheron (dir.), *De Dante à Rubens. L'artiste engagé*, Paris, Éditions de la Sorbonne / École française de Rome, 2020, p. 61-70.

—, *La Fin du Moyen Âge*, Paris, Perrin, 2020.

—, *Poétiques de l'amour. Sexualité, genre, pouvoir,* XIe-XVe *siècle*, Paris, Passés / Composés, 2022.

—, *D'Orient en Occident, le monde rêvé de Philippe de Mézières*, Paris, Passés / Composés, à paraître.

BLANCHARD J., MÜHLETHALER J.-Cl., *Écriture et pouvoir à l'aube des temps modernes*, Paris, PUF, « Perspectives littéraires », 2002.

BLUMENFELD-KOSINSKI R., *Poets, Saints, and Visionaries of the Great Schism, 1378-1417*, University Park, Pennsylvania State University Press, 2006.

BONNOT G., « "Advisé fust par les trois estatz que consideré l'estat ou le royaume est" : pouvoir royal et réforme dans les ordonnances consécutives aux états de langue d'oïl (1355-1358) », dans M. Dejoux (dir.), *Reformatio ? Les mots pour dire la réforme à la fin du Moyen Âge*, Paris, Éditions de la Sorbonne, p. 237-252.

BOQUET D., NAGY P., *Sensible Moyen Âge. Une histoire des émotions dans l'Occident médiéval*, Paris, Seuil, « L'Univers historique », 2015.

BOUCHERON P., « Signes et formes du pouvoir », *in* J. Dalarun (dir.), *Le Moyen Âge en lumière*, Paris, Nouveau Monde Éditions, 2002, p. 173-206.

BOUCHERON P., OFFENSTADT N. (dir.), *L'Espace public au Moyen Âge. Débats autour de Jürgen Habermas*, Paris, PUF, 2011.

BOUCHET Fl., « Souvenir traumatique et mémoire salutaire : la bataille d'Azincourt chez les auteurs français du XVe siècle », *Cahiers de recherches médiévales et humanistes*, Classiques Garnier, 2020, 39, p. 391-416.

BOUDET J.-P., *Entre science et nigromance. Astrologie, divination et magie dans l'Occident médiéval, XIIe-XVe siècles*, Paris, Publications de la Sorbonne, 2006.

—, « Un charivari tragique à la cour de Charles VI : le bal des Ardents », *in* A.-Fr. Delouis, A. Déruelle, Ph. Haugeard, G. Rideau (éd.), *Rituels de la vie publique et privée du Moyen Âge à nos jours*, Paris, Garnier, 2021, p. 81-92.

BOUDET J.-P, CHIFFOLEAU J., « Magie et construction de la souveraineté sous le règne de Charles VI », *in* J.-P. Boudet, M. Ostorero et A. Paravicini Bagliani (dir.), *De Frédéric II à Rodolphe II. Astrologie, divination et magie dans les cours XIIIe-XVIIe siècle*, Florence, Sismel, *Micrologus' Library*, 85, 2017, p. 157-239.

BOUDET J.-P., SENÉ E., « L'*Avis à Yolande d'Aragon* : un miroir au prince du temps de Charles VII », *Cahiers de recherches médiévales et humanistes*, 24, 2012, p. 51-84.

BOVE B., GAUVARD C. (dir.), *Le Paris du Moyen Âge*, Paris, Belin, 2018 (1re éd. 2014).

BOVE B., *Le Temps de la guerre de Cent Ans, 1328-1453*, Paris, Belin « coll. Histoire de France » dirigée par J. Cornette, 2009.

CASSARD J.-Ch., « Tanguy du Chastel, l'homme de Montereau », in *Le Trémazan des Du Chastel, du château fort à la ruine*, Brest / Landunvez, UBO et Association SOS Château de Trémazan, 2007, p. 84-104.

CAZALAS S., *Juvénal des Ursins, prélat engagé (1388-1473). Étude des épîtres politiques*, Paris, Honoré Champion, 2020.

CAZAUX L., « Les fonctions politiques de la foule à Paris pendant la guerre civile 1407-1420 », in *Hypothèses : Travaux de l'École doctorale d'histoire*, Paris, Éditions de la Sorbonne, n° 14, 2011, p. 65-76.

CHIFFOLEAU J., « Le crime de majesté, la politique et l'extraordinaire : note sur les collections érudites de procès de lèse-majesté du XVIIe siècle français et sur leurs exemples médiévaux », dans Y.-M. Bercé (dir.), *Les Procès politiques (XIVe-XVIIe siècle)*, Rome, École française de Rome, 2006, p. 577-662.

COLLARD Fr., *Le Crime de poison au Moyen Âge*, Paris, PUF, 2003.

CONTAMINE, Ph., « Jeanne d'Arc et la prophétie », in *De Jeanne d'Arc aux guerres d'Italie. Figures, images et problèmes du XVe siècle*, Orléans, Paradigme, 1994, p. 53-61.

—, *Azincourt*, Paris, Gallimard, « Folio Histoire », 2013.

—, *Charles VII. Une vie, une politique*, Paris, Perrin, 2017.

—, *Jeanne d'Arc et son époque. Essais sur le XVe siècle français*, Paris, Cerf, 2020.

COURROUX P., *L'Écriture de l'histoire dans les chroniques françaises, XIIe-XVe siècles*, Paris, Classiques Garnier, 2016.

COVILLE A., *Les Cabochiens et l'ordonnance de 1413*, Paris, Hachette, 1888.

—, *Jean Petit. La question du tyrannicide au commencement du XVe siècle*, Paris, 1932.

CURRY A., MERCER M., *The Battle of Agincourt. The Illustrated Companion*, New Haven-Londres, Yale University Press, 2017 (1re éd. 2015).

DEJOUX M. (éd.), *Reformatio ? Les mots pour dire la réforme à la fin du Moyen Âge*, Paris, Éditions de la Sorbonne, 2023.

DELOGU D., *Allegorical Bodies : Power and Gender in Late Medieval France*, Toronto, University of Toronto Press, 2015.

DEMURGER A., *Moines et guerriers. Les ordres religieux militaires au Moyen Âge*, Paris, Seuil, 2010.

Doléances : la plainte politique, voie de régulation des rapports gouvernés-gouvernants, XIIIe-XVIIIe siècle, M. Bubenicek et F. Foronda (dir.), Paris, École des chartes, 2022.

DONDAINE A., « Le frère prêcheur Jean Dupuy, évêque de Cahors, et son témoignage sur Jeanne d'Arc », *Archivum fratrum praedicatorum*, XII, 1942, p. 167-194, et XXXVIII, 1968, p. 31-41.

DOUËT-D'ARCQ L., *Choix de pièces inédites relatives au règne de Charles VI*, Paris, 1863-1864, 2 vol.

DU FRESNE DE BEAUCOURT G., *Histoire de Charles VII*, 6 vol., Paris, 1881-1891. [Beaucourt]

FAMIGLIETTI R. C., *Royal Intrigue, Crisis at the Court of Charles VI, 1392-1420*, New York, AMS Press, 1986.

FORONDA Fr., « Les mutations d'État (XIVe-XVe siècle) », dans F. Mazel (dir.), *Nouvelle Histoire du Moyen Âge*, Paris, Seuil, 2021, p. 609-622.

FRAIOLI D., *The Image of Joan of Arc in Fifteenth-Century Literature*, Ph.D. Dissertation, Syracuse University, 1981.

FRITZ J.-M., *Le Discours du fou au Moyen Âge*, Paris, PUF, 1992.

GAUDE-FERRAGU M., « Le "double corps" de la reine : l'entrée d'Isabeau de Bavière à Paris, 22 août 1389 », *Micrologus. Nature, Sciences and Medieval Societies*, 2014, p. 139-169.

—, *La Reine au Moyen Âge : le pouvoir au féminin, XIVe-XVe siècles*, Paris, Tallandier, 2014.

GAUVARD Cl., *Condamner à mort au Moyen Âge*, Paris, PUF, 2018.

—, *Jeanne d'Arc. Héroïne diffamée et martyre*, Paris, Gallimard, 2022.

GIBBONS R., « Isabeau de Bavière : reine de France ou "lieutenant-général" du royaume ? », *in* E. Bousmar, J. Dumont, A. Marchandisse, B. Schnerb (dir.), *Femmes de pouvoir, femmes politiques durant les derniers siècles du Moyen Âge et au cours de la première Renaissance*, Bruxelles-Louvain, 2012, p. 101-112.

GILSON É., *Les Idées et les Lettres*, Paris, Vrin, 1932.

GREENBLATT S., *Quattrocento*, Paris, Flammarion, 2020 (1re éd. 2011).

Grévin B., « Les mystères rhétoriques de l'État médiéval. L'écriture du pouvoir en Europe occidentale, XIIIe-XVe siècle », *Annales HSS*, 63/2, 2008, p. 271-300.

—, *La Première Loi du royaume. L'acte de fixation de la majorité des rois de France (1374)*, Paris, Garnier, 2021.

Griveau-Genest V., « L'autorité de l'homélie : polyphonie et ethos auctorial dans les sermons de Jean Gerson », in *Posture d'auteurs : du Moyen Âge à la modernité*, juin 2014, Lausanne, Suisse. URL : http://www.fabula.org/colloques/document2410.php, page consultée le 14 avril 2023.

Guenée B., *Un meurtre, une société. L'assassinat du duc d'Orléans. 23 novembre 1407*, Paris, NRF Gallimard, 1992.

—, *L'Opinion publique à la fin du Moyen Âge d'après la « Chronique de Charles VI » du Religieux de Saint-Denis*, Paris, Perrin, 2002.

—, *La Folie de Charles VI, roi bien-aimé*, Paris, CNRS, « Biblis », 2016 (1re éd. Perrin, 2004).

Hébert M., *Parlementer. Assemblées représentatives et échange politique en Europe occidentale à la fin du Moyen Âge*, Paris, De Boccard, « Romanité et modernité du droit », 2014.

Huizinga J., *L'Automne du Moyen Âge*, trad. J. Bastin, Paris, Petite Bibliothèque Payot, 1975 (Pays-Bas 1919 ; 1re trad. française 1932, sous le titre *Le Déclin du Moyen Âge*).

Hutchison E. J., « Winning hearts and minds in early fifteenth-century France : Burgundian propaganda in perspective », *French Historical Studies*, vol. 35, n° 1, hiver 2012, p. 3-30.

Krynen J., *L'Empire du roi. Idées et croyances politiques en France, XIIIe-XVe siècles*, Paris, Gallimard, 1993.

Lecuppre G., « Rapts royaux à la fin du Moyen Âge : le cas français », *in* A.-H. Allirot, M. Gaude-Ferragu, G. Lecuppre, E. Lequain, L. Scordia, J. Véronèse (dir.), *Une histoire pour un royaume, XIIe-XVe siècles*, Paris, 2010, p. 264-280.

—, « Les formes de la polémique dans les manifestes des partis réformateurs au temps des guerres civiles France et Angleterre, XVe siècle », *in* M. Bouhaïk-Gironès *et al.*, *Usages et stratégies polémiques en Europe, XIVe-premier XVIIe siècles*, Bruxelles, Peter Lang, 2016, p. 47-71.

LECUPPRE-DESJARDIN É., *Le Royaume inachevé des ducs de Bourgogne, XIVe-XVe siècles*, Paris, Belin, 2016.

LEVELEUX-TEIXEIRA C., « Du crime atroce à la qualification impossible. Les débats doctrinaux autour de l'assassinat du duc d'Orléans, 1408-1418 », *in* F. Foronda, Ch. Barralis, B. Sère (dir.), *Violences urbaines au Moyen Âge. Travaux d'une École historique*, Paris, PUF, 2010, p. 261-270.

MARTIN H., *Le Métier de prédicateur en France septentrionale à la fin du Moyen Âge, 1350-1520*, Paris, Cerf, 1988.

MARTIN V., *La Paix du roi (1180-1328). Paix publique, idéologie, législation et pratique judiciaire de la royauté capétienne de Philippe Auguste à Charles le Bel*, préface de Christian Lauranson-Rosaz et Stéphane Pillet, Paris, Institut universitaire Varenne, 2015.

MAUPEU Ph., « Salmon le Fou, Salmon le Sage. Portrait de l'auteur en conseiller du prince », *Romania*, t. 132, 527/528, 2014, p. 377-411.

MATTÉONI O., « Les ducs de Bourbon, le roi et le royaume de France à la fin du Moyen Âge », dans O. Mattéoni (dir.), *Les Bourbons en leur bibliothèque (XIIIe-XVIe siècle)*, Paris, Éditions de la Sorbonne, 2022, p. 11-29.

—, « La "seconde vie" de Cabaret d'Orville ou l'écriture de l'histoire en Bourbonnais au XVe siècle », *Revue historique*, 2020/3, n° 695, p. 5-38.

MCGRADY D., « The place of pain : confronting the trauma and complexity of kingship in the political dream narrative », *in* J. Gilbert & M. Griffin (ed.), *The Futures of Medieval French : Essays in Honour of Sarah Kay*, Cambridge, Brewer Gallica, 46, 2021, p. 213-226.

MICHELET J., *Histoire de France*, t. VII, Paris, 1879.

MIROT L., « Autour de la paix de Chartres, 9 mai 1409 », *Annales de Bourgogne*, III, 1931, p. 305-342.

MOEGLIN J.-M., « Récrire l'histoire de la guerre de Cent Ans. Une relecture historique et historiographique du traité de Troyes (21 mai 1420) », *Revue historique*, 2012/4, n° 664, p. 887-919.

MONNET P., « Un temps de révoltes et de séditions ? Fin XIIIe siècle-XVe siècle », *in* F. Mazel (dir.), *Nouvelle Histoire du Moyen Âge*, Paris, Seuil, 2021, p. 593-607.

MOULINIER-BROGI L., « Jean de Salisbury : un réseau d'amitiés continentales », in *Culture politique des Plantagenêts 1154-1224*, Poitiers, Centre d'études supérieures de civilisation médiévale, 2003, p. 341-361.

MÜHLETHALER J.-Cl., *Fauvel au pouvoir. Lire la satire médiévale*, Paris, Honoré Champion, 1994.

NORDBERG M., *Les Ducs et la Royauté. Études sur la rivalité des ducs d'Orléans et de Bourgogne 1392-1407*, Uppsala, 1964.

OFFENSTADT N., « Guerre civile et espace public à la fin du Moyen Âge. La lutte des Armagnacs et des Bourguignons », dans L. Bourquin et Ph. Hamon (dir.), *La Politisation : conflits et construction du politique depuis le Moyen Âge*, Rennes, Presses universitaires de Rennes, p. 111-129.

OSCHEMA K., *Freundschaft oder « amitié » ? Ein politisch-soziales Konzept der Vormoderne im zwischensprachlichen Vergleich (15.-17. Jahrhundert)*, Berlin, Duncker & Humblot, 2007.

OUY, G., « Humanisme et propagande politique en France au début du XVe siècle : Ambrogio Migli et les ambitions impériales de Louis d'Orléans », *in* Franco Simone (éd.), *Culture et politique en France à l'époque de l'humanisme et de la Renaissance. Atti del convegno internazionale promosso dall'Accademia delle scienze di Torino in collaborazione con la Fondazione Giorgio Cini di Venezia, 29 marzo-3 aprile 1971*, Turin, Accademia delle scienze, 1974, p. 13-42.

PALAZZO A. et RODOLFI A., *Prophecy and Prophets in the Middle Ages*, Florence, SISMEL, 2020.

PANOU N., SCHADEE H. (éd.), *Evil Lords. Theories and Representations of Tyranny from Antiquity to the Renaissance*, Oxford, Oxford University Presse, 2018.

PEREZ St., *Le Corps de la reine*, Paris, Perrin, 2019 (voir chap. 5 sur Isabelle de Bavière).

POTESTÀ G. L., *Le Dernier Messie. Prophétie et souveraineté au Moyen Âge*, Paris, Les Belles Lettres, 2018 (édition italienne 2014).

RAYMOND P., « Enquête du prévôt de Paris sur l'assassinat de Louis, duc d'Orléans (1407) », *BEC*, 26 (1865), p. 215-249.

REVEST Cl., *Romam veni. Humanisme et papauté à la fin du Grand Schisme*, Ceyzérieu, Champ Vallon, 2021.

ROSENBLIEH É., « Division de la papauté et dynamiques politiques de la chrétienté latine », *in* F. Mazel (dir.), *Nouvelle Histoire du Moyen Âge*, Paris, Seuil, 2021, p. 577-591.

SABLON DU CORAIL A., *La Guerre de Cent Ans. Apprendre à vaincre*, Paris, Passés / Composés, 2022.

SADE Donatien, marquis DE, *Histoire secrète d'Isabelle de France*, Paris, Gallimard, 1953.

SCHMITT J.-Cl., *Les Revenants. Les vivants et les morts dans la société médiévale*, Paris, Gallimard, 1994.

SCHNERB B., *Armagnacs et Bourguignons. La maudite guerre, 1407-1435*, Paris, Perrin, « Tempus », 2009 (1re éd. 1988).

—, *L'État bourguignon*, Paris, Perrin, « Tempus », 2005 (1re éd. 1999).

—, *Jean sans Peur. Le prince meurtrier*, Paris, Payot & Rivages, « Biographie », 2005.

SÈRE B., « De la vérité en amitié. Une phénoménologie médiévale du sentiment dans les commentaires de l'*Éthique à Nicomaque,* XIIIe-XVe siècles », *Revue historique,* 2005/4, n° 636, p. 793-820.

—, *Débats d'opinion à l'heure du Grand Schisme. Ecclésiologie et politique,* Turnhout, Brepols, 2016.

SKRZYPCZAK K., *Occire le tyran. Présentation et édition critique des textes sur la* Justification du duc de Bourgogne, *1408-1410,* thèse, université d'Orléans, 2022.

SUMPTION J., *The Hundred Years War* (4 vol. parus : *Trial by Battle* ; *Trial by Fire* ; *Divided Houses* ; *Cursed Kings* ; dernier vol. en préparation), Londres, Faber and Faber, 1999-2016.

TABARD L., *« Bien assailly, bien deffendu ». Le genre du débat dans la littérature française de la fin du Moyen Âge,* thèse Paris IV-Sorbonne, soutenue le 10 mars 2012.

TABURET-DELAHAYE E. (dir.), *Paris 1400 : les arts sous Charles VI,* Paris, RMN, 2004.

TOUREILLE V., *Jeanne d'Arc,* Paris, Perrin, 2020.

TRAINA G. (dir.), *Mondes en guerre,* t. 1 : *De la préhistoire au Moyen Âge,* Passés/Composés/Ministère des Armées, 2019.

VALOIS N., *La France et le Grand Schisme d'Occident,* 4 tomes, Paris, A. Picard & Fils, 1896-1902.

VAUCHEZ A., *Saints, prophètes et visionnaires. Le pouvoir surnaturel au Moyen Âge,* Paris, Albin Michel, 1999.

VAUGHAN R., *John the Fearless. The Growth of Burgundian Power,* Woodbridge, The Boydell Press, 2002.

VEENSTRA J. R., *Magic and Divination at the Courts of Burgundy and France. Text and Context of Laurens Pignon's « Contre les devineurs » 1411,* New York, Brill, 1997.

Index des noms de personnes

B

C

D

H

N

O

Q

R

S

W

X-Y-Z

Index des noms de lieux

A

N

O

P

V

W-Y-Z

Table

TROISIÈME PARTIE

ANGLAIS ET BOURGUIGNONS : LIAISONS DANGEREUSES

QUATRIÈME PARTIE
VERS LA PAIX

DU MÊME AUTEUR *(suite)*

Marco Polo, *Le Devisement du monde*, prés. et trad., Genève, Droz (« Textes courants »), 2018 (avec la coll. de M. Quereuil et Th. Tanase).

Procès politiques au temps de Charles VII et de Louis XI : Alençon, éd. Genève, Droz, 2018 (avec la coll. de Fr. Collard).

Philippe de Mézières : rhétorique et poétique, Genève, Droz, 2019 (avec la coll. de R. Blumenfeld-Kosinski et A. Calvet).

Philippe de Mézières, *Oratio tragedica*, éd. et trad., Genève, Droz, 2021.

La Correspondance de Girolamo Zorzi, ambassadeur vénitien en France (1485-1488), prés. et éd., Genève, Droz, 2020 (avec la coll. de G. Ciappelli et M. Scherman).

La Fin du Moyen Âge, Paris, Perrin, 2020.

Jean Juvénal des Ursins, *Chronique du règne de Charles VI, roi de France*, prés. et trad., Paris, Pocket, « Agora », 2022 (avec la collab. de S. Cazalas).

Poétiques de l'amour. Sexualité, genre, pouvoir, XIe-XVe siècle, Paris, Passés/Composés, 2022.

Procès politiques au temps de Louis XI – Le cardinal Balue. Lèse-majesté en débat, J. Blanchard et P.-A. Forcadet (éd.), avec la coll. d'A. Degoy, Genève, Droz, 2023.

Pour en savoir plus
sur les Éditions Perrin
vous pouvez consulter notre site Internet

www.editions-perrin.fr

lisez!

et nous suivre sur les réseaux sociaux

Editions Perrin

@EditionsPerrin

@editionsperrin

#lisez! engagé
www.lisez.com

Pour plus d'information :

Imprimé sur du papier issu de forêts gérées durablement.

CET OUVRAGE A ÉTÉ ACHEVÉ D'IMPRIMER SUR ROTO-PAGE
PAR L'IMPRIMERIE FLOCH À MAYENNE EN JANVIER 2024

N° d'impression : 104029
Imprimé en France